„Betriebsratsrealitäten“

Studien und Berichte

Mario Becksteiner/Elisabeth Steinklammer/Florian Reiter

# „Betriebsratsrealitäten“

## Betriebliche Durchsetzungsfähigkeit von Gewerkschaften und Betriebsräten im Kontext der Globalisierung

Bitte beachten Sie unsere Website:
**www.oegbverlag.at**

Lektorat: Birgit Janischevski
Umschlaggestaltung: Reinhard Lang, Kurt Schmidt
Layout und Grafik: Walter Schauer, Dietmar Kreutzberger

Medieninhaber: Verlag des Österreichischen Gewerkschaftsbundes GesmbH, Wien

Hersteller: Verlag des ÖGB GesmbH, Wien
Verlags- und Herstellungsort: Wien
Printed in Austria
ISBN 978-3-7035-1438-8

# Inhaltsverzeichnis

# Einleitung

Glaubt man der offiziellen Darstellung, ist die Welt der Gewerkschaften in Österreich geprägt durch eine funktionierende Sozialpartnerschaft, die sich ausdrückt in einer hohen Abdeckung und Bindungskraft der Kollektivverträge. Diese scheinbar „heile Welt“ steht in Kontrast zu einer mittlerweile global geführten Debatte rund um krisenhafte gewerkschaftliche Entwicklung und Möglichkeiten gewerkschaftlicher Erneuerung.

Ist diese Diskrepanz zwischen der offiziellen Darstellung und einem diagnostizierten internationalen Trend des Zurückdrängens gewerkschaftlichen Einflusses tatsächlich eine Ausnahmeerscheinung in Österreich? Kann, mit Bezug auf die Relevanz und Wirkmächtigkeit von Gewerkschaften, davon ausgegangen werden, dass Österreich ein gallisches Dorf ist, in dem sich entgegen dem internationalen Trend die Sozialpartnerschaft fordistischer Prägung relativ friktionslos in postfordistische Verhältnisse gerettet hat?

Am Beginn der Forschungsarbeit, die diesem Buch zugrunde liegt, stand das diffuse Unbehagen Mehrerer, dass die Mauern des Dorfs zwar noch sichtbar sind, sich aber die Hinweise häufen, dass an ihrer Demontage bereits kräftig gearbeitet wird.

Das Gramsci-Symposium „Vom Alltagsverstand zum Widerstand“ (*www.gramsci.at*) im Dezember 2007 bot den Anlass und den Rahmen, um theoretische Auseinandersetzungen mit praktischen, politischen Erfahrungen rund um das Thema „gewerkschaftliche Krise“ in Austausch zu bringen. In einer Arbeitsgruppe, deren Mitglieder aus Gewerkschaftssekretariaten, Wissenschaft und Betriebsräten kamen, ergänzt um politische Aktivistinnen und Aktivisten, wurde der „Gewerkschaftsworkshop“ für das Symposium gemeinsam geplant und inhaltlich vorbereitet. Im Zuge dessen wurde deutlich, wie fruchtbar und bereichernd eine Zusammenarbeit von Theorie und Praxis für beide Seiten sein kann. Das zuvor diffuse Unbehagen konkretisierte sich zur Hypothese, dass es auch in Österreich in den letzten Jahren massive Veränderungen der Kräfteverhältnisse gegeben hat und diese Veränderungen nicht ohne Auswirkungen auf die

Beziehungen der sozialpartnerschaftlichen Akteure/Akteurinnen und die Durchsetzungsfähigkeit von Betriebsräten und Gewerkschaften waren.

Das Problem der Veränderung von Kräfteverhältnissen, sowohl auf gesamtgesellschaftlicher wie auch auf betrieblicher Ebene, als auch die veränderten Verhältnisse zwischen Gewerkschaften und Betriebsratsmitgliedern sowie die dadurch entstandenen neuen Herausforderungen an die Akteurinnen/Akteure werden von der bisherigen, hauptsächlich empirisch und positivistisch orientierten Gewerkschaftsforschung in Österreich kaum erfasst. Diese Forschung hat eine Vielzahl von Daten geliefert, die hilfreich sind. Trotzdem gelingt es ihr unserer Ansicht nach nicht, auf den Kern des Problems, nämlich die Verhältnisse, unter denen Betriebsratsmitglieder heute existieren und handeln, vorzudringen. Ausschlaggebend dafür ist eine methodische Herangehensweise, die es nicht erlaubt, die zahlreichen Faktoren zu berücksichtigen, die die Existenz von Betriebsratsmitgliedern heute beeinflussen. Das vorliegende Buch möchte daher einen Beitrag dazu leisten, die Verhältnisse, in denen sich Betriebsrätinnen und Betriebsräte wiederfinden, näher zu beleuchten.

Ausgehend von den positiven Erfahrungen des Gramsci-Symposiums entstand die gemeinsame Idee einer qualitativen Grundlagenforschung. Im Zuge des von der Bildungsabteilung der GPA-djp finanzierten Forschungsprojekts untersuchten wir zwei Jahre lang diese vermuteten Erosionsmomente. Dabei standen allerdings nicht die makropolitischen Formen der Sozialpartnerschaft im Zentrum, sondern die sozialpartnerschaftliche Praxis auf der Betriebsebene.

Durch den starken Bezug auf die Praxis in den Betrieben stellte sich für uns eine große Herausforderung. Theorie und Praxis werden nicht zu Unrecht oft als zwei völlig entgegengesetzte Pole betrachtet. Theorie neigt dazu, von den realen Verhältnissen zu abstrahieren und die handelnden Personen, Gruppen oder gesellschaftlichen Klassen hinter einer Mauer von Begriffen und Abstraktionen verschwinden zu lassen. Aber auch Praxis oder Menschen, die in einem gesellschaftlichen Feld tätig sind, verweigern sich oft einer Theoretisierung ihres eigenen Tuns, da sie das Gefühl haben, die Theorie hätte nur ein Eigeninteresse und könne wenig dazu beitragen, ihnen in ihrer Praxis zu helfen. Wir versuchten in unserem Projekt dieser problematischen Trennung entgegenzutreten. Einen ersten Schritt in diese Richtung machten wir, indem wir uns festlegten, nicht an einer oft unehrlichen Neutralität von Wissenschaft festzuhalten. Jegliche Wissenschaft ist auch immer zu einem guten Teil Meinung, oder entsteht im Kontext hegemonialer Deutungen der gesellschaftlichen Realität. Unser Ausgangspunkt war die Realität der Menschen im Betriebsrat, wie sie von ihnen selbst beschrieben wurde. Wir nehmen also in unserer theoretischen Arbeit die Sichtweise der Betriebsratsmitglieder als Ausgangspunkt (und als Startpunkt) unserer Untersuchung.

Theoretische Konzepte, so stellte sich heraus, mussten immer wieder adaptiert und verändert werden. Die Weiterentwicklung theoretischer Konzepte ist sehr wichtig, da ansonsten genau die zuvor kritisierte Abgehobenheit einer abstrakten Theorie reproduziert werden würde. Eine der zentralsten Funktionen von Theorie ist die Ordnung von gesellschaftlichen Phänomenen, um diese zueinander in Beziehung setzen zu können und ein strukturiertes Erfassen der Realität zu ermöglichen. Mit Hilfe unserer Theoriearbeit hoffen wir, die Realität, angereichert durch den theoretischen Reflexionsprozess, aus Sicht der Betriebsrätinnen/Betriebsräte erfasst zu haben. Dass dieser Prozess niemals abgeschlossen ist und immer Fehler beinhaltet, ist, denken wir, unumgehbar, da jedes empirisch untersuchte Feld Besonderheiten beinhaltet. Obwohl unser Forschungsfeld durch seinen Fokus relativ eingeschränkt war, glauben wir, durch das Heranziehen von Theorie und der ihr innewohnenden Kraft der Abstraktion einige Aussagen über die Realität von Betriebsratsmitgliedern tätigen zu können, die sich auch auf andere Branchen und Teilgewerkschaften übertragen lassen. Doch wie gesagt, der Prozess des Verstehens ist ein niemals abgeschlossener und kann nur als kollektiver Prozess der Forschung vorangetrieben werden. Wir verstehen unseren Forschungsprozess deshalb auch als eine eingreifende Forschung, da sie sich selbst nicht in neutraler Position über die gesellschaftlichen Realitäten stellt, sondern Partei bezieht, alleine schon durch die Wahl der Erkenntnisperspektive, der Perspektive der Betriebsratsmitglieder.

Gekoppelt an schon vorhandene Forschungsergebnisse konnte so ein differenziertes Bild der Erosion von Durchsetzungsfähigkeit sozialpartnerschaftlicher Praxis entwickelt werden.

Wir verzichten in diesem Buch auf eine ausführliche Darstellung der Genealogie unserer eigenen theoriebezogenen Entwicklung. All jene, die das Buch lesen und mit den akademischen Debatten vertraut sind, mögen uns diese Auslassung verzeihen. Sie muss auf einen vielleicht späteren Zeitpunkt verschoben werden, da dieses Buch in erster Linie für ein breiteres Publikum geschrieben ist und sich nicht in den spezifischen Debatten der Theorieentwicklung verlieren möchte. Deshalb hier nur eine redundante Nennung von theoretischen Strängen und Debatten, die uns beeinflusst haben und die wir in eigener Verantwortung überarbeitet und operationalisiert haben.

Für ein grundsätzliches Verständnis von Gesellschaft und den Entwicklungsdynamiken war uns der Critical Realism eine wichtige Inspirationsquelle. Ebenso spielten gewisse Stränge der Kritischen Politischen Ökonomie, wie die Regulationstheorie, die Hegemonietheorie oder die Schriften von MARX und ENGELS eine wichtige Rolle. Auf Ebene des Verstehens und Erfassens der vielen Orte, an denen sich Globalisierung heute als Prozess herstellt, ist die kritische Raumtheorie zu nennen, die sich im Kontext des Neo-Marxismus zu Beginn der 1980er Jahre entwickelte und bis heute eine lebhafte Diskussion darstellt. Die zeitliche Komponente, die wir als wichtiges Moment des Globalisierungsprozesses begreifen, versuchten wir durch die Zusammenführung vieler soziologischer und politikwissenschaftlicher Debatten zu bewerkstelligen, deren ausführliche Nennung hier zu weit führen würde.

Deshalb nur zwei Hinweise, BOB JESSOP wirkte mit seinem Text „Globalization it`s about time too“ sicherlich sensibilisierend. Genauso müssen wir hier aber auch auf „Das Kapital“ und andere Schriften von KARL MARX verweisen, in denen er Zeit immer als umkämpftes und wichtiges Moment gesellschaftlicher Herrschaftsverhältnisse analysiert hat. Unsere theoretischen Bezugspunkte, um Lernprozesse zu verstehen, stellten einerseits die aktuellen (deutschsprachigen und nordamerikanischen) Debatten der kritischen politischen Bildung und andererseits subjektwissenschaftliche Überlegungen von KLAUS HOLZKAMP und einigen seiner Schüler/innen dar.

Zu guter Letzt gilt es noch zu benennen, welche theoretischen Orientierungspunkte es in Bezug auf Gewerkschaften und die Arbeitsrealitäten von Betriebsräten gab. In erster Linie sind hier zu nennen die Arbeiten der kritischen Arbeitssoziologie, wie sie in Frankreich entstanden sind. Besonders PIERRE BOURDIEU und einige seine Schüler/innen (wie z.B BEAUD/ PIALOUX) spielten für uns eine wichtige Rolle. Sein Habitus-Konzept stellte einen wichtigen Orientierungspunkt in unseren Analysen dar. Doch auch ältere Debatten der kritischen französischen Arbeitssoziologie wurden von uns verarbeitet. Besondere Aufmerksamkeit schenkten wir hier CORNELIUS CASTORIADIS und seinen kritischen Betrachtungen zur Frage betrieblicher Bürokratien und ihrer Bedeutung für Herrschaftsverhältnisse in Betrieben.

Die Strukturierung des Buches stellte uns aufgrund unseres eigenen Forschungsprozesses vor große Herausforderungen. Die theoretischen Ergebnisse, die nun am Anfang des Buches stehen, waren ja, wie wir schon angeführt haben, selbst das Ergebnis der Auseinandersetzung mit der Realität von Betriebsrätinnen und Betriebsräten. Also könnte man sie genauso am Ende des Buches behandeln. Wir haben uns allerdings dazu entschlossen, sie an den Anfang zu stellen. Unserer Meinung nach ist dies notwendig, um unsere Analyseschritte nachvollziehbar zu halten.

Die ersten zwei Kapitel umfassen daher nun eine Auseinandersetzung mit unseren theoretischen Ausgangspunkten und der im Forschungsprozess klar gewordenen notwendigen Modifikationen derselben.

Eingangs werden grundlegende Gedanken zu den Möglichkeiten der Machtausübung von Gewerkschaften, Arbeitnehmerinnen und Arbeitnehmern dargelegt und Voraussetzungen der Aktivierung ihrer grundsätzlich vorhandenen Machtpotentiale diskutiert. In weiterer Folge werden Austrokorporatismus und Sozialpartnerschaft als Teil einer bürokratisch-prozessualen Reglementierung des Klassenkonflikts betrachtet und Bürokratie als „Herrschaft des Büros“ konzeptuell ausgearbeitet. Recht als besondere Form der Bürokratie ist Teil dieses institutionellen Machtpotentials und wird daher eingehend bearbeitet.

In einem nächsten Schritt widmen wir uns den inneren Faktoren der Aktivierung von Machtpotentialen, die wir als kulturelle Praxis der Gewerkschaften fassen. Um sich dieser Gewerkschaftskultur anzunähern, erfolgt zunächst eine Auseinandersetzung mit ihrem Entstehungskontext, der Sozialpartnerschaft, und das Aufspannen des weiteren Analyserahmens. Darauf aufbauend wird in der Auseinandersetzung mit informellen Lernprozessen und dem Konzept des Habitus sowie adaptiver Präferenzen aufgezeigt, welche Bedeutung diese spezifischen, strukturell verfestigten kulturellen Praxen für das individuelle Handeln und die Wahl von Handlungsoptionen haben. Als theoretische Grundlage für den kollektiven Umgang mit Problemen der Durchsetzungsfähigkeit erfolgt eine Auseinandersetzung mit defensiven und expansiven Lernstrategien.

Den theoretischen Teil abschließend wird Globalisierung als ein Veränderungsprozess von räumlichen und zeitlichen Mustern diskutiert. Es wird aufgezeigt, wie die beiden Komponenten zu einem tiefgreifenden gesellschaftlichen Veränderungsprozess führen, der beinahe alle Bereiche der Gesellschaft erfasst und daher für die Analyse von Macht und Durchsetzungsfähigkeit berücksichtigt werden muss.

Der empirische Teil des Buchs gliedert sich in zwei Abschnitte. Der erste widmet sich Veränderungen und Problemlagen der betrieblichen Realitäten, wie sie von den Mitgliedern der Betriebsräte in den Interviews aufgezeigt wurden. Die verallgemeinerte, subjektive Sicht auf Konzernbedingungen, Arbeitsverhältnisse, Probleme der Betriebsratsmitglieder im Betrieb, Probleme im Betriebsratskollegium und die eigene Situation zwischen Gewerkschaft und Betrieb stehen dabei im Mittelpunkt. Im zweiten Teil der Darstellung unserer Untersuchungsergebnisse nähern wir Theorie und Praxis einander an und setzen die zuvor beschriebenen Veränderungen und Problemlagen der Praxis in Beziehung zu den eingangs getätigten theoretischen Überlegungen und einem größeren Kontext.

Mit Hilfe von Bürokratie als analytischer Kategorie wird aufgezeigt, wie die bürokratische Herrschaftsstruktur des Betriebes eine Herrschaft über Raum und Zeit ermöglicht. Zentral dabei ist die Analyse, wie es die Betriebsbürokratie schafft, in einer Mischung aus Konsens und Zwang den anderen Akteuren im Betrieb eine subalterne Stellung zuzuweisen und welchen Einfluss die innerbetriebliche Bürokratie auf die Strukturierung und die Arbeitsweise von Betriebsratskollegien hat.

Der Analyserahmen des sozialen Raums ermöglicht es in Folge, die Veränderung der Realitäten im Handlungsraum und die Veränderung der Kräfteverhältnisse zugunsten des Kapitals im Zuge der Globalisierung aus einem verallgemeinerten Subjektstandpunkt zu analysieren. Zentral dabei ist die Reflexion der Veränderung von Regeln und Normen des sozialen Raums sowie die Reaktionen darauf, und wie die kulturellen Beharrungstendenzen und die Anrufungen zu bestimmtem Verhalten, die durch die Strukturiertheit des sozialen Raums gegeben sind, die Durchsetzungsfähigkeit der Betriebsräte und Gewerkschaft unter veränderten Bedingungen erschweren. Zentraler Blickpunkt ist die Analyse ihrer Handlungsstrategien sowie die Positionierung als Puffer im Betrieb, die sie im Zuge der Veränderungen einnehmen.

Unsere Untersuchungsergebnisse abschließend widmen wir uns der Frage nach dem Verhältnis von Gewerkschaft und Betriebsräten unter veränderten Realitäten. Dabei wird deutlich, dass Bürokratie nicht nur eine herrschaftliche Funktion des Betriebes ist, sondern Gewerkschaften selbst als bürokratische Strukturen wahrgenommen werden und sie durch die Konzentration auf institutionelle Machtpotentiale ein starkes Eigeninteresse an ihren bürokratischen Strukturen entwickelt haben. Darauf aufbauend werden die Mechanismen, die zu einem zunehmenden funktionalistischen Verhältnis und einer Entfremdung der beiden Akteure führen, analysiert. Dabei richtet sich unsere Aufmerksamkeit auch auf die Ausgestaltung der inneren Praxis der beiden. Es wird den Reaktionen, die Gewerkschaften im Umgang mit den zuvor analysierten Entwicklungen setzen, nachgegangen und herausgearbeitet, warum sich Betriebsratsmitglieder oftmals von der Gewerkschaft im Stich gelassen fühlen.

Abschließend werden anhand der gewonnenen Erkenntnisse Schlüsse für die zukünftige Steigerung der Durchsetzungsfähigkeit von Gewerkschaften und Betriebsräten gezogen.

Die nun vorliegende zweijährige Forschungsarbeit wäre nicht möglich gewesen ohne die Offenheit, Bereitschaft und finanzielle Unterstützung der Gewerkschaft der Privatangestellten GPA-djp und insbesondere von Werner Drizhal, dem Leiter der GPA-djp Bildungsabteilung. Es ist uns ein besonderes Anliegen, ihm nicht nur für die Offenheit zu kritischer Auseinandersetzung mit Gewerkschaft zu danken, sondern vor allem für sein Vertrauen, die unermüdliche Unterstützung und die viele Zeit, die er sich für Gespräche und Diskussionen mit uns genommen hat. Der von ihm zur Verfügung gestellte Forschungsrahmen gab uns nicht nur viele wissenschaftliche Freiheiten, sondern ermöglichte auch eine besondere Teamarbeit. Die Einzigartigkeit dieser Zusammenarbeit hat dazu beigetragen, dass wir uns innerhalb des Projekts praktisch wie theoretisch weiterentwickeln konnten und viel voneinander lernen durften. Wir denken, dass es genau dieser Prozess des gegenseitigen Lernens ist, die Qualität der Zusammenarbeit zwischen Gewerkschaften und Wissenschaften, der befruchtend auf beide Seiten wirken kann.

Herzlich möchten wir uns auch bei unseren Interviewpartnerinnen und -partnern bedanken. Ohne die Bereitschaft der Betriebsratsmitglieder, Gewerkschaftssekretärinnen und -sekretäre zu den langen und intensiven Interviews und den Mut zu Offenheit gegenüber den fremden Interviewenden hätten wir niemals diese tiefgehenden Einblicke gewonnen und wäre das Buch in dieser Form nie erschienen.

Zahlreiche Menschen haben uns in den zwei Jahren des Forschungsprojekts unterstützt, begleitet und ermutigt. Ihnen allen danken wir sehr dafür.

Besonderer Dank gilt hierbei Dr. Bernd Röttger sowie den Kolleginnen und Kollegen von den Perspektiven, die vor allem in der Anfangsphase des Projekts bereitstanden, um wichtige theoretische und forschungspraktische Überlegungen zu diskutieren und kritisch zu kommentieren. Wir danken außerdem Verena Pflug, die immer eingesprungen ist, wenn Not an der Frau war, und die es uns dadurch mehr als einmal ermöglicht hat, unsere Forschungsarbeit in dieser Intensität weiterzuführen.

Unseren Familien und Partnerinnen und Partner CHRISTINA SCHRÖDER, NICO PRUCHA und VERA, JANIKA sowie LENJA OSYALDIK danken wir nicht nur für ihre Unterstützung und ihre Ermutigungen, sondern auch für ihr Verständnis in den zahlreichen durchgearbeiteten Tagen, Nächten und Wochenenden, in denen das Buch im Mittelpunkt unserer Aufmerksamkeit stand.

Wir hoffen mit dem Buch einen Beitrag für einen tieferen Einblick in die Probleme und Dynamiken, mit denen Betriebsräte und Gewerkschaften heute konfrontiert sind, zu leisten.

*Mario Becksteiner, Elisabeth Steinklammer, Florian Reiter*

Wien, im Juli 2010

**Kontakte:**
mario.becksteiner@univie.ac.at
elisabethsteinklammer@gmx.at
reiterflo@gmx.at

# 1. Theoretische Ausgangspunkte

## 1.1 Machtpotentiale

Wenn wir heute von Globalisierung sprechen, sprechen wir zumeist von der unglaublichen Macht von transnationalen Konzernen (TNC), von der Macht der Finanzmärkte oder der Machtlosigkeit von Staaten gegenüber dem Globalisierungsprozess. All diesen Diskussionen und Wortmeldungen liegt ein zentraler Begriff zugrunde, nämlich Macht. Macht erscheint hier als etwas, was Menschen oder soziale Gruppen besitzen oder eben nicht. Macht ist etwas, das zumeist die „Anderen" haben. Wenn wir im Zuge unseres Forschungsprojekts mit Gewerkschafterinnen, Gewerkschaftern und Betriebsratsmitgliedern gesprochen haben, so erschien es den meisten Interviewten, als ob sie gegenüber anderen Gruppen, zum Beispiel den Unternehmerinnen und Unternehmern, eher machtlos wären. In dieser Selbsteinschätzung der eigenen Machtlosigkeit liegt eine wichtige Erkenntnis verborgen. Macht ist nicht etwas, was jemand so einfach besitzt, sondern Macht entspringt immer aus einem Verhältnis zwischen Individuen oder zwischen Gruppen. Alex Demirovic schreibt dazu: „Denn Macht stellt eine Relation zwischen den herrschenden Klassen bzw. Fraktionen und den Herrschaftsunterworfenen dar und ist kein Ding, das man besitzen kann." (Demirovic in Bescherer/Schierhorn [Hrsg.] 2009: 70).

Das heißt, zwischen zwei Akteuren/Akteurinnen besteht ein Verhältnis, welches dem/der einen Akteur/in gegenüber dem/der anderen mehr Durchsetzungskraft, also Macht, verleiht. Betrachten wir nun gesellschaftliche Gruppen anstatt einzelner Personen, können wir feststellen, dass diese Gruppen Teil einer Gesellschaft sind und auf unterschiedliche Weise in die Gesellschaft integriert sind. Das heißt, sie haben aufgrund der unterschiedlichen Art und Weise der Integration in die Gesellschaft unterschiedliche Möglichkeiten, Macht auszuüben. Um noch einmal auf das Beispiel der Globalisierung zurückzukommen, können wir also sagen, dass ein global agierender Konzern andere Möglichkeiten hat, Macht auszuüben, als der/die Arbeiter/in, der/die am Fließband steht oder an der Supermarktkassa sitzt.

Trotz dieser heute erlebten Machtlosigkeit vieler Arbeiter/innen gegenüber Globalisierung und den transnational agierenden Konzernen möchten wir hier die These aufstellen, dass dies nicht unbedingt so sein muss.

Für unser Buch und unsere Argumentation ist es deshalb sehr wichtig, einige grundlegende Gedanken zu den Möglichkeiten der Machtausübung von Gewerkschaften und Arbeiterinnen/Arbeitern darzulegen.

Wir möchten uns deshalb einem Begriff zuwenden, der vielleicht für viele etwas „verstaubt" und antiquiert klingt, nämlich dem Begriff der Arbeiter/innenmacht. „Der Begriff Arbeitermacht mag auf den ersten Blick antiquiert klingen und Assoziationen zu längst verblichenen Arbeiterbewegungen auslösen. Hier wird er jedoch analytisch genutzt und weit gefasst." (DÖRRE u.a. 2008: 24) Wir wollen nicht das Bild fahnenschwingender, mit sozialistischen Parolen bewaffneter Industriearbeiter/innen bedienen, die in riesigen Demonstrationszügen oder Generalstreiks zum Sturz des Kapitalismus aufrufen, sondern den Begriff Arbeiter/innenmacht als analytisches Werkzeug verstehen. Als Werkzeug, welches offenlegen kann, welche Möglichkeiten sich Arbeiterinnen, Arbeitern und Gewerkschaften bieten, um in den Verhältnissen einer kapitalistischen Gesellschaft Macht auszuüben und Durchsetzungsfähigkeit gegenüber anderen gesellschaftlichen Gruppen zu erlangen.

**Machtressourcenansatz:**

ERIK OLLIN WRIGHT (WRIGHT 2000: 962) und BEVERLY J. SILVER (SILVER 2005: 30ff) definieren einige Machtressourcen, deren sich Arbeiter/innen bedienen können. Dabei gibt es laut Wright und Silver unterschiedliche Quellen dieser Ressourcen. Sowohl aus der Struktur des Kapitalismus als auch durch Organisierung der Arbeiter/innen entstehen diese Machtressourcen.

Dabei ist es relativ egal, ob von Seiten der Arbeiter/innenbewegungen hier revolutionäre, reformistische oder vielleicht sogar reaktionäre Ziele verfolgt werden, Machtressourcen stehen den Arbeiter/innenbewegungen immer zur Verfügung.

Der Begriff der Machtressourcen birgt allerdings ein Problem. Insbesondere SILVER verweist immer wieder auf die spezifischen historischen, zumeist ökonomischen Bedingungen, unter denen Machtressourcen zum Einsatz kommen, doch bleiben sie etwas strukturalistisch. Wir argumentieren, dass es sich hier weniger um Ressourcen handelt, sondern vielmehr um Machtpotentiale, die zwar grundsätzlich strukturell vorhanden sind, doch nur unter Berücksichtigung vieler Voraussetzungsketten aktiviert werden können. Wir werden später auf diese Voraussetzungen zu sprechen kommen.

### 1.1.1 Strukturelle Macht

Die strukturelle Macht entspringt aus der Stellung der Arbeiter/innen im ökonomischen System. Dabei unterscheidet Wright zwischen zwei Formen der strukturellen Macht.

#### 1.1.1.1 Marktmacht

Marktmacht entsteht aus den Umständen, unter denen Arbeiter/innen ihre eigene Arbeitskraft verkaufen können. Die Situation, in der der Verkauf der eigenen Arbeitskraft vonstatten geht, ist geschichtlich höchst unterschiedlich und unterliegt gesellschaftlichen Veränderungsprozessen. BEVERLY J. SILVER schreibt dazu: „Die Marktmacht kann verschiedene Formen annehmen, darunter (1) den Besitz seltener Qualifikationen, die von Arbeitgebern nachgefragt werden, (2) geringe Arbeitslosigkeit und (3) die Fähigkeit von Arbeitern und Arbeiterinnen, sich vollständig vom Arbeitsmarkt zurückzuziehen und von den anderen Einkommensquellen als der Lohnarbeit zu leben." (SILVER 2005: 31) Der Begriff Marktmacht suggeriert vielleicht eine falsche Neutralität des Marktes, der sich rein über seine eigenen Mechanismen regulieren würde. Bei genauerer Betrachtung sind die Bedingungen, unter denen ein Markt für Arbeitskraft existiert, im höchsten Maße geprägt von gesellschaftlichen und politischen Entwicklungen. Nehmen wir nur den ersten Punkt der besonders nachgefragten Qualifikationen her, so können wir in der Geschichte viele Beispiele erkennen, wie die Frage von Qualifikationen immer wieder Kern von Klassenauseinandersetzungen war. Das wohl berühmteste Beispiel ist das des

Taylorismus. Taylorismus bedeutet die Zerlegung der industriellen Produktion in viele unterschiedliche Arbeitsschritte, die erst in ihrem systematischen Prozesszusammenhang ein Endprodukt ergeben. Diese Zerlegung der Arbeitsschritte in unterschiedliche Stationen, an denen die Arbeiter/innen nicht selten monoton immer wieder den selben Arbeitsschritt wiederholen mussten, führte zu einer Dequalifizierung von einst hochspezialisierten, manuell anspruchsvollen Arbeiten. Nicht mehr ein/e hochspezialisierte/r Arbeiter/in führte die Produktion eines Werkstückes zu Ende, sondern eine ganze Reihe von nicht selten ungelernten Arbeiterinnen und Arbeitern führten einzelne Schritte der Produktion aus. Das heißt, die Marktmacht von hochspezialisierten Arbeiterinnen und Arbeitern wurde damit verringert. Dieses Beispiel ist nur eines von vielen, mit denen nachgezeichnet werden kann, wie Marktmacht ständig gesellschaftlich umkämpft ist. Weitere Beispiele aus der heutigen Zeit wären der intensive Einsatz von Robotik im Produktionsprozess oder die neue globale Arbeitsteilung entlang transnational organisierter Produktionsketten. Technik, die politische Reglementierung von Arbeitsmärkten, die globale Organisation von Produktion, Konsumtion und Distribution, aber auch die Frage von Organisation durch Arbeiter/innen beeinflussen die Marktposition der Arbeiter/innen. Die Bedingungen, unter denen Arbeiter/innen ihre Arbeitskraft verkaufen müssen, sind also nichts, das etwas mit einem neutralen Markt zu tun hat, sondern diese Bedingungen werden immer gesellschaftlich hergestellt.

#### 1.1.1.2 Produktionsmacht

Produktionsmacht entwickeln Arbeiter/innen aufgrund ihrer Position in Produktions- und Distributionsprozessen, „die durch örtlich begrenzte Arbeitsniederlegungen an Schlüsselstellen in einem Umfang gestört werden können, der weit über die Arbeitsniederlegung selbst hinausgeht. Diese Macht zeigt sich, wenn ganze Fließbänder durch Arbeitsniederlegungen an einem Bandabschnitt gestoppt und ganze Konzerne, die von just-in-time-Zulieferung abhängen, durch Eisenbahnstreiks zum Stillstand gebracht werden." (Silver 2005: 31) Dabei ist es sehr interessant zu beobachten, dass zum Beispiel die Einführung der Fließbandarbeit die

Marktmacht der Facharbeiter/innen geschwächt hat, die Produktionsmacht der nun entstandenen Massenarbeiter/innen allerdings gestärkt wurde. „Erstens ermöglichte das Fließband einer relativ kleinen Zahl strategisch positionierter Aktivisten, die Produktion einer ganzen Fabrik zum Stillstand zu bringen. Das wurde in den dreißiger Jahren in den USA deutlich, und in den darauf folgenden Jahrzehnten wiederholte es sich an allen möglichen Orten der Welt. Zweitens konnte ein Streik in einer Fabrik, die ein wichtiges Einzelteil produziert, alle nachgeordneten Fabriken oder sogar das gesamte Unternehmen lahmlegen, weil die Produktion der verschiedenen Fabriken eines Unternehmens immer stärker integriert wurde". (SILVER 2005:33) Diese strategische Positionierung kann allerdings auch in Branchen beobachtet werden, die nicht industriell geprägt sind. So können auch in Supermarktketten strategische Positionen ausgemacht werden, wie zum Beispiel der Bereich der Logistik oder der Kassenbereich, die im Funktionieren eines Supermarktes neuralgische Punkte sind.

Diese Produktionsmacht ist allerdings nicht nur auf einzelne Betriebe beschränkt. Insbesondere in einer globalisierten Ökonomie gibt es mehrere neuralgische Punkte, an denen ganze Volkswirtschaften oder eben das Funktionieren des globalen Kapitalismus empfindlich gestört werden können. Man denke nur an die Streiks auf Flughäfen oder von Bahnbeschäftigten. Einer der aufsehenerregendsten Fälle der letzten Jahre war sicherlich der Kampf der Hafenarbeiter/innen Europas gegen die „Hafendienstleistungsrichtlinie" der europäischen Kommission. Mit der Drohung und der teilweise tatsächlich erfolgten Niederlegung der Arbeit in den europäischen Häfen wurde klar, dass Arbeitskämpfe an neuralgischen Punkten die globalen Waren- und Rohstoffströme empfindlich stören können. Im Endeffekt konnten die Hafenarbeiter/innen Europas glaubhaft versichern, dass sie die Möglichkeit haben, die europäische Ökonomie über eine gewisse Zeit lahmzulegen. Dies ist sicherlich einer der ausschlaggebenden Gründe, dass dieser Konflikt für die Hafenarbeiter/innen positiv ausgegangen ist. (Vgl. ACHTEN/ KAMIN-SEGGEWIES 2008)

Wir sehen also, wenn wir von struktureller Macht sprechen, so sollten wir mit dem Begriff der Struktur vorsichtig umgehen. Strukturen wecken in uns Assoziationen mit etwas Starrem.

Strukturelle Macht bedeutet in diesem Zusammenhang vielmehr, dass diese Macht innerhalb der kapitalistischen Verhältnisse zwar prinzipiell vorhanden ist, aufgrund der dynamischen Entwicklung des Kapitalismus ihre Form oder ihr Erscheinungsbild innerhalb der geschichtlichen Entwicklung aber verändert und ständig umkämpft ist.[1]

Die strukturelle Macht ist darüber hinaus auch noch zu betrachten als eine Möglichkeit Macht auszuüben, unabhängig davon, ob sich Arbeiter/innen schon in Gewerkschaften und/oder Parteien zusammengeschlossen haben. Die erste urkundliche Erwähnung des Einsatzes von Produktionsmacht datiert auf das Jahr 1155 v. Chr. Auf Papyrus-Rollen, die sich heute in Turin befinden, ist nachzulesen, dass Arbeiter/innen in den Totenkultstätten von Theben (Ägypten) die Arbeit niedergelegt hatten, da ihre Bezahlung durch den Pharao in Form von Lebensmitteln ausgeblieben war (vgl. KITTNER 2005: 9ff). Das zeigt, dass der Einsatz von Produktionsmacht schon sehr früh und lange vor der Entstehung von Gewerkschaften und Kapitalismus eine Rolle in der Machtausübung der Arbeiter/innen gespielt hat. Aktuell und historisch können wir auch immer wieder beobachten, dass Streiks von Arbeiterinnen und Arbeitern durchgeführt werden, gänzlich ohne die Beteiligung von Gewerkschaften oder mit einer erst späteren Anerkennung des sogenannten „wilden Streiks" durch die Gewerkschaft.[2] Andere Formen der Produktionsmacht sind viel weniger offensichtlich und verstecken sich oft im alltäglichen Handeln der Arbeiter/innen. Leistungszurückhaltung oder Sabotage können ebenfalls den Arbeitsablauf empfindlich stören. (Vgl. BALLESTRINI u.a. 2002, HOFFMANN 1981) Zusammenfassend können wir also noch einmal festhalten: Strukturelle Macht entspringt aus den Verhältnissen, in denen produziert wird, und aus der Stellung

[1] Innerhalb der Forschung zu Streiks und Arbeiter/innenbewegung gibt es sogar Stimmen, die sagen, dass der Widerstand der Arbeiter/innen einer der Motoren der kapitalistischen Dynamik ist. MARIO TRONTI forderte zum Beispiel eine radikale Umkehrung der Sichtweise. Die Geschichte, so MARIO TRONTI, darf nicht immer betrachtet werden als die Geschichte derer, die herrschen. Seine These lautet, nicht die Unterdrückten passen sich an die Manöver der Herrschenden an, sondern die Herrschenden reagieren immerzu auf den Widerstand der Unterdrückten und müssen sich ständig anpassen. (Vgl. dazu: SHUKAITIS u.a. 2007: 27)

[2] Für Österreich vergleiche dazu: FERDINAND KARLHOFER 1983. Für die Zeit des Wirtschaftswunders in Deutschland und in Dänemark die ausführliche Darstellung von PETER BIRKE 2007.

der Arbeiter/innen im Produktionssystem. In ihren Grundprinzipien bleibt die kapitalistische Produktionsweise nun schon sehr lange dieselbe, doch es gibt unterschiedlichste Variationen, die sich innerhalb der Grundstruktur herausbilden. Das heißt auch, dass sich die Formen, wie strukturelle Macht angewendet werden kann, verändern. Zu guter Letzt ist insbesondere die Produktionsmacht stark gekoppelt an das Handeln der Personen im Produktionsprozess und kann deshalb auch spontan und ohne Organisation im Rücken angewendet werden. Das leitet nun zur zweiten Sorte von Macht über, die Wright und Silver beschreiben.

### 1.1.2 Organisationsmacht

Organisationsmacht entsteht aus dem Zusammenschluss der Arbeiter/innen in Gewerkschaften, Parteien oder anderen Arbeiter/innenorganisationen. Historisch entstand die Organisierung der Arbeiter/innen aus dem Bestreben, eine längerfristige Konfliktfähigkeit aufzubauen. Die strukturelle Macht ist im Falle der Produktionsmacht eng gekoppelt an eine sehr zugespitzte Kampfsituation. Eine dauerhafte Aufrechterhaltung dieser Konfliktsituation ist nicht möglich, außer das Ziel wäre eine Überwindung des Kapitalismus in Form von Revolution. Die Organisierung der Arbeiter/innen bewirkte, dass es nicht unbedingt immer zu Kampfmaßnahmen kommen muss, die Organisation kann schon alleine durch die glaubhafte Versicherung der Durchführbarkeit von Kampfmaßnahmen enormen Druck aufbauen.

Ein zweiter Effekt ist, dass sie über einen gewissen Zeitraum hinweg durch die kollektive Organisierung des Verkaufs der Arbeitskraft die oft sehr schnelllebigen Entwicklungen am Arbeitsmarkt ausgleichen können. Das bedeutet, Organisationsmacht kann verringerte strukturelle Macht teilweise und über einen gewissen Zeitraum ersetzen. Trotzdem bleibt die Organisationsmacht gebunden an die mögliche Aktivierung von struktureller Macht.

### 1.1.3 Bündnismacht

Wir möchten hier noch auf eine besondere Form der Organisationsmacht verweisen, die von Gewerkschaften und Arbeiterinnen/Arbeitern seit dem Beginn der modernen Arbeiter/innenbewegung angewendet wird. „In den ersten Jahrzehnten der organisierten Arbeiterbewegung waren Käuferstreiks ein häufig gebrauchtes Kampfmittel der Arbeitnehmer. Solche Boykotts wurden allerdings fast niemals isoliert geübt, vielmehr dienten sie der Unterstützung betriebsbezogener Arbeitskämpfe, [...] und wurden von streikenden Gewerkschaftern angeregt und organisiert." (MATTHÖFER in: SCHNEIDER 1971: 188)[3] Es handelt sich dabei um die Möglichkeit, betriebliche Probleme oder gewerkschaftspolitische Fragen nicht nur aus eigener Kraft zu bearbeiten, sondern Bündnisse mit anderen gesellschaftlichen Gruppen einzugehen. Es gibt eine Unmenge an Beispielen, wie dies heute funktionieren kann. Eine der am häufigsten angewendeten Taktiken ist die Verbindung von Fragen der Ausbeutung in Betrieben mit der Verantwortung von Konsumentinnen und Konsumenten. Wenn es gelingt, in der Öffentlichkeit einen kritischen Bewusstseinsgrad herzustellen, der Konsumentinnen und Konsumenten davon abhält, die Produkte eines Unternehmens zu kaufen, kann dies enormen Druck auf dieses aufbauen. Doch oft ist es nicht erwünscht, einen Konsumboykott durchzuführen, da dieser unter Umständen Arbeitsplätze gefährden würde. Trotzdem kann dann durch koordinierte Kampagnen zumindest das Image eines Unternehmens geschädigt werden, was gerade in der heutigen Zeit, die geprägt ist vom Kampf um Marktanteile, für Unternehmen sehr schmerzhaft sein kann. Bei diesem Ansatz wird sehr stark auf die Mündigkeit der Konsumierenden gesetzt. (Vgl. CLEAN CLOTHES – Kampagne für faire Arbeitsbedingungen weltweit: *www.cleanclothes.at*)

In den letzten Jahren zeichnet sich international ein weiterer Trend ab, der nicht nur auf die Konsumierenden setzt, sondern in seiner strategischen Ausrichtung darauf abzielt, die Belegschaften der Firmen stärker mit einzubeziehen. Dabei wird von Gewerkschaften und/oder Beschäftigten versucht, auf Basis betrieblicher Konflikte eine breitere Allianz gesellschaftlicher Gruppen herzustellen, die es erlaubt, Druck auf Unternehmen aufzubauen. Im Zentrum steht hier die Aktivierung und Organisierung von Belegschaften, welche dann, von zum Beispiel kirchlichen Organisationen unterstützt, um ihre Interessen kämpfen. Der Schwerpunkt

[3] Vgl. für eine ausführlichere Debatte: GSTÖTTNER-HOFER/GREIF/KAISER/DEUTSCHBAUER 1998.

solcher Koalitionen liegt klar auf der Organisierung und Konfliktfähigkeit von Belegschaften. Dieser Prozess wird von Candeias und Röttger als das Entstehen einer „regionalen Arbeiterbewegung“ (Röttger/ Candeias in Geiselberger, Heinrich 2007) bezeichnet. Nicht selten geht es dabei um den Kampf gegen erpresserische Unternehmensstrategien, zum Beispiel im Zuge von Betriebsschließungen oder Versuchen, Sozialstandards in Betrieben nach unten zu drücken. Im Kern besteht die Strategie in der Sichtbarmachung von Solidarität anderer Bevölkerungsschichten mit kämpfenden Belegschaften. Dabei können je nach Situation Kirchen, regionale Politiker/innen, soziale Bewegungen, kritische Intellektuelle oder kritische Studierende wichtige Bündnispartner/innen sein. In den letzten Jahren gab es einige Beispiele derartiger Bewegungen (z.B.: Kiel, Bellinzona, INNSE, AEG usw.).

Beide, hier nur beispielhaft angeführten Strategien haben Gemeinsamkeiten und Unterschiede. Sie zielen auf die Mobilisierung einer kritischen Öffentlichkeit und setzen auf Solidarität von nicht direkt im Konflikt involvierten Bevölkerungsgruppen. Während das eine Beispiel stark auf die Mündigkeit von Konsumentinnen und Konsumenten setzt, dabei eine Organisierung der Arbeiter/innen in den betroffenen Unternehmen etwas umgeht, setzt das zweite Beispiel auf die Organisierung der Arbeiter/innen, plus die Herstellung einer kritischen politischen Gegenöffentlichkeit.

Beide Strategien sind wirksam und hängen vom jeweiligen Kontext ab, in dem sie angewendet werden.

Diese zwei Beispiele sind nur als exemplarisch zu verstehen. In den letzten Jahren entstand eine große Vielfalt unterschiedlicher Bündnisse, die sich in ihrer Dauerhaftigkeit und Intensität unterscheiden. Wir können in unserem Buch nicht ausführlich auf dieses Phänomen eingehen, möchten es allerdings trotzdem erwähnt wissen, da es den Blick auf Machtpotentiale von Gewerkschaften und Beschäftigten in Richtung einer breiteren gesellschaftlichen Solidarität erweitert.

### 1.1.4 Institutionelle Macht

Aufbauend auf den bisher genannten Möglichkeiten für Arbeiter/innen und Gewerkschaften, Macht auszuüben, definiert eine Forschungsgruppe der Universität Jena (Deutschland) noch eine weitere Möglichkeit. Diese ist insbesondere für die deutschen, österreichischen, schweizerischen und skandinavischen Gewerkschaften von sehr großer Bedeutung. Spätestens nach dem 2. Weltkrieg können wir beobachten, dass Gewerkschaften zusehends in die staatlichen Aushandlungsprozesse integriert wurden. Auf Ebene der staatlichen Institutionen wurden gesellschaftliche Basiskompromisse ausgehandelt, die über kurzzeitige wirtschaftliche Konjunkturen und kurzfristige Veränderungen der politischen Kräfteverhältnisse hinweg Bestand hatten (vgl. BRINKMANN u.a. 2008: 25). Dabei sind zwei Momente zentral. Erstens werden diese Basiskompromisse in Form von Gesetze gegossen und können deshalb nicht mehr so leicht umgangen werden. Zweitens basiert dieser Basiskompromiss auch auf einem Vertrauensverhältnis zwischen der Kapitalseite und den Organisationen der Arbeiter/innen. Ziel ist es, die Konflikte auf dem Verhandlungsweg und auf Basis von Gesetzen und Vertrauen zu bereinigen. Diese „institutionelle Macht“ genannte Form der Interessensdurchsetzung baut sehr stark auf einer langfristig ausgerichteten Zweckpartnerschaft auf.

Die institutionelle Macht hatte und hat wie schon erwähnt eine sehr große Bedeutung für die österreichische Gewerkschaftsbewegung. Mit ihrer Hilfe konnten Gewerkschaften über einen Zeitraum von mehreren Jahrzehnten substantielle Verbesserungen der Lebenssituation der Arbeiter/innen erreichen. Diese Verbesserungen und die Wirkmächtigkeit der institutionellen Machtressource waren allerdings gekoppelt an eine relativ stabile gesamtgesellschaftliche Situation.

Die zu starke Ausrichtung auf die institutionelle Machtressource kann aber auch zu Problemen führen. Die starke Einbettung in die institutionellen Aushandlungsprozesse grenzt die Handlungsoptionen stark ein. Handlungsstrategien und Aushandlungsprozesse von Gewerkschaften, Betriebsrätinnen und -räten werden so geprägt von der Logik der Institutionen. Insbesondere in Phasen des „radikalen Strukturwandels“ (DÖRRE/ RÖTTGER 2006: 20), wie wir ihn heute im Zuge der Globalisierung beobachten können, besteht die Gefahr, dass Arbeiter/ innenorganisationen Handlungsstrategien „konservieren, deren

Geschäftsgrundlage längst abhanden gekommen ist.“ (BRINKMANN u.a. 2008: 26)

Darüber hinaus besteht auch die Gefahr, dass sich Gewerkschaften durch eine sehr starke Konzentration auf die institutionelle Macht sukzessive von der eigenen Arbeit an der Basis, also in den Betrieben, entfernen. Dabei kann beobachtet werden, dass eine starke Bürokratie innerhalb der Gewerkschaften entsteht, die notwendig ist, um sich in den staatlichen Institutionen „bewegen“ zu können und als Verhandlungspartner ernst genommen zu werden. (Vgl. dazu das Kapitel 1.2 zu Bürokratie)

Wir können also festhalten, dass eine zu starke Konzentration auf die institutionelle Macht auf längere Sicht problematisch ist. Insbesondere wenn man bedenkt, dass institutionelle Macht, genauso wie die Organisationsmacht, auf der glaubwürdigen Möglichkeit beruht, die Produktionsmacht einzusetzen.

### 1.1.5 Von Machtressourcen zu Machtpotentialen

Die bisherigen Ausführungen konzentrieren sich auf einen analytischen Blick, deshalb erscheinen die Möglichkeiten der Arbeiter/innenbewegung und der Gewerkschaften, Macht auszuüben, noch etwas statisch. Tatsächlich sollten wir hier eher von Machtpotentialen sprechen. Es sind also potentiell vorhandene Möglichkeiten. In der Realität braucht es viele Voraussetzungen, um diese Machtpotentiale zu aktivieren. Wir haben schon anklingen lassen, dass sowohl politische, technische und gesellschaftliche als auch wirtschaftliche Entwicklungen die Aktivierbarkeit der Machtpotentiale beeinflussen. Diese Momente würden wir als externe, also von außen kommende Faktoren bezeichnen.

Genauso gibt es aber auch interne Faktoren, die die Aktivierung der Machtpotentiale beeinflussen. Die wichtigsten Faktoren sind dabei sicherlich die innere Befindlichkeit, die Kultur und Struktur der Arbeiter/innenbewegung und der Gewerkschaften. Wir werden auf diesen Punkt später noch eingehen, wenn wir uns mit der Frage der österreichischen Gewerkschaftskultur im „Austro-Korporatismus“, also der Sozialpartnerschaft, beschäftigen. An dieser Stelle möchten wir nur einige allgemeinere Überlegungen anstellen.

### 1.1.6 Selbstbestimmtheit (Autonomie) und Fremdbestimmtheit (Heteronomie)

Generell kann gesagt werden, dass wir in der heutigen Gesellschaft niemals vollkommen in Selbstbestimmtheit leben. Wir sind immer innerhalb der Gesellschaft und deshalb in mannigfache soziale Verhältnisse integriert; ob wir damit zufrieden sind, dagegen ankämpfen oder versuchen uns persönliche Freiräume zu schaffen, ändert nichts an der Tatsache. Trotzdem können wir beeinflussen, inwiefern und zu welchem Grad unsere eigenen Handlungsmöglichkeiten abhängig sind von Dritten.

Für unseren Fall gilt es die Frage zu stellen, inwiefern Arbeiter/innen und Gewerkschaften sich in ihrer Durchsetzungsfähigkeit von Dritten abhängig machen – also sich stärker fremdbestimmen lassen – oder sich ihre Selbstbestimmtheit und Autonomie erhalten. Wir werden dies exemplarisch an den beiden Machtpotentialen Produktionsmacht und institutionelle Macht durchexerzieren.

Wie wir schon gesehen haben, hängt Produktionsmacht durchaus von externen Faktoren ab. Dabei spielt der Stand der Technik, die vorherrschende Form von Firmenstrukturen (global agierende Konzerne mit vielen Tochterunternehmen, große Fabrikskomplexe, oder kleinräumige mittlere Unternehmen), die Form der Produktion (geringer Maschineneinsatz, Fließband usw.) eine wichtige Rolle. Diese hier angeführten externen Faktoren ändern aber nichts daran, dass Arbeiter/innen die Möglichkeit besitzen, ihre Arbeit niederzulegen.

Die Aktivierung des Machtpotentials Produktionsmacht hängt hingegen sehr stark von der inneren Zusammensetzung und Konstitution der Arbeiter/innenklassen und deren Organisationen ab. Dabei gibt es mehrere Momente, die es zu bedenken gilt: Welche politischen Einstellungen können beobachtet werden? Gibt es Traditionen und kollektive Erfahrungen der Arbeiter/innen in der Aktivierung von Produktionsmacht? Besteht innerhalb der Gewerkschaften eine Tradition des Selbstverständnisses als Kampforganisation, also eine Kultur, die die Aktivierung von Produktionsmacht befördert? Diese Kultur ist gekoppelt an spezifische Handlungspraxen der Gewerkschaften und der Arbeiter/innen, die sie in ihrer inneren Zusammensetzung bestimmen können.

Man kann zwar nicht behaupten, dass die Aktivierung von Produktionsmacht vollkommen autonom gegenüber dem Rest der Gesellschaft wäre, doch kann man sagen, dass Produktionsmacht zumindest einen höheren Grad an Autonomie besitzt als zum Beispiel das institutionelle Machtpotential.

In Bezug auf das institutionelle Machtpotential ist festzuhalten: Dieses Potential entsteht gerade durch die Verbindung von Gewerkschaften mit anderen Akteuren/Akteurinnen. Die Vereinbarungen und Basiskompromisse sind gekoppelt an die Einhaltung der Vereinbarungen durch alle Partner/innen. Das bedeutet, dass Durchsetzungsfähigkeit mit Hilfe des institutionellen Machtpotentials nur gewährleistet ist, wenn sich alle Partner/innen – vielleicht auch zu ihren Ungunsten – an die Abmachungen halten.

Wie wir vorher gesehen haben, ist es allerdings nicht immer so, dass sich die Partner/innen direkt gegenüber stehen. Oft werden die Kompromisse in Rechtsform gegossen. Trotzdem ist das Recht nicht als vollkommen neutral anzusehen. Wir werden später noch genauer darauf eingehen. Hier möchten wir nur festhalten, dass, wenn sich Arbeiter/innen und Gewerkschaften auf das Recht berufen, um Durchsetzungsfähigkeit zu erlangen, zumindest eine Abhängigkeit sehr augenscheinlich ist, nämlich die von der Rechtsprechung, also von Gerichten, Anwältinnen, Anwälten und von einer gewissen Rechtsprechungspraxis. Wir können also festhalten, die Aktivierung des institutionellen Machtpotentials hängt stark von Dritten ab. Die autonome Aktivierung dieses Machtpotentials durch Arbeiter/innen und Gewerkschaften ist sehr schwierig. Vielmehr muss man in diesem Fall von einem stark fremdbestimmten, also heteronomen Machtpotential ausgehen.

Insbesondere in Zeiten großer Veränderungen, aktuell im Globalisierungsprozess und in der Weltwirtschaftskrise, können institutionelle Machtpotentiale unter Druck kommen, da Basiskompromisse in Frage gestellt werden. Deshalb werden wir etwas später den Prozess der Globalisierung genauer betrachten, um dann eine Einschätzung treffen zu können, wie sich dieser auf Gewerkschaften in Österreich auswirkt.

Wie wir gesehen haben, bietet der Begriff der Machtpotentiale gegenüber dem Begriff der Machtressourcen einen entscheidenden

Vorteil. Er lässt uns besser erfassen, welche Voraussetzungen vorhanden sein müssen, um Machtpotentiale zu aktivieren. Obwohl immer im Kontext des historisch konkreten Moments zu bestimmen, können wir mit Hilfe des Begriffs der Machtpotentiale viel stärker die gesellschaftlichen Bedingungen in den Blick nehmen. Eine der zentralsten ist dabei die Kultur der Arbeiter/innenklasse und die der Organisationen der Klasse. Die Kultur ist ein wichtiger Bestandteil der inneren Zusammensetzung. Die in Österreich herrschende Ausrichtung auf das institutionelle Machtpotential brachte eine sehr spezifische kulturelle Prägung mit sich. Bürokratie als Teil staatlicher, aber, wie wir später auch sehen werden, auch der privatwirtschaftlichen Organisationslogik formt die Kultur der österreichischen Arbeiter/innen- und Gewerkschaftsbewegung seit dem Ende des 2. Weltkriegs ganz maßgeblich. Deshalb nun einige kritische Reflektionen zum Phänomen Bürokratie.

## 1.2 Bürokratie

Wie wir zuvor schon gehört haben, ist für die österreichische Gewerkschaftsbewegung das institutionelle Machtpotential besonders wichtig, da die Gewerkschaften stark integriert sind in staatliche Aushandlungsprozesse und in Österreich ein dichtes Netz an arbeitsrechtlichen Regelungen existiert. Mit der Integration der Gewerkschaften in die staatlichen Aushandlungsprozesse geht ein Prozess einher, der es für Gewerkschaften notwendig macht, sich in den staatlichen Institutionen zu verankern. Einen maßgeblichen Faktor in der staatlichen Verwaltung stellt die Bürokratie dar. Das bedeutet für Gewerkschaften, sie müssen sich an die bürokratisch-staatlichen Institutionen anpassen. Eine wissenschaftliche Betrachtung von Gewerkschaften und Betriebsräten in Österreich muss also auf jeden Fall diesen Prozess der Bürokratisierung mitdenken.

Deshalb wollen wir noch einige grundlegende Überlegungen zur Bürokratie und der gesellschaftlichen Bedeutung von Bürokratie anstellen. Wir werden hier sehen, dass Bürokratie nicht nur ein Phänomen des Staates ist, sondern ein gesamtgesellschaftliches Phänomen, welches gravierende Auswirkungen auf unser eigenes Handeln hat.

### 1.2.1 Bürokratie im Alltagsleben

Wenn wir heute über Bürokratie sprechen, dann geht es zumeist um eine ausufernde „Zettelwirtschaft". Aus unserer persönlichen Sicht ist Bürokratie ein notwendiges Übel, das uns in unserem eigenen Arbeitsalltag an den Schreibtisch fesselt, uns dazu zwingt, genauestens über alles Buch zu führen. Wir sehen ein, dass dies notwendig ist, um eine Nachvollziehbarkeit aufrecht zu erhalten und einen reibungslosen Arbeitsablauf zu gewährleisten. Dass sich die Form der Bürokratie ändert, weg von Karteikarten hin zu einer elektronischen Datenerfassung, erleichtert zwar den Ablauf und die Abrufbarkeit von Daten, doch es ändert nichts an der grundlegenden Arbeit des Erfassens und Festhaltens unserer eigenen Tätigkeit. Mit der elektronischen Datenverarbeitung können wir also eine Effizienzsteigerung bürokratischer Verwaltung beobachten, keinesfalls aber einen Abbau von Bürokratie.[4] Das ist die eine Erfahrung, die wir tagtäglich mit Bürokratie haben – sie greift als notwendige Struktur in unseren Arbeitsalltag ein und nötigt uns einiges an vorgegebenen Arbeitsschritten auf.

Eine zweite Form von Bürokratie erfahren wir immer wieder am eigenen Leib, wenn wir uns als Staatsbürger/innen in die Undurchdringbarkeit staatlicher Behörden begeben. Sprichwörtlich drückt sich dieser Spießrutenlauf durch das Dickicht von Paragraphen und Vorschriften in unzähligen „Weisheiten" und scheinbar ewig gültigen Beschreibungen der staatlichen Bürokratie aus. So bezeichnen wir Beamte nicht selten als „Paragraphenreiter" oder „Paragraphenritter". Alle wurden wir schon mit unseren Anliegen von „Pontius zu Pilatus" geschickt und alle kennen wir den Ausdruck „Tintenburg" für Ministerien oder Ämter der städtischen Verwaltung. Dieses Bild, das wir von der staatlichen Bürokratie haben, wird nicht zuletzt in der Fernsehserie „MA24-12" aufgegriffen und satirisch zugespitzt. Es prägt sich ein Bild bei uns ein, welches Bürokratie als absurdes Schauspiel und als abgehobene Verwaltung interpretiert.

[4] Man kann sogar die These vertreten, dass es zu einer Steigerung bürokratischer Tätigkeit kommt, da die Beschleunigung von Kommunikation durch Internet und PC nicht zu einer Zeitersparnis genutzt, sondern die Vernetzungs- und Planungsarbeit noch einmal intensiviert wurde.

Diese Abgehobenheit ist tatsächlich vorhanden und nicht selten stehen wir der Bürokratie hilflos gegenüber und müssen uns ihren Anweisungen fügen. Dass damit nicht selten unsere Geduld und unser Gerechtigkeitsempfinden auf eine harte Probe gestellt werden, ist sicherlich keinem von uns fremd.

### 1.2.2 Neoliberale Bürokratiekritik

In den letzten Jahrzehnten griff eine ideologisch-gesellschaftliche Strömung dieses tiefsitzende Unbehagen insbesondere gegenüber der staatlichen Bürokratie auf und formulierte eine scharfe Kritik. Der Neoliberalismus hat den Abbau staatlicher Bürokratie auf seine Fahnen geschrieben und positioniert sich so als der vermeintliche Vertreter der gepiesackten Bürger und Bürgerinnen, um sie als Individuen gegenüber dem „staatlich-bürokratischen Moloch“ zu verteidigen. Dieser verspricht einen Abbau der staatlichen Bürokratie, was sich immer wieder in Schlagwörtern wie dem „schlanken Staat“ widerspiegelt. Dabei spielen die Vertreter/innen des Neoliberalismus allerdings ein doppeltes Spiel. Sie verbinden eine Kritik an der staatlichen Bürokratie mit einer Kritik am Sozialstaat, an den Gewerkschaften und an sozialpartnerschaftlichen Aushandlungsprozessen. Diese Kritik an Bürokratie richtet sich also auch gegen die Interessen von Arbeitnehmerinnen und Arbeitnehmern und gegen ihre Institutionen wie Gewerkschaften und Arbeiterkammer. Ziel ist es, die institutionellen Machtpotentiale zu diskreditieren und die Arbeiter/innenorganisationen zu schwächen. Wir sehen also, dass eine Bürokratiekritik aus Perspektive von Lohnabhängigen, von Gewerkschaftern, Gewerkschafterinnen und von Betriebsratsmitgliedern nicht auf die Versprechungen von Neoliberalen oder den österreichischen Rechtspopulisten hineinfallen darf, denn sie treiben ein doppeltes Spiel.

Deshalb möchten wir jetzt in einem ersten Schritt noch einmal die Kritik, die von Neoliberalen vorgebracht wird, kurz darstellen, um dann für eine andere Bürokratiekritik zu argumentieren, die aus der Perspektive der Arbeitnehmer/innen formuliert ist, die noch viel weiter geht und eine vollkommen andere Stoßrichtung hat als die der Neoliberalen.

#### 1.2.2.1 Neoliberale Staats- und Verbandskritik

Neoliberale unterscheiden zuallererst zwischen zwei aus ihrer Sicht grundverschiedenen gesellschaftlichen Bereichen. Auf der einen Seite existiert für sie eine gesellschaftliche Sphäre der Freiheit und der persönlichen Entfaltung der Individuen, dies ist die wirtschaftliche Sphäre. In ihr herrscht der Austausch freier, an Gewinnmaximierung orientierter Menschen, die rational nach den Kriterien des Marktes handeln.

Sie treten zueinander in Beziehung über neutrale Abmachungen, die sich am Vertrag orientieren und in denen sich die Freiheiten der bürgerlichen Vorstellung von gleichwertigen Vertragspartnern/-partnerinnen widerspiegeln. In dieser Sphäre herrscht eine neutrale Logik des Marktes und der individuellen Nutzenmaximierung, die jedem die gleiche Chance gibt, sich im Rahmen der gewinnorientierten Marktlogiken frei zu entfalten. Für Neoliberale ist diese Sphäre des Marktes eine gerechte Sphäre, weil sie nicht durchzogen ist mit gesellschaftspolitischen Forderungen, welche die freie Entfaltung der Marktlogik behindern würden, in ihrer Logik also die bestmöglichen Entwicklungschancen der Individuen befördert. Sie definieren die Marktsphäre als eine neutrale und für alle positive Sphäre der Nutzenoptimierung.

Demgegenüber steht ein anderer gesellschaftlicher Bereich, der in ihren Augen immerzu bemüht ist, die Logiken des Marktes zu beschränken. Dieser Bereich ist die Sphäre der Politik, genauer die Sphäre der staatlichen Politik. Innerhalb der staatlichen Politiksphäre entstehe laut den neoliberalen Ideologien eine eigene Gruppe, nämlich die Bürokratie, die wie jede Gruppe in der Gesellschaft dazu neige, sich mehr Macht anzueignen.

Diese Bürokratie tendiere dazu, sich gegenüber den Bürgerinnen und Bürgern zu verselbstständigen. Neoliberale stellen fest, dass die staatliche Bürokratie ihren Einfluss ausweitet, indem sie den Bürgerinnen und Bürgern immer mehr öffentliche Güter zur Verfügung stellt, um so ihre eigene Macht durch Umverteilung auszubauen. Kernpunkt der neoliberalen Kritik ist dabei, dass es ein ständig steigendes Angebot an öffentlichen Gütern gebe, was zu einer Behinderung des freien Wettbewerbs in der Sphäre des Marktes führe, und damit die Sphäre der Freiheit zugunsten einer bevormundenden staatlichen Bürokratie benachteiligt würde. Das ist der Kern der Argumentation, wenn neoliberale Politiker/innen und Wirtschaftstreibende von einem „Versagen des Staates" sprechen.

„Die neoliberale Diagnose des Staatsversagens zielt dabei vornehmlich auf den „alten" Wohlfahrtsstaat, der mit seinem bürokratischen Apparat das Innovationspotenzial der modernen Demokratien behindere, und die Freiheit des Einzelnen bedrohe. Die interessengeleitete Umverteilungspolitik führe zur beständigen Erhöhung der Staatsquote (Verschuldung des Staates) und hemme das Wirtschaftswachstum" (BUTTERWEGGE u.a. 2008: 231)

Von dieser vermeintlichen Analyse des „Staatsversagens" ist es nur ein kleiner Schritt, um die angeblich Schuldigen dieser Entwicklung zu benennen. Für die Neoliberalen sind der Staat und die staatliche Bürokratie nämlich Opfer interessengeleiteter Gruppen, die sich nicht an die Marktlogik halten wollen. In erster Linie sind dies die Gewerkschaften. Dabei argumentieren sie wahlweise, dass der Staat zu schwach sei, um sich gegen die Interessensgruppen abzuschotten, gleichzeitig aber auch zu stark, weil er, wenn er einmal durch die Gewerkschaften gekapert wurde, stark in die Sphäre des Marktes und des freien Wettbewerbs eingreife und dies in den Augen der Neoliberalen nur schiefgehen kann und die Freiheiten der Individuen einschränke. Obwohl diese Kritik auch „Wirtschafts- und Arbeitgeberverbände treffen müsste, geht es den Neoliberalen hier primär um den ihrer Ansicht nach wachstumshemmenden Charakter der gewerkschaftlichen Verteilungspolitik." (BUTTERWEGGE u.a. 2008: 232)

#### 1.2.2.2 Neoliberale Sackgasse

Wir können also sehen, dass der Neoliberalismus durchaus an unseren eigenen Erfahrungen mit Bürokratie andockt und eine Kritik an derselben bereitstellt. Bei einer näheren Betrachtung wird allerdings sehr schnell klar, dass diese Kritik dazu benutzt wird, die gesellschaftliche Position von Lohnabhängigen und Gewerkschaften zu schwächen und der aus Sicht von Neoliberalen unhaltbaren Verteilungspolitik zugunsten der unteren Klassen in unseren Gesellschaften Einhalt zu gebieten. Also mit der Kritik an der wohlfahrtsstaatlichen bevormundenden Bürokratie der Versuch unternommen wird, die Kräfteverhältnisse in der Gesellschaft zugunsten der Kapitalseite und der Anhänger/innen einer Marktlogik zu verschieben.

Um eine Bürokratiekritik zu formulieren, die es uns erlaubt zu erkennen, wie Bürokratie unsere Möglichkeiten der Aktivierung von Machtpotentialen einschränkt, können wir also nicht auf die von Neoliberalen formulierte Kritik zurückgreifen. Im Gegenteil, wir müssen einen eigenen Weg der Bürokratiekritik beschreiten. Die Beschäftigung mit der neoliberalen Bürokratiekritik ist allerdings wichtig, um zu wissen, was ihre Blindflecken und, aus unserer Sicht, ihre Irrwege sind. Wenn wir noch einmal zurückdenken an die Frage von Machtpotentialen und unsere eigenen Erfahrungen mit bürokratischen Abläufen, die sowohl unsere Handlungsfähigkeit als auch die Aktivierung von Machtpotentialen der Arbeiter/innen und der Gewerkschaften einschränkt, können wir einige Punkte festmachen, anhand derer wir eine eigene Bürokratiekritik aus der Sicht der Arbeiter/innen und Gewerkschafter/innen formulieren können.

1) Die Neoliberalen verschweigen, dass Bürokratie nicht nur in der „bösen" staatlichen Sphäre existiert, sondern auch im Bereich der Privatwirtschaft fröhliche „Urstände" feiert. Wir erleben es jeden Tag, Vorgaben aus der Geschäftsleitung sind in unseren Augen nicht selten „absurd" und erscheinen uns weltfremd. Der tagtägliche Arbeitsaufwand, um es der betrieblichen Bürokratie recht zu machen, ist kein geringer und wird auch in einem modernen und sehr effizienten Unternehmen nicht weniger.

2) Die Bürokratiekritik der Neoliberalen zielt nicht darauf ab, einen Bürokratieabbau voranzutreiben, sondern auf die Effizienzsteigerung der Bürokratie im Sinne einer schlanken Verwaltung einer Gesellschaft, die sich an den Markt- und Wettbewerbsregeln orientieren soll und nicht etwa an den Interessen von lohnabhängigen Menschen.

3) Die Argumentation der neoliberalen Ideologen, dass die staatliche Bürokratie die Freiheit der Individuen einschränke und nicht selten einen tyrannischen Charakter annehme, stimmt zwar auf den ersten Blick. Doch ihr An-

sinnen ist nicht, diese Herrschaft abzubauen, sondern die Bürokratie an den Logiken des Marktes zu orientieren, um so mehr Einfluss auf staatliche Entscheidungen zu erlangen. Das steckt auch hinter dem Gedanken, dass Staaten und Regierungen wie Betriebe handeln sollten. Es geht aber nicht um einen Abbau von Bürokratie, sondern darum, diese selbst zu kontrollieren. Dementsprechend muss auch jeder einzelne Mensch ein unternehmerisch denkender Mensch werden, der sich an den Logiken des Wettbewerbs und des Marktes orientiert, und nicht als Arbeiter oder Arbeiterin seine/ihre Interessen vertritt. Im Kern wollen sie also, dass sich der Mensch nicht als soziales Wesen versteht, das in einer Gesellschaft, die noch immer durch Klassengegensätze geprägt ist, handelt und seine Interessen vertritt, sondern nur noch als „homo oeconomicus"[5], so als ob Individuen, also wir selbst, kleine Firmen wären.

Wir stehen also vor einem großen Problem. Auf der einen Seite können wir unsere eigenen Erfahrungen und Beschränkungen, die uns Bürokratien auferlegen, nicht einfach verleugnen, auf der anderen Seite können wir die neoliberale Bürokratiekritik nicht übernehmen, ohne dabei unsere Interessen und unsere Fähigkeit, diese Interessen in der Gesellschaft durchzusetzen, zu schwächen. Wir müssen also versuchen, eine eigenständige Bürokratiekritik zu formulieren, die aufzeigt, wie die Arbeiter/innenbewegung, wie Gewerkschaften, die selbst und insbesondere mit Bezug auf das institutionelle Machtpotential bürokratisch agieren, innerhalb von Bürokratien behindert werden, ihre Machtpotentiale voll auszuspielen. Für unseren Fall schlagen wir also vor, an den Start zurückzukehren. Denn aus unserer Sicht brauchen wir eine andere Kritik, die uns analytisch eine breitere Sichtweise ermöglicht.

[5] Der Begriff des „homo oeconomicus" beschreibt im neoklassischen Marktmodell die Grundlage der reinen Ökonomie. Der „homo oeconomicus" ist laut dem neoklassischen Modell der rational kalkulierende Mensch. Er wägt in jedem einzelnen Fall immer ab, was ihm etwas bringt und was es ihn kosten würde. Diese Modellvorstellung eines rein auf die Nutzenoptimierung basierenden Menschenbildes wurde in den letzten Jahrzehnten verstärkt zum Leitbild neoliberaler Politik. Darauf aufbauend verfestigte sich ein Menschenbild, das einer Maschine gleich streng nach der Nutzen-Kosten-Rechnung handelt. Diese Sichtweise auf den Menschen ist stark verkürzt, da der Mensch in Entscheidungen sehr viel mehr Aspekte einfließen lässt als eine Kosten-Nutzen-Rechnung. (Vgl. *http://www.lateinamerika-studien.at/content/wirtschaft/ipo/ipo-272.html*)

### 1.2.3 Bürokratiekritik reloaded

Schlägt man in einem österreichischen Wörterbuch unter dem Stichwort Bürokratie nach, findet man unter anderem auch den Eintrag „Beamtenherrschaft". Dieser Eintrag ist erstaunlich, verbindet er mit Bürokratie doch in erster Linie ein Beamtentum und bedient damit weitverbreitete Ressentiments gegenüber dieser Beschäftigtengruppe, ist aber auch anschlussfähig an die Argumentation von neoliberaler Seite. Wie wir schon zuvor festgestellt haben, ist Bürokratie doch keineswegs nur in staatlichen Büros oder bei Beamtinnen/Beamten zu finden, sondern auch in privatwirtschaftlichen Unternehmen und in Verbänden und Vereinen. Der Eintrag im Wörterbuch ist also auf der einen Seite zu kurz gegriffen, allerdings trotzdem interessant, bezieht er sich doch nicht nur auf die Beamten und Beamtinnen, also eine spezifische Gruppe von Personen, sondern benennt auch ein gesellschaftliches Verhältnis, das im Begriff Bürokratie enthalten ist, nämlich, dass er etwas mit Herrschaft zu tun hat. Bürokratie ist also eine Herrschaftsform und sollte richtigerweise und dem Wortsinn nach als „Herrschaft des Büros" übersetzt werden. (Vgl. Gabler 2009: 32) Wir können also festhalten, dass die Definition „Herrschaft des Büros" einen Ausgangspunkt für uns darstellt, von dem weg wir eine eigenständige Bürokratieanalyse beginnen können, ohne uns nur auf die staatliche Bürokratie zu beschränken und ohne in die Falle der Neoliberalen zu tappen, die Bürokratie ebenfalls sehr stark an den Staat und genauer an den Wohlfahrtsstaat koppeln.

#### 1.2.3.1 Max Weber und Bürokratie als gesellschaftliches Phänomen

Um das Phänomen der Bürokratie zu verstehen, müssen wir uns mit seiner gesellschaftlichen Bedeutung auseinandersetzen. Einer der wichtigsten Analytiker der modernen Gesellschaft ist Max Weber. Er widmet in einem seiner Werke, „Wirtschaft und Gesellschaft", einen großen Teil der Analyse dem Entstehen von bürokratischen Verwaltungsformen. Max Weber sieht die Bürokratie nicht beschränkt auf die staatlichen Institutionen, sondern erkennt, dass Bürokratie ein wesentlicher Charakterzug der modernen kapitalistischen Gesellschaft ist. Er schreibt, die Bürokratie sei die „formal rationalste Form der Herrschaftsausübung. Die Entwicklung „moderner" Verbandsformen auf allen Gebieten (Staat, Kirche, Heer, Partei, Wirtschaftsbetrieb, Interessentenverband, Verein, Stiftung und was immer es sei) ist schlechthin identisch mit Entwicklung und stetiger Zunahme der bürokratischen Verwaltung; ihre Entstehung ist z. B. die Keimzelle des modernen okzidentalen Staates." (WEBER 2005: 164) Dieses Zitat verlangt nach einigen Erläuterungen. Aus Sicht MAX WEBERS, er war ein bürgerlicher Soziologe, stellte die Bürokratie im Gegensatz zu den feudalistischen Herrschaftsformen einen ungeheuren Fortschritt dar. Für ihn ist die Aktenführung und die detaillierte Aufzeichnung von Entscheidungsfindungsprozessen ein enormer zivilisatorischer Schritt gegenüber der eher uneingeschränkten und willkürlichen Herrschaft von Feudalherren. Deshalb benennt er die bürokratische Herrschaftsform auch als rational und im Kern berechenbarer als andere Formen der Herrschaftsausübung. Er betont, dass mit dem Einzug bürokratischer Verfahren die Berechenbarkeit sowohl für die Herrschenden als auch für die Beherrschten größer wird. Er bewertet deshalb das Entstehen und das Wirken von Bürokratien zumeist als positiv. Er hält fest, dass sich mit der Bürokratisierung der staatlichen Instanzen und der privatwirtschaftlichen Betriebsführung ein Strukturmerkmal des Kapitalismus entwickelt hat, welches legale und nachvollziehbare Normen und Regeln erzeugt. Diese Regeln und Normen prägen und formen den Staat und die privatwirtschaftlichen Betriebe. Für Max Weber wird das Entstehen der Bürokratie zu einem epochalen und die Geschichte verändernden Prozess. Obwohl MAX WEBER diesen Prozess begrüßt und sehr positiv beurteilt, warnt er auch. Bürokratie tendiere dazu, sich von den Bürgern abzuheben. Er stellt demzufolge die Frage nach der Kontrolle der Bürokratie, denn ansonsten neige sie dazu, sich gegen demokratische Errungenschaften zu wenden und selbst wieder tyrannische Züge anzunehmen.[6]

[6] Für eine ausführliche Debatte von Weber vergleiche NEUMANN 2010: S. 34-40. Neumann beschäftigt sich mit der theoretischen und historischen Verortung von Weber und streicht seine Bedeutung für eine kritische Arbeitssoziologie heraus, zeigt allerdings auch klar die theoretischen Grenzen von Weber auf.

Doch für eine Bürokratiekritik reichen Webers Betrachtungen nicht weit genug. Er zeigt hauptsächlich nur auf, dass Bürokratie einen Fortschritt darstellt und bezieht sich auf die Rationalität bürokratischer Verwaltung. Ja, er diskreditiert sogar alle Versuche, diese Form der Herrschaft zu überwinden, als sinnlos, da jeder Versuch die Bürokratie abzuschaffen zu einem Verlust an Rationalität führe und sich damit Ineffizienz und Dilettantismus ausbreiten würden. Sein Blick richtet sich zu wenig auf das Herrschaftsverhältnis, welches in die Bürokratie eingebettet ist, und konzentriert sich zu stark auf die Rationalität und Kontinuität der institutionellen-bürokratischen Einrichtungen.

Um unsere Kritik zu schärfen, müssen wir auf andere Denker und Denkerinnen zurückgreifen. Insbesondere in den Debatten der Arbeiter/innenbewegung wurde schon früh eine Kritik der bürokratischen Herrschaft formuliert, die uns sehr viel weiterbringt.

#### 1.2.3.2 Bürokratiekritik und Arbeiter/innenbewegung

Schon Karl Marx beschäftigt sich mit Bürokratie als Herrschaftsform. Insbesondere als er den Bonapartismus, die autoritäre Herrschaftsform unter Napoleon III., analysiert, versteht er Bürokratie als die Verselbstständigung der Staatsapparate und deren Bürokratie. „Allgemein versteht Marx – und später noch deutlicher Lenin – unter Bürokratie das politische Komplement der ökonomischen Klassenherrschaft. Marx steht damit für eine Linie in der Bürokratiediskussion, die Bürokratie als politisch-administratives Phänomen der Beziehung von Staat und Gesellschaft bzw. von Staat und Ökonomie begreift.“ (Gabler 2009: 35) Dieses Verständnis prägt über lange Zeit den Marxismus der Arbeiter/innenbewegung.

Besondere Brisanz erhält das Thema Bürokratie in den Debatten zwischen Marxisten/Marxistinnen seit dem Entstehen des Stalinismus in der Sowjetunion. Einige Kritiker/innen und linke Gegner/innen Stalins analysieren, dass sich innerhalb der Sowjetunion eine eigene bürokratische Kaste gebildet habe, welche ein Kontroll- und Herrschaftsregime über die Arbeiter/innen errichtet habe.

Ein weiterer wichtiger Strang der innermarxistischen Debatte waren und sind jene Kommunistinnen und Kommunisten, die sich an der Rätebewegung und einer Rätedemokratie orientieren. Für sie gilt es, den Staat durch eine neue Form der Koordination der Produzenten/Produzentinnen, Konsumenten/Konsumentinnen und anderer subalterner[7] Gruppen, die auf direkter Demokratie und dem gebundenen Mandat beruht, zu ersetzen. Bei ihren Betrachtungen steht nicht nur die staatliche Bürokratie im Zentrum, sondern auch die betriebliche Bürokratie, die als herrschaftliche Kontrolle verstanden wurde und wird. Sie sehen Bürokratie als den Gegenpol zu Demokratie. Betriebliche Bürokratie wird als zentrales Hindernis in Bezug auf eine demokratische Kontrolle der Produktion aufgefasst. Insbesondere wird die Trennung von Kopfarbeit und Handarbeit im Zuge bürokratischer Prozesse kritisch gesehen. Unter Kopfarbeit verstehen sie planende und kontrollierende Tätigkeiten, die den Personen, die sich diesen Tätigkeiten widmen, besondere Kenntnisse und einen besonderen Status einbringen. Demgegenüber werden einfache Arbeiter/innen oft in einem untergeordneten ausführenden Status belassen, also wird die ausführende Arbeit, sprich die Handarbeit durch die bürokratische Organisationsform entwertet.

SIMONE WEIL, Philosophin aus Frankreich, nimmt 1933 unter Bezug auf Sowjetunion, Gewerkschaften und Staat ebenfalls das Thema Bürokratie auf. (Vgl. GABLER 2009: 35) Sie konstatiert, dass das Wachstum der kapitalistischen Arbeitsteilung und die zunehmende Spezialisierung kapitalistischer Produktion im stetigen Wachstum von bürokratischer Leitung auch in den Unternehmen begründet liegt. Allgemein wird festgehalten, dass die Arbeiter/innen durch die Tendenz der Bürokratisierung an Einfluss verlieren. 1941 schließlich schreibt BURNHAM in seinem Bestseller „The Managerial Revolution“, dass sich weltweit eine neue Klassenherrschaft der Manager/innen und Bürokratie durchgesetzt hat. Wir können also beobachten, dass sich die marxistische Kritik an der Bürokratie im Fahrwasser der Stalinismuskritik weiterentwickelt hat und spätestens nach dem 2. Weltkrieg auch auf die westlichen privatwirtschaftlichen Systeme ausgeweitet wurde.

[7] Als Subalterne bezeichnet man alle unteren Klassen einer Gesellschaft, die in einer bürgerlichen Demokratie zwar den Status als gleiche Staatsbürger/innen haben, in der Realität aufgrund der ökonomischen Verhältnisse aber als weniger machtvoll anzusehen sind.

Cornelius Castoriadis, französisch-griechischer Philosoph und später Psychoanalytiker, greift all diese Debatten auf. Er spitzt sie zu und stellt fest, dass Bürokratie eine ganze Kultur der Abhängigkeit schafft. Bürokratie bringt die Menschen und insbesondere die Lohnarbeiter/innen in ein Abhängigkeitsverhältnis. Er lehnt Bürokratie grundsätzlich ab, da sie einen starken antidemokratischen Moment beinhaltet, den wir schon bei Max Weber angedeutet sehen. Der bürokratischen Herrschaft stellt Castoriadis das emanzipative und autonome Handeln der Arbeiter/innen gegenüber, die tagtäglich einen Kleinkrieg gegen die bürokratische Bevormundung führen. Insbesondere nach der Durchsetzung des Taylorismus und des Fordismus (vgl. dazu Kapitel 2 in diesem Buch) schien die Kontrolle der betrieblichen Abläufe immer mehr aus der Hand der Arbeiter/innen in die Hand einer bürokratischen Klasse innerhalb der Betriebe übergegangen zu sein. Castoriadis stellt allerdings fest, dass diese offizielle Organisationsstruktur mit einer inoffiziellen Organisationsweise der Arbeiter/innen im Bereich der Produktion, also am Arbeitsplatz, kollidiert. „Dementsprechend können wir einen formalen Produktionsprozess und einen realen Produktionsprozess unterscheiden. Ersterer umfasst, was den vom Management erarbeiteten Plänen, Diagrammen, Vorschriften, Übertragungsmethoden u.ä. zufolge im Betrieb passieren sollte. Letzterer ist der, der tatsächlich abläuft und häufig wenig mit dem erstgenannten zu tun hat.“ (Castoriadis 2007: 207f) Dieser Widerspruch ist Castoriadis zufolge wichtiger Bestandteil der kapitalistisch-bürokratischen Organisation. Die Kreativität und die Fähigkeit zur kooperativen Zusammenarbeit der Arbeiter/innen muss von den Herrschenden im Betrieb laufend genutzt werden, um die Produktivität zu steigern. Gleichzeitig ist die Kreativität und die Kooperation der Arbeiter/innen allerdings darauf ausgerichtet, die Arbeit erträglicher zu machen, um sich so ein Stück weit der Ausbeutung im Betrieb zu entziehen. Der/die Unternehmer/in muss also versuchen, diese kreativen Potentiale über eine bürokratische Kontrolle einzufangen und die Erneuerungen für sich zu nutzen. Welche absurden Momente daraus entstehen, beschreibt Castoriadis mit Hilfe der Aussage eines Arbeiters in einer Renault-Werkshalle in der Nähe von Paris. Es geht dabei um die Festlegung der Zeit, die für ein Werksstück gebraucht werden darf. „Die Arbeiter, die die Zeitnehmer als Polizisten betrachten, beziehen sich nicht nur auf den Inhalt, sondern genauso auf die Methoden von deren „Arbeit". In den Renault Werken verläuft die Normermittlung häufig auf folgende Weise: Man schickt einen neuen, den Arbeitern unbekannten Zeitnehmer auf einen Rundgang durch die Abteilungen, wobei er sich im Vorbeigehen unbemerkt die Zeiten verschiedener Vorgänge notiert (man kann sich leicht vorstellen, was derart gemessene „Zeiten" wert sind). Aus diesen „Zeiten" mischt der Zeitnehmer ein Gebräu zusammen – die neue „Norm" –, um das er anschließend mit dem Werkmeister der betroffenen Abteilung feilscht. Die endgültige Norm ist Resultat dieses Kuhhandels. Ein bis zwei Wochen später wird dann die Abteilung zum Schauplatz einer feierlichen Prozedur: Der Zeitnehmer kommt, um die Zeiten der Arbeiter aufzunehmen, er lässt die Uhr laufen, hantiert herum, spricht unverständliches Abrakadabra und macht sich wieder von dannen. Anschließend wird das Resultat verkündet – das längst vorher feststand." (Castoriadis 2007: 200)

In diesem Zitat stecken einige wichtige Erkenntnisse. Erstens wird klar ersichtlich, dass sich die Bürokratie oftmals der Wissenschaft bedient, um ihren Status einer objektiven und rationalen Planungs- und Entscheidungsinstanz zu verstärken oder zu verteidigen. Man denke heute nur an die Heerscharen von Wissenschaftlern und Wissenschaftlerinnen (zumeist jedoch Männer), die in den Medien zu Wort kommen. Sie alle erklären uns auf wissenschaftliche Art und Weise, dass unser Pensionssystem nicht mehr finanzierbar sei, dass wir im Zuge der Krise alle „den Gürtel enger schnallen" usw.

Gleichzeitig sammelt Bürokratie auch ein spezifisches herrschaftliches Wissen. Dieses Wissen, welches sowohl ein Wissen der Arbeiter/innen im Produktionsprozess als auch ein Wissen von Expertinnen und Experten ist, begründet auch einen gewissen gesellschaftlichen Status. Wir werden später sehen, dass dieser gesellschaftliche Status auch dazu dient, gesellschaftlich akzeptierte Verhaltensweisen und spezifische Problemlösungskompetenzen zu befördern, die Gewerkschaften und Arbeiter/innen sehr stark an das institutionelle Machtpotential binden und

Problemlösungen an ein sehr spezifisches Experten-/Expertinnenwissen koppelt.

Wir wollen allerdings noch einen weiteren Bereich von Bürokratie in unsere Analyse aufnehmen. Castoriadis betont immer wieder, dass Bürokratie eine besondere Kultur begründet, die uns alle prägt und auch unsere Handlungen beschränkt und in Normen presst.

Besonders deutlich ist dies in unserer Untersuchung anhand der Frage der Verrechtlichung von Konflikten zu beobachten. Um unsere spätere Argumentation verständlich und nachvollziehbar zu halten, möchten wir an dieser Stelle noch einmal auf den Charakter von Recht vor dem Hintergrund der Bürokratie eingehen.

### 1.2.4 Recht als besondere Form der Bürokratie

Recht ist für alle von uns interviewten Betriebsratsmitglieder und Gewerkschaftssekretärinnen/-sekretäre ein sehr wichtiger Bezugspunkt in ihrer eigenen Praxis. Dabei kristallisieren sich sehr klare vom Recht vorgegebene Handlungskorridore heraus, die prägend auf das praktische Handeln der eben Genannten wirken. Diese Korridore beinhalten spezifische Praxen und Verhaltensweisen, mit Hilfe derer Konflikte gelöst werden. Diese sind tief ins Bewusstsein der Gewerkschafter/innen und Betriebsratsmitglieder eingeschrieben. Die Verrechtlichung bietet ihnen ein Gerüst, mit Hilfe dessen Konflikte bearbeitet werden können. Die Prozesse, die an die Verrechtlichung geknüpft sind, werden zumeist als notwendig angesehen. Zum einen steigern sie die Berechenbarkeit von Auseinandersetzungen, zum anderen gibt es aber auch sehr oft Zweifel an der Neutralität des Rechts, insbesondere wenn es um Entscheidungen des Obersten Gerichtshofes oder anderer Instanzen in Sachen Arbeitsrecht geht. Bevor wir uns näher mit dem Phänomen Recht auseinandersetzen, können wir festhalten, dass Recht aufgrund seiner Eigenschaft, Berechenbarkeit herzustellen, und seiner Einbettung in staatlich-bürokratische als auch betrieblich-bürokratische Prozesse als wichtiger Bestandteil einer Bürokratie zu behandeln ist. Gewissermaßen kann Recht als die institutionell-bürokratisch-prozedurale

Form der Streitschlichtung betrachtet werden. Das Recht und die es umgebenden bürokratischen Verfahrensweisen pressen Betriebsräte und Gewerkschafter/innen in ein enges Korsett akzeptierter Handlungsweisen. Dabei ist nicht nur ausschlaggebend, dass einige Handlungen in Bezug auf Arbeitskämpfe von Rechts wegen schlichtweg verboten sind, sondern die alltägliche, stark auf Recht ausgerichtete Handlungspraxis lehrt uns gewisse Verhaltensweisen eher umzusetzen als andere. Wir werden am Ende des Kapitels noch einmal auf diese genannten Aspekte zurückkommen und sie noch einmal an die Frage der Aktivierbarkeit unterschiedlicher Machtpotentiale koppeln.

#### 1.2.4.1 Recht und Objektivität, oder Recht ist nicht gleich Gerechtigkeit

In der Resolution 217A (III) der Generalversammlung der Vereinten Nationen vom 10. Dezember 1948, besser bekannt als die „Allgemeine Erklärung der Menschenrechte" ist im Artikel 7 zu lesen: „Alle Menschen sind vor dem Gesetz gleich [...]" Ähnliche Sätze sind in fast allen Verfassungen von demokratischen Staaten zu finden. Wir möchten an dieser Stelle nicht auf die realen Widersprüche eingehen, die zwischen Anspruch und Wirklichkeit aufklaffen, man denke nur an die Ungleichbehandlung von Inländern/Inländerinnen und Migranten/Migrantinnen. Wir möchten vielmehr darauf eingehen, was dieser Satz, alle Menschen sind vor dem Gesetz gleich, aus einer kritischen Perspektive betrachtet, für das Handeln der Gewerkschafter/innen und Betriebsräte/-rätinnen bedeutet.

In diesem Satz ist ein zentrales Moment enthalten, welches Recht für alle Menschen in einer Gesellschaft so praktikabel erscheinen lässt. Nämlich eine Objektivität oder Neutralität des Rechts gegenüber allen Menschen, die in dieser Gesellschaft leben. Ähnlich wie die Bürokratie als rationalste und effizienteste Form der Verwaltung erscheint, ist das Recht in der Wahrnehmung der Menschen eine neutrale Institution. Das hat mehrere Ursachen und Gründe, die zumeist nicht leicht zu verstehen und zu durchschauen sind. Wir werden trotzdem versuchen, einen ersten kritischen Einblick in die Mechanismen des Rechtes zu geben. Wir können an dieser Stelle nicht die gesamte Debatte über Recht darstellen, sondern werden einige Versatzstücke daraus herausnehmen, um einen ersten anderen Blick auf das gesellschaftliche Phänomen Recht werfen zu können.

#### 1.2.4.2 Rechtsfetisch, oder: Warum sind wir alle Rechtsträger/innen?

Jeder Mensch, der in unserer Gesellschaft geboren wird, wird im Zuge seines Lebens, Arbeitens, Wohnens, Liebens und auch seines Todes immer mit Recht konfrontiert sein. Ständig sind wir umgeben von Rechtsvorschriften und müssen nach Rechten und Pflichten handeln. Es erscheint uns nur allzu oft so, als ob dies etwas Natürliches sei. Dem ist aber mitnichten so. Betrachtet man das Recht als ein Phänomen, das sich geschichtlich entwickelt hat, dann kann man sehen, dass Recht und insbesondere das niedergeschriebene Recht immer etwas mit gesellschaftlicher Entwicklung und Auseinandersetzungen zu tun hat. Insbesondere die individuellen Freiheitsrechte sind eine relativ neue Erscheinung. Im Feudalismus oder in tyrannischen Gesellschaften war das individuelle Recht, das jedem/jeder einen gewissen Rechtsanspruch zugesteht, ein eher seltenes Phänomen.

Erst mit der Entstehung des Kapitalismus, dem bürgerlichen Staat und der dazugehörigen notwendigen Berechenbarkeit (vgl. dazu MAX WEBER im Abschnitt zu Bürokratie) entstand ein ausgebautes Rechtssystem. Doch warum hat die Entstehung des Rechts, wie wir es heute kennen, etwas mit der Entwicklung des Kapitalismus zu tun? Wir werden versuchen dies relativ knapp und bei weitem nicht mit der eigentlich zu Gebot stehenden Ausführlichkeit darzustellen.

KARL MARX beginnt sein wichtigstes Werk „Das Kapital" mit dem Satz: „Der Reichtum der Gesellschaften, in welchen kapitalistische Produktionsweise herrscht, erscheint als eine „ungeheure Warensammlung", die einzelne Ware als seine Elementarform. Unsere Untersuchung beginnt daher mit der Analyse der Ware." (MEW 23: 49)

Marx beginnt also mit der Analyse der Ware. Waren können in einer kapitalistischen Gesellschaft die unterschiedlichsten

Formen annehmen. Der Tausch von Waren ist für uns heute der normalste und alltäglichste Akt. In diesem Tauschprozess, der jeden Tag auf der gesamten Welt milliardenfach vollzogen wird, wird immer eine rechtliche Beziehung hergestellt. Augenscheinlich wird dies, wenn wir einen Kaufvertrag unterschreiben. Der Kauf eines neuen Computers, eines Autos, einer Wohnung, das alles sind rechtlich geregelte Transaktionen. Doch auch andere Tauschprozesse, wie der tägliche Einkauf von Lebensmitteln sind rechtlich geregelte Transaktionen, mit der Anerkennung des Betrages, der auf der Rechnung abgedruckt steht, akzeptieren wir implizit den Kaufvertrag. Wir können also sehen, dass wir aufgrund der kapitalistischen Tauschverhältnisse tagtäglich zu Vertragspartnern/-partnerinnen werden. Wir sind, ob wir das nun wollen oder nicht, damit konfrontiert, als Rechtssubjekte zu existieren. Doch warum ist diese Durchdringung der alltäglichsten Handlungen durch das Recht eine Notwendigkeit für eine kapitalistische Gesellschaft? Wir können uns diese Notwendigkeit erklären, indem wir unser Augenmerk auf die enorme Menge tagtäglicher kapitalistischer Tauschprozesse richten. Für das Funktionieren des kapitalistischen Tausches ist es unumgänglich, die Regeln des Tausches aus der persönlichen Beziehung zwischen Verkäufer/in und Käufer/in herauszulösen. Eine dritte, scheinbar neutrale Instanz ist notwendig, um Konflikte, die in einem Tauschprozess entstehen können, zu vermeiden.

Eine der wichtigsten Waren in einer kapitalistischen Gesellschaft ist die Arbeitskraft. Lohnabhängige sind, um ihr Überleben zu sichern, dazu gezwungen, ihre Arbeitskraft an Unternehmen zu verkaufen, und der Unternehmer/die Unternehmerin ist darauf angewiesen, menschliche Arbeitskraft zu kaufen, denn ohne sie kann kein Profit entstehen. (Vgl. MEW 24. Kap. 1) Historisch setzte sich in vielen Weltregionen diese Form der Überlebenssicherung von arbeitenden Menschen immer stärker durch. Der Verkauf der eigenen Arbeitskraft wurde zur bestimmenden Einkommensquelle eines Großteils der Bevölkerung. Das bedeutet umgekehrt auch, dass ein Großteil der Menschen dem System der Lohnarbeit ausgeliefert ist. Ab einer gewissen Intensität der Durchsetzung kapitalistischer Strukturen in Gesellschaften werden Menschen zusehends der Möglichkeit beraubt, anders als durch Lohnarbeit ihren Lebensunterhalt zu verdienen. Selbstversorgung durch eigene landwirtschaftliche Produktion oder die Versorgung kleinerer Gemeinschaften in Form gemeinsamen Wirtschaftens wurden zusehends unmöglich. Dieser Prozess, der von MARX als „ursprüngliche Akkumulation“ bezeichnet wird, dauerte einige Jahrhunderte und ist bis heute in vielen Weltregionen noch immer nicht abgeschlossen.[8] Dabei wurde die Logik der kapitalistischen Lohnarbeit in großem Umfang durchgesetzt. Dieser Prozess war und ist geprägt durch blutige Vertreibungen der bäuerlichen Bevölkerung von ihrem Land, die Umwandlung landwirtschaftlicher Produktion in eine industrialisierte und nicht mehr an der Selbstversorgung orientierte Produktion: er ist geprägt durch ein enormes Anwachsen der Städte und die Ausbreitung von Elendsquartieren in den industriellen Zentren. Es war schlichtweg der ökonomisch, politisch, rechtlich, polizeilich und oft militärisch durchgesetzte Prozess der Schaffung eines Proletariats, einer Arbeiter/innenklasse, die auf den Verkauf ihrer eigenen Arbeitskraft zum Zwecke des Überlebens angewiesen ist.

MARX betont, dass die Arbeitskraft eine Ware darstellt, die verkauft und gekauft wird. Sie ist allerdings eine besondere Ware, da sie die Quelle des Profits für die Unternehmer/innen darstellt. Der Verkauf der Ware Arbeitskraft unterliegt einem permanenten Kampf. Einem Kampf um den Preis, der von den Unternehmen an die Beschäftigten gezahlt wird. Das Besondere dabei ist, dass die Ware Arbeitskraft allerdings nicht an ein Ding gekoppelt ist, wie einen Fernseher, sondern an ein menschliches Wesen. Trotzdem wird der Verkauf der Ware Arbeitskraft mit derselben Logik des Vertrages, also des Rechts, abgewickelt wie der Kauf eines Fernsehers oder eines Autos. In diesem Tauschakt, in dem menschliche Arbeitskraft gegen Lohn getauscht wird, entstehen also Konflikte. Diese Konflikte werden nun in eine rechtliche Form gepresst. Zentral dabei ist, dass das Recht davon ausgeht, dass sich beide Vertragspartner/innen auf selber Augenhöhe gegenübertreten, also formell gleich sind vor dem Recht. Das Recht sieht also im Allgemeinen davon ab, dass es

[8] JOHN HOLLOWAY argumentiert, dass der Prozess der ursprünglichen Akkumulation im Kapitalismus niemals als abgeschlossen gelten kann (Holloway 2010).

innerhalb der kapitalistischen Gesellschaft unterschiedliche Klassen gibt. Die Besitzenden von Kapital, von Produktionsmitteln, werden rechtlich genauso behandelt wie die Arbeitenden, die nichts anderes besitzen als ihre Arbeitskraft, die sie gezwungen sind zu verkaufen. Das Recht erkennt die Spaltung unserer Gesellschaft in unterschiedliche Klassen also nicht an, sondern konstruiert eine Gleichheit aller Menschen, welche im Widerspruch zu den tatsächlichen gesellschaftlichen Macht- und Klassenverhältnissen steht. Was sind also Schlüsse, die aus dem bisher Gesagten gezogen werden können?

### 1.2.4.3 Conclusio I: Recht, Kapitalismus und Herrschaft

Wir sind also ständig eingewoben in ein Netz von Rechtsverhältnissen, welches verbunden ist mit der Entstehung des Kapitalismus und der Durchsetzung einer warenförmigen Ökonomie. Das heutige Recht, wie wir es kennen, ist demnach eng verbunden mit der Entstehung des Kapitalismus. Die kapitalistischen Verhältnisse finden so ihren Niederschlag im Recht. Die Ware als „Elementarform" des Reichtums in kapitalistischen Gesellschaften zwingt uns, jedes einzelne Individuum als Rechtsträger/in zu setzen. Wäre dies nicht der Fall, könnte eine kapitalistische Ökonomie, sowohl auf nationaler als auch auf globaler Ebene, nicht existieren, da die Konflikte, die im Tausch von Waren entstehen, zu ständigen Auseinandersetzungen führen würden.

Das Recht ist also der zentrale Mechanismus, mit dessen Hilfe diese immer präsenten Konflikte befriedet werden. Um dem Recht als legitime Form der Konfliktbearbeitung breite Akzeptanz bei allen Menschen zu verschaffen, muss es als neutrale Instanz erscheinen. Zu diesem Zwecke müssen alle Menschen vor dem Recht gleich sein. Die tatsächlichen Klassenverhältnisse in einer kapitalistischen Ökonomie stehen diesem Anspruch der Gleichheit aller vor dem Recht aber entgegen. Das bedeutet, dass das Recht in seiner Grundstruktur die Klassen- und Herrschaftsverhältnisse ignorieren muss. Damit ist der Grundstein gelegt, warum gegenüber dem Recht als zentralster Konfliktlösungsinstanz ein gesundes Maß an Misstrauen angebracht ist.

Das heißt nicht, Recht aus der alltäglichen Praxis von Betriebsräten oder Gewerkschaften auszuschließen, aber hellhörig zu sein und immer bewusst zu hinterfragen, ob wir mit der „kritiklosen“ Anwendung des Rechtes nicht selbst die Klassen- und Herrschaftsverhältnisse verbergen und reproduzieren.[9]

#### 1.2.4.4 Conclusio II: Recht und Rechtspraxis

Wie wir gesehen haben, sollte man der vermeintlichen Neutralität und Objektivität des Rechts zumindest eine gewisse „gesunde“ Skepsis entgegenbringen, da das Recht in seiner Grundstruktur nicht auf die real existierenden Klassenverhältnisse in unserer Gesellschaft eingeht. Doch das ist nur ein Grund. Betrachten wir nun, was geschieht, wenn Recht als Konfliktlösungsmechanismus zur Anwendung kommt.

Wenn ein Problem oder ein Konflikt mit Hilfe des Rechts ausgefochten wird, setzt sich ein spezifischer Prozess in Gang. Das Recht konstruiert jeden Konflikt als Einzelfall. Kläger/in und Beklagte/r stehen sich als vor dem Recht gleiche Parteien gegenüber. Das bedeutet allerdings auch, dass der Konflikt zu einem großen Teil aus dem gesellschaftlichen Zusammenhang gerissen und individualisiert wird. Konkret kann das heißen, dass ein massenhaft auftretendes Problem immer wieder individualisiert wird, sobald es vor Gericht gezerrt wird. Damit werden kollektive Problemlagen, wie zum Beispiel die fortlaufende Verletzung arbeitsschutzrechtlicher Bestimmungen, in einzelne Rechtsfälle zerlegt. Dies kann dazu führen, dass das massenhafte Auftreten von Problemen aus dem Blick gerät. Genauso werden allerdings andere Formen der Konfliktbearbeitung, die sich auf die Organisierung der Geschädigten oder die Mobilisierung von Produktionsmacht stützen, durch die Individualisierung untergraben. Wir können also sehen, dass auch auf dieser Ebene die Neutralität des Rechts zumindest in Frage gestellt werden kann. Als Teil einer Bürokratie, die auf Berechenbarkeit, Normierung und Kontinuität setzt, ist es Teil eines Herrschaftsverhältnisses, das die Aktivierung unterschiedlichster Machtpoten-

[9] Auf der sehr konkreten Ebene der Rechtsgestaltung kann natürlich beobachtet werden, dass Recht durchaus zum Vorteil der Arbeiter/innenbewegung gestaltet werden kann. Trotzdem ist es ein Irrglaube zu meinen, dass das Recht auf Dauer die Klassenunterschiede aufheben könnte.

tiale sukzessive unterwandert, indem es Handlungskorridore für Konfliktlösungsstrategien vorgibt.

Diese Form der Konfliktbearbeitung, die die Möglichkeit einer kollektiven Konfliktaustragung erschwert, befördert das Entstehen einer Kultur der Verrechtlichung und der Individualisierung. Etwas zugespitzt formuliert dient also das Recht zur Disziplinierung der Arbeiter/innenbewegung.

Die alleinige Konzentration auf die rechtliche Konfliktaustragung zwingt alle Beteiligten dazu, ein spezifisches Wissen über Gesetze und Vorschriften aufzubauen, welches nicht selten zu einer Überlastung in der alltäglichen Praxis führt. Sehr schnell muss man, um sich in Konflikten behaupten zu können, auf die Beratung von externen Expertinnen und Experten zurückgreifen. Dieser Mechanismus trägt dazu bei, dass autonome Konfliktbearbeitungskompetenzen, die nicht so stark an ein spezifisches Expertenwissen gekoppelt sind, verkümmern.

Wiederum können wir also sehen, dass das Recht neben einer für uns sehr praktischen Dimension auch eine herrschaftliche und normierende Dimension besitzt, die uns zu einer gewissen Skepsis anhalten sollte. Genauer werden wir in unserem letzten Teil noch auf diese Punkte eingehen.

Die bisherigen Ausführungen sind gegenüber dem Recht sehr kritisch eingestellt. Aus der alltäglichen Erfahrung der Betriebsräte und der Gewerkschaften geht allerdings klar hervor, dass es durchaus auch Momente gibt, in denen das Recht den Lohnabhängigen Spielraum einräumt. Dazu müssen wir näher betrachten, wie das Recht zustande kommt und warum Recht an gesellschaftliche Kräfteverhältnisse, also nicht zuletzt an den Konflikt zwischen Kapital und Arbeit, gekoppelt ist.

#### 1.2.4.5 Conclusio III: Anwendung von, oder Kampf um Recht

Recht ist aus dem Alltagshandeln der Betriebsratsmitglieder und der Gewerkschaften nicht wegzudenken. Es ist Teil des institutionellen Machtpotentials.

Allerdings hat Recht eine spezifische zeitliche Struktur, die es als fixiert und starr feststehend und nur noch einsetzbar erscheinen lässt. Das heißt, Recht wird als gesellschaftlich akzeptierte Norm der Konfliktlösung angewandt und breit legitimiert. Nach dem Auftreten eines Konflikts wird das Recht herangezogen, um einen „Schiedsrichterspruch“ zwischen den beiden Konfliktparteien herbeizuführen. Wir können hier sehen, dass Recht immer erst nach dem Auftreten eines Konflikts in Aktion tritt und der Rechtsfall zumeist zwischen zwei Parteien fixiert wird.

Das führt zu einem spezifischen Rechtsverständnis, welches Recht als ein neutrales Werkzeug erscheinen lässt, das nur noch angewendet werden muss. Diese Sichtweise steht im Widerspruch zu der Entstehung von Recht, insbesondere im Bereich der Arbeitsgesetzgebung.

Der Rechtsentstehungsprozess erscheint uns als losgelöst von den Bereichen, in denen Recht angewendet wird. Historisch betrachtet ist Recht allerdings immer gekoppelt gewesen an die gesellschaftlichen Auseinandersetzungen und ist eng verwoben mit den Kräfteverhältnissen, die in einer Gesellschaft vorherrschen. Michael Kittner bringt es auf den Punkt, wenn er schreibt: „Ja, man kann geradezu sagen, die Geschichte des Arbeitskampfes ist in jeder Phase zugleich die Geschichte seiner rechtlichen Regelung und damit des politischen Kampfes um die besten Ausgangspositionen bei künftigen Konflikten. Und da es bei seinem Thema immer auch um Macht im weitesten Sinne geht, ist seine Geschichte zwangsläufig ein getreues Spiegelbild der politischen Kräfteverhältnisse, die der Produktion des jeweiligen Rechtszustandes zugrunde lagen.“ (Kittner 2005: 2)

Wie wir später sehen werden, ist in der heutigen Situation, in der ein Gutteil der Arbeitszeit von Betriebsratsmitgliedern, Gewerkschafterinnen und Gewerkschaftern auf die Umsetzung und Durchsetzung von schon existierendem Recht verwandt wird, dieser Entstehungsprozess und die ständige Umkämpftheit von Recht aus dem Blick geraten. Die Konzentration auf das institutionelle Machtpotential und die Vernachlässigung des Aufbaus von Organisationsmacht und Produktionsmacht brachte die Gewerkschaftsbewegung zusehends in eine defensive Position. Nicht mehr der Kampf um die Gestaltung von Recht, der auch gesellschaftlich ausgefochten werden kann, sondern nur noch die Durchsetzung von bestehendem Recht steht zumeist auf der Tagesordnung.

### 1.2.5 Zusammenfassung

Zusammenfassend können wir also festhalten, dass Bürokratie und auch Recht nur analysiert und verstanden werden können, wenn wir sie als eine Form der Herrschaft begreifen. Das Entstehen von Bürokratie ist verbunden mit der Entstehung des Kapitalismus und ist Teil der kapitalistischen Gesellschaftsformation. Aus dieser Perspektive erscheint es uns angebracht, gegenüber Bürokratie und Recht zumindest ein gewisses Maß an gesunder Skepsis zu behalten. Die Objektivität, die Rationalität und die Neutralität, mit der uns Recht und Bürokratie begegnen, müssen kritisch hinterfragt werden. Als Teil einer kapitalistischen Gesellschaft sind sie widersprüchlich. Ohne bürokratische und rechtliche Regelungen kann eine Klassengesellschaft, wie es der Kapitalismus ist, nicht aufrechterhalten werden. Gleichzeitig sind Bürokratie und Recht allerdings nicht per se abzulehnen. Sie sind als Teil einer Klassengesellschaft immer umkämpft und unterliegen unterschiedlichen Veränderungen. Die Arbeiter/innenbewegung und auch die Gewerkschaften müssen sich, solange eine kapitalistische Gesellschaft existiert, immer innerhalb dieser Gesellschaft bewegen. Wichtig ist dabei allerdings, dass die eigene Durchsetzungs- und Handlungsfähigkeit nicht zu stark von den gesellschaftlichen Verhältnissen dominiert wird. Das heißt, es gilt immer abzuwägen, wann es notwendig und richtig ist, sich auf das Spiel der Bürokratie und des Rechtsweges einzulassen und wann nicht. Bürokratisierung und Verrechtlichung des eigenen Handelns kann dazu führen, dass es eine zu starke Konzentration auf das institutionelle Machtpotential gibt.

Wie wir später sehen werden, kann eine zu starke Konzentration auf diese Aspekte zu einer gewerkschaftlichen Kultur führen, die es zusehends schwierig macht, andere Machtpotentiale zu aktivieren, die notwendig sind, um auf gesellschaftliche Veränderung flexibel und wirkmächtig zu reagieren.

Für unsere eigene Untersuchung stellen Machtpotentiale und ein Verständnis von Bürokratie einen wichtigen analytischen Rahmen dar, welcher uns erlaubt, das Handeln von Akteuren, ob Gewerkschaften, Betriebsräte, Unternehmensleitungen, Staat, Gerichte usw., besser zu verstehen. Sie sind für uns de facto ein

Schlüssel, mit dem man Beweggründe und Zwänge, die dem eigenen Handeln vorangestellt sind, erfassen kann. Sie ermöglichen uns einen Blick in die gesellschaftlichen Mechanismen, die auf das Handeln von Akteuren und Akteurinnen einwirken.

Die bisherigen Ausführungen beziehen sich jedoch noch zum großen Teil auf eher abstrakte, theoretische Vorüberlegungen. Im folgenden Abschnitt wollen wir das analytische Werkzeug noch stärker verfeinern, uns mit der Ebene der handelnden Individuen bzw. Gruppen beschäftigen und den Analyserahmen auf die konkrete Situation in Österreich anwendbar machen.

# 2. Spezifizierung des Handlungsfeldes

## 2.1 Austrokorporatismus, Handlungsraum und kulturelle Praxis

Wie bereits in der theoretischen Auseinandersetzung mit den Machtpotentialen der Arbeiter/innen gestreift, spielen nicht nur äußere Faktoren für die Aktivierung des einen oder anderen Machtpotentials eine Rolle, sondern auch innere Befindlichkeiten, Strukturen und Praxen der Arbeiter/innenbewegung und der Gewerkschaften. Wir bezeichnen diese inneren Faktoren im Weiteren als kulturelle Praxis der Gewerkschaften bzw. als Gewerkschaftskultur.

Um sich dieser anzunähern, werden wir uns zuerst ihrer historischen Entstehung und Entwicklung widmen und dabei auch äußere Faktoren berücksichtigen. Denn diese gemeinsame kollektiv-kulturelle Praxis der Gewerkschaften hat sich in einem ganz konkreten Kontext, dem Austrokorporatismus (oder auch Sozialpartnerschaft genannt) seit den 1950er Jahren entwickelt und verfestigt. Auf dieser Grundlage aufbauend werden wir theoretische Überlegungen zu Praxis, ihren gesellschaftlichen Voraussetzungen, ihrer Gestaltung, Reproduktion und Veränderung anstellen. Dies gibt uns ein Analysewerkzeug, mit dem wir die inneren Faktoren der Aktivierung von Machtpotentialen in der Fallstudie in Verbindung zu den gesellschaftlichen Veränderungen und äußeren Faktoren setzen können. Das ermöglicht uns, einen tiefergehenden Blick auf die Problemlagen und Herausforderungen von Betriebsräten/-rätinnen und Gewerkschaften zu werfen und sie in ihrer Vielschichtigkeit und Komplexität zu fassen.

### 2.1.1 Austrokorporatismus – eine spezifisch österreichische Entwicklung

Gewerkschaften schwanken historisch gesehen immer zwischen zwei Positionen innerhalb des Kapitalismus. Abhängig von dem eigenen Selbstverständnis, den politischen Kräfteverhältnissen und der ökonomischen Situation können sie die Position einer Ordnungsmacht oder die einer Gegenmacht einnehmen. Das heißt, sie arbeiteten entweder am Aufbau von Gegenmacht, um „gegen die kapitalistische Organisation von Produktion und der Gesellschaft" (GORZ 1967:40 zit. n. HKWM 1999: 1362) zu kämpfen, oder übernehmen innerhalb des Kapitalismus stabilisierende Ordnungsfunktionen. (Vgl. HKWM 1999:1360) In der Wiederaufbauphase nach dem 2. Weltkrieg entschied sich die österreichische Gewerkschaftsspitze sehr rasch für eine Positionierung als Ordnungsmacht und unterstützte die Etablierung eines korporatistischen politischen und ökonomischen Systems, in dem Löhne und Arbeitsbedingungen in konsensualem Einvernehmen zwischen den Vertretern[10] der Spitzenbürokratien ausverhandelt wurden, anstatt durch offen ausgetragene Konflikte, wie zum Beispiel Streiks, errungen zu werden. Die Entscheidung fiel in einer Zeit, als die Erfahrungen aus den gesellschaftlichen und ökonomischen Krisen der 1920er und 30er Jahren sowie der 2. Weltkrieg gerade zur Etablierung eines regulierten Kapitalismus beitrugen (vgl. BONANNO/ CONSTANCE 2008: 4f). Diese Phase eines regulierten Kapitalismus wird heute als fordistische Entwicklungsweise kapitalistischer Gesellschaften – kurz Fordismus – bezeichnet. Sie war geprägt von der Ausweitung eines interventionistischen Nationalstaates, der längerfristig geplantes Wachstum ermöglichte und eine Umverteilungspolitik zum Zweck des Ausgleichs zwischen den gesellschaftlichen Klassen betrieb. Die Lohnsteigerungen und staatliche Wohlfahrtspolitik orientierten sich an der Produktivitätsentwicklung, was einerseits dazu beitrug, breite gesellschaftliche Gruppen am steigenden Wohlstand zu beteiligen und andererseits den breiten Massenkonsum finanzierte, der für das Wachsen der Wirtschaft Voraussetzung wurde. Um Fordismus als spezifische kapitalistische Entwicklungsweise fassen zu können, müssen aber noch andere gesellschaftliche Momente wie etwa die Frage der Geschlechterverhältnisse, der Migration, der Stadtentwicklung, Alltagskultur, Erziehungsformen und Familienstrukturen berücksichtigt werden. (Vgl. BECKSTEINER u.a. 2009)

[10] Hier sind tatsächlich nur Männer gemeint, da unseres Wissens nach keine Frau in diese Richtungsentscheidung involviert war.

Für die Arbeiter/innenbewegung und für Gewerkschaften im Fordismus war zentral, dass sie dem Kapital und dem Management die Kontrolle über die Produktion überließen, dafür aber zusehends in den politischen Prozess und seine Institutionen eingebunden waren und die rechtliche Ausgestaltung des Verhältnisses zwischen Kapital und Arbeit ausgebaut wurde.

Die Etablierung eines korporatistischen politischen und ökonomischen Systems im Fordismus wurde vor allem in Österreich, Deutschland und den skandinavischen Ländern stark vorangetrieben. CZADA versteht unter Korporatismus die dauerhafte Einbindung von Interessensgruppen in den politischen Entscheidungsfindungsprozess und die Umsetzung der Entscheidungen. Als Basis dienen Interorganisationsnetzwerke zwischen der Regierung und der politischen Verwaltung sowie zentralisierten gesellschaftlichen Verbänden (vgl. CZADA 2002: 300f).

Unter Korporatismus versteht man also in erster Linie ein System der Interessenvermittlung (vgl. SCHMITTER 1979: 9; TÁLOS 1982: 264). Korporatismus hat jedoch weitreichendere Aspekte als nur diese Funktion. Die gegenseitige Durchdringung und Kooperation der staatlichen Administration mit den großen Interessenverbänden hat auch bei der Entscheidungsfindung und -umsetzung eine bedeutsame Rolle (vgl. LEHMBRUCH 1979: 150, TÁLOS 1982: 264).

In Österreich nahm der Korporatismus eine ganz spezifische Ausformung an, die wir alle als Sozialpartnerschaft bzw. Austrokorporatismus kennen. Es handelt sich dabei um eine von allen Akteuren freiwillig eingegangene enge Zusammenarbeit der Regierung (also dem Staat im engeren Sinn) mit den Dachverbänden der Arbeitnehmer/innen- und Arbeitgeber/innenorganisationen. Die Sozialpartnerschaft ist gekennzeichnet „…durch Kooperation, Konzertierung (d.h. Einbindung der Dachverbände in politische Entscheidungen) und Interessensakkordierung zwischen den genannten Akteuren […]. Sozialpartnerschaft kommt auf der Makroebene von Politik – in erster Linie in den Bereichen der Einkommens-, Wirtschafts-, Sozial- und Arbeitsmarktpolitik zum tragen.“ (TÁLOS 2005: 186) Diese Form der Interessensvertretung und -politik war keine nur kontextgebundene und temporäre Zusammenarbeit, sondern fußte auf einem beiderseitig getragenen, freiwilligen Übereinkommen zur langfristigen Zusammenarbeit und einem gesellschaftlichen Streben nach Konsens.

In ihrer anfänglichen Etablierung um 1950 noch umstritten (vgl. BECKSTEINER/ STEINKLAMMER 2010), fand die Sozialpartnerschaft lange Zeit nicht nur breite Akzeptanz im politischen Apparat, sondern auch in großen Teilen der Bevölkerung.

Unterstützt wurde die Etablierung der Sozialpartnerschaft durch einen herrschenden Grundkonsens über die Ausrichtung an der gesamtökonomischen Entwicklung im Rahmen des Nationalstaats, die (auch personelle) Vernetzung der Verbände mit den Parteien (diese spiegelt sich auch wider in der fraktionellen Unterteilung der Organisationen) und die gesetzliche Verankerung der Pflichtmitgliedschaft in den Kammern. Die Kammern stellen bis heute aus mehreren Gründen eine wichtige Voraussetzung für die Kooperation dar: Sie konzentrieren durch die Zwangsmitgliedschaft gesellschaftliche Interessen und sorgen, vor allem unter den Unternehmerinnen und Unternehmern, für den Ausgleich heterogener Interessen. Dies ist eine wichtige Voraussetzung für die einheitliche Vertretung nach außen, also gegenüber der Regierung, den Parteien und anderen Interessenorganisationen. Da die Kammern Körperschaften öffentlichen Rechts sind, dienen sie auch als Instrument zur Erfüllung staatlicher Aufgaben, was einen Ansatzpunkt für die „Verstaatlichung" gesellschaftlicher Interessenvertretungen darstellt (vgl. TÁLOS 1985: 44; TÁLOS 1982: 269).

Hinzu kam in der Nachkriegszeit die besondere ökonomische Struktur mit zahlreichen verstaatlichten Betrieben in den Schlüsselbranchen der Industrie, Schwerindustrie und im Bankensektor, sowie die kleinräumliche Wirtschaftsstruktur und die zu Beginn der Wiederaufbauphase relative Schwäche des Großkapitals (vgl. TÁLOS 2005:188). Diese war eine Folge der Verstaatlichung, durch die das Machtpotential der Industriellen geschwächt wurde (vgl. TÁLOS 1985: 57). Gerade das private Großkapital, welches traditionell einen sehr konsequenten antigewerkschaftlichen Kurs verfolgte, wurde so in seinen Einflussmöglichkeiten zurückgedrängt (vgl. TRAXLER 1982b: 342). Die Verstaatlichung erweiterte außerdem die Möglichkeiten der Regierung, auf die Konjunktur steuernd einzuwirken. Und die Besetzung von Führungspositionen mit Gewerkschafterinnen/Gewerkschaftern innerhalb der verstaatlichten Betriebe und Banken erhöhte die Einflussmöglichkeiten der Gewerkschaften (vgl. TRAXLER 1982a: 182).

Die klassischen vier in die Sozialpartnerschaft involvierten Dachverbände sind auf Seiten der Arbeitnehmer/innen: Die Bundesarbeiterkammer (BAK) (früher: Österreichischer Arbeiterkammertag) und der Österreichische Gewerkschaftsbund (ÖGB); auf Seiten der Arbeitgeber/innen: die Wirtschaftskammer Österreich (WKÖ) (früher: Bundeswirtschaftskammer) und bei den Landwirten/-wirtinnen die Präsidentenkonferenz der Landwirtschaftskammern Österreichs (PRÄKO) (vgl. TÁLOS/STROMBERGER 2005: 79).

Andere Verbände, wie zum Beispiel die Industriellenvereinigung (IV) (früher: Vereinigung Österreichischer Industrieller), sind via personeller und institutioneller Verflechtungen ebenfalls beteiligt. Es gab und gibt folglich weder auf der Arbeitgeber/innen-, noch auf der Arbeitnehmer/innenseite eine konfliktfähige Gruppe, die nicht sozialpartnerschaftlich vertreten ist (vgl. PELINKA 1981: 16).

#### 2.1.1.1 Gewerkschaftliche Handlungsebenen im Austrokorporatismus

Mit der voranschreitenden institutionellen Verankerung der Sozialpartnerschaft kam es zu einer relativ klaren Trennung der unterschiedlichen Ebenen der gewerkschaftlichen Praxis. Wir wollen nun knapp die zentralsten Charakteristika der gewerkschaftlichen Handlungsebenen, wie sie sich im Austrokorporatismus/in der Sozialpartnerschaft seit den 1950er Jahren herausgebildet haben, umreißen.

**Die makropolitische Ebene**

Zentraler Referenzraum für die makropolitische Handlungsebene im Austrokorporatismus war der Nationalstaat. Es bildete sich auf makropolitischer Ebene eine enge Zusammenarbeit zwischen den Verbandsspitzen, den Regierungsmitgliedern und hohen Beamtinnen/Beamten der verschiedenen Ministerien heraus. Zwischen diesen Eliten entwickelten sich Beziehungsgeflechte und eine stabile Vertrauensbasis, die die friedliche Ausverhandlung der makropolitischen Regulierungen des Konflikts zwischen Arbeit und Kapital erleichterte. Damit einher ging ein Bedeutungsverlust des demokratischen Parlamentarismus, da in vielen zentralen gesetzlichen Bereichen die korporatistische Kultur der vorparlamentarischen Ausverhandlung verankert wurde und die vorweg formulierten und vereinbarten Gesetze so „nur noch" von den – den jeweiligen gesellschaftlichen Blöcken zugeordneten – Parteien im Parlament beschlossen werden mussten. Diese generelle Ausrichtung und Kompromissbereitschaft hatte eine große Unabhängigkeit von den verschiedenen Regierungskonstellationen. Auch bzw. gerade in Situationen von Alleinregierungen blieb die Sozialpartnerschaft stabil. Ergebnis dieser Zusammenarbeit sind unter anderem weitreichende gesetzliche Regelungen der Arbeitsbeziehungen. Diese makropolitischen Regulierungen nahmen über die Zeit zu und führten so zu einer zunehmenden Verrechtlichung des Konflikts zwischen Arbeit und Kapital.

Befördert durch den starken Fokus auf institutionelle Machtpotentiale wurde die makropolitische Ebene seit den 1950er Jahren zur gewichtigsten Handlungsebene der Gewerkschaften. Damit einher ging eine gewisse Verselbstständigung der Spitzenbürokratie, die innerhalb „ihrer" Handlungsebene relativ autonom, losgelöst und unabhängig von der Basis Entscheidungen traf bzw. strategische Schwerpunkte und Ausrichtungen setzte. Besondere Bedeutung hierbei kam dem ÖGB als Dachverband zu. Die Gründung des Österreichischen Gewerkschaftsbundes 1945 als Einheitsgewerkschaft führte zum einen dazu, dass Gewerkschaften nicht mehr gegeneinander ausgespielt werden konnten. Andererseits zog sie aber auch einen hohen Grad an Konzentration und Zentralisation mit sich. Diese drückt sich zum Beispiel dadurch aus, dass die Einzelgewerkschaften über keine eigene Rechtspersönlichkeit verfügen und somit von den durch den ÖGB zur Verfügung gestellten Finanzmitteln abhängig sind. Dass der formellen Beschlussfassung in den Gremien des ÖGB Verhandlungen und informelle Abstimmungen in den Einzelgewerkschaften sowie zwischen den politischen Fraktionen vorausgehen, ändert nichts an der Vorrangstellung des ÖGB, da dieser die Personal- und Finanzhoheit besitzt (vgl. Traxler 1982b: 343; Tálos 1996: 104).

### Die Ebene der Branchen

Zentral für diese Ebene war die branchenförmige Organisierung der Teilgewerkschaften. Diese Form der Organisierung ermöglichte branchenweite Verhandlungen, flächendeckende Kollektivverträge und die Lösung der Lohnverhandlungen aus dem betrieblichen Kontext. Die Lohnverhandlungen, die nach dem 2. Weltkrieg vor allem Aufgabe der Betriebsräte auf betrieblicher Ebene waren, entwickelten sich über die Zeit zu einer der zentralen Aufgaben der Teilgewerkschaften und wurden ein hoch bürokratisches und komplexes Prozedere mit langen Verhandlungszeiten. Der zentrale Orientierungspunkt für die Lohnabschlüsse war die jeweilige Branchenentwicklung. Die Verhandlungen richteten sich also ganz im Sinne des Korporatismus besonders an der ökonomischen Entwicklung der Branche im Nationalstaat aus. Das führte zu einer stark auf die ökonomische Entwicklung ausgerichteten „Objektivierung" der Verhandlungen. Dadurch wurden die unterschiedlichen Interessenslagen zwischen Arbeit und Kapital in den Verhandlungen stark in den Hintergrund gedrängt. Die Verankerung der Kollektivvertragsverhandlungen auf Branchenebene führte außerdem zu einer Stärkung der zentralistisch und hierarchisch gegliederten Gewerkschaftsstrukturen, welche auf relativ hohe Organisationsgrade in den Branchen aufbauen konnten.

### Die betriebliche Ebene

Da für die Praxen auf den anderen Handlungsebenen die makropolitische Ebene zur zentralen Referenzfolie geworden war, bedurfte der gewerkschaftliche Fokus auf diese Handlungsebene und dort aktivierbare institutionelle Machtpotentiale einer Ausrichtung und Unterordnung aller anderen Ebenen unter die Prioritäten der ersten. Das beinhaltete auch, die Akteure der betrieblichen Handlungsebene so weit unter Kontrolle zu bringen, dass sie die Verlässlichkeit und Berechenbarkeit der Gewerkschaften als strategische Partnerinnen auf makropolitischer und Branchenebene nicht gefährdeten. Mit den Entwicklungen auf makropolitischer und auch auf Branchenebene wurde die betriebliche Ebene im Austrokorporatismus zunehmend entwertet. Lohnverhandlungen wurden durch die Bürokratisierung auf Branchenebene dem Einfluss der Arbeitnehmer/innen sukzessiv entzogen. Die betriebliche Ebene wurde für Lohnverhandlungen nur noch dann aktiviert, wenn die Verhandlungen auf Branchenebene nicht wie gewünscht verliefen und „Druck von der Straße“ erzeugt werden musste. Zentral war hierbei, dass die Dynamik „von oben“, sprich der Branchen- und/oder makropolitischen Ebene erzeugt bzw. eingefordert wurde und auf betrieblicher Ebene auf Abruf bereit stand, davon unabhängig bzw. autonom aber nicht aktiv wurde.

Den Betriebsrätinnen und Betriebsräten fiel, verstanden als verlängerter Arm der Gewerkschaft, die Mitgliederwerbung und die Aufgabe der Verankerung des sozialpartnerschaftlichen Konsenses auf betrieblicher Ebene zu. Sie hatten aufgrund des engen, makropolitisch ausverhandelten, rechtlichen Sicherheitsnetzes, der personellen Kontinuitäten im Management und darauf aufbauenden, korporatistisch geprägten Vertrauensverhältnissen einen relativ sicheren Stand in den Betrieben und eine gute Verhandlungsbasis, um individuelle Probleme und Konflikte im Betrieb zu lösen. Unterstützt wurde die sozialpartnerschaftliche Ausgestaltung durch die klaren räumlichen und zeitlichen Strukturierungen der Betriebe. Das hieß zumeist, es gab einen Standort, an dem Produktion (Arbeitnehmer/innen), Management und Betriebsräte „unter einem Dach“ zu finden waren. Diese räumlichen und zeitlichen Strukturierungen drückten sich nicht nur im Arbeitsverfassungsgesetz aus. Sie erleichterten auch die Kommunikation zwischen den Akteuren/Akteurinnen, die relativ leicht erreichbar waren und auf Probleme sehr kurzfristig reagieren konnten, weil die Betriebsratsmitglieder rasch davon erfuhren und sofort alle Beteiligten/ Betroffenen an einem Ort versammelt hatten, um sie zu lösen. Neben den gegebenen Interessensgegensätzen und Konflikten stellte der Betrieb in dieser Phase oftmals einen gemeinsamen Bezugspunkt dar. Diese gemeinsame Betriebsorientierung unterstützte mitunter eine geteilte Umsicht für die betriebliche Sozialwelt (vgl. Tietel 2008: 50ff). Und „ […] nicht selten [war] bei den Eigentümern und Geschäftsleitungen eine Art von `patriarchalischer Fürsorgehaltung´“ (Schmidt/Trinczek 1999: 103 zit. n. Tietel 2008: 54) gegenüber den Beschäftigten im Betrieb vorhanden.

Die relativ langfristigen Erwerbsbiographien des Managements und der Arbeitnehmer/innen beförderten außerdem den

Aufbau von Vertrauensbeziehungen, da beide Seiten sich auf eine lange Zusammenarbeit einstellen mussten und so niemandem an einer Eskalation der Konflikte gelegen war. Beide Seiten waren also ausgerichtet auf konstruktiv-kooperative Aushandlung und Interaktionen im Sinne eines Interessensausgleichs, der beide über Jahrzehnte hinweg stützte.

Insofern ging die Entwertung der betrieblichen Ebene im Austrokorporatismus nicht einher mit Verschlechterungen für Arbeitnehmer/innen, sondern konnte kompensiert werden durch die Erfolge auf branchen- und makropolitischer Ebene und durch die sozialpartnerschaftliche Gestaltung der betrieblichen Zusammenarbeit. Die Akteure der betrieblichen Ebene (Betriebsräte) hatten dadurch wenig Grund, autonom und entgegen der offiziellen Linie zu handeln.

Die Verlagerung der gewerkschaftlichen Arbeit weg von den Betrieben, hin auf makropolitische- und Branchenebene, entkoppelte aber auch die „einfachen" Mitglieder bzw. die arbeitende Bevölkerung zunehmend von der Gewerkschaft. Als Teil des politischen Apparats ging deren direkte Relevanz für das Individuum oftmals verloren. Langfristig gesehen sank der Netto-Organisationsgrad des ÖBG von 62,1 Prozent im Jahr 1968 auf 31,7 Prozent im Jahr 2006 (vgl. *http://stats.oecd.org/Index.aspx?DataSetCode=UN_DEN* am 13.04.2010).

### 2.1.2 Kulturelle Praxis der Gewerkschaften

Die historische, korporatistische Integration der Gewerkschaften in die Sozialpartnerschaft ging einher mit dem Aufbau einer eigenen Gewerkschaftsbürokratie, der Einbindung in staatliche Institutionen sowie in politische Aushandlungsprozesse und einer Konzentration der Gewerkschaften auf die Aktivierung institutioneller Machtpotentiale. Im Zuge dieser Entwicklungen, Entscheidungen, Aufbauarbeiten und Ausrichtungen haben sich Regeln und Gesetzmäßigkeiten entwickelt, die sich auch strukturell verfestigten. Genauso wie sich Abläufe über die Zeit standardisiert und Traditionen herausgebildet haben. Es hat sich also eine spezifische Gewerkschaftskultur im Austrokorporatismus entwickelt. Diese Kultur drückt sich in der kollektiven Praxis der Gewerkschaft und der Betriebsräte aus. Kollektiv deshalb, weil es nicht um die Praxis einer konkreten, einzelnen Person geht, sondern um die Praxis einer umfangreichen Personengruppe. Es handelt sich dabei um eine strukturell verfestigte Praxis, die über einen längeren Zeitraum hinweg stabil und fassbar wird. Dass es sich bei einer kulturellen Praxis immer um etwas Kollektives handelt, dürfen wir auch dann nicht aus den Augen verlieren, wenn wir uns im Laufe der Interviewanalyse mit einzelnen Menschen und ihrem individuellen Handeln beschäftigen. Die Besonderheit dabei ist, dass die Etablierung einer spezifischen kulturellen Praxis handelnder Individuen bedarf, die eine gewisse Praxis mit Leben füllen und sie reproduzieren. Gleichzeitig aber handelt es sich dabei um eine kollektive Praxis, die nicht von den Handlungen jedes einzelnen Individuums abhängig ist. Das heißt, dass in dieser Praxis auch Widersprüche bestehen können, einzelne Personen ihr möglicherweise entgegenarbeiten, sie aber trotzdem über einen relativ langen Zeitraum stabil und fassbar bleibt. Wie LAVE und WENGER zeigen, benötigt dabei die Aufrechterhaltung und Reproduktion des Status quo genauso viel Erfahrungen, Erklärung und Lernen, wie es für Veränderung bedürfte. Denn kollektive soziale Praxis ist an sich widersprüchlich und diese Widersprüche müssen immer wieder aufs Neue bearbeitet und ausverhandelt werden – egal, ob es darum geht, sie zu verändern oder um das Bestehende aufrecht zu erhalten (vgl. LAVE/ WENGER 2008: 57f).

Der Blick auf kollektive Praxis zeigt, dass Menschen, die neu in einem Handlungsraum sind, sich einerseits in die bestehende Praxis einfügen müssen. Sie müssen daran teilnehmen, sie verstehen lernen und zur eigenen Praxis machen, um ein volles Mitglied werden zu können, um in der bestehenden Praxis wirkmächtig zu werden. Andererseits müssen sie augenblicklich auch Verantwortung für die Gestaltung dieser Praxis und die Zukunft der Gemeinschaft übernehmen, während sie beginnen, eine eigene Identität aufzubauen (vgl. LAVE/ WENGER 2008: 115).

#### 2.1.2.1 Der soziale Raum des Austrokorporatismus

Um die kulturelle Praxis von Betriebsratsmitgliedern analytisch fassen zu können, fokussieren wir uns auf den gesellschaftlichen Handlungsraum bzw. Handlungsfeld der Arbeitsbeziehungen, in den die Betriebsräte und Gewerkschaften zentral eingebunden sind und in dem der Großteil ihrer kollektiven Praxis verortet werden kann. Hier greifen wir auf Pierre Bourdieu – französischer Soziologe und einer der wichtigsten Vordenker der globalisierungskritischen Bewegung – und sein Konzept des sozialen Raums zurück, welches wir im Folgenden aber stark adaptieren.[11] Soziale Räume sind, wie der Name schon besagt, Räume sozialer Handlungen, in denen sich spezifische Regeln und Normen der sozialen Beziehungen und Interaktion zwischen verschiedenen Akteurinnen/Akteuren herausgebildet haben. Im Zentrum der Aufmerksamkeit steht damit die Ebene der sozial hergestellten Realitäten eines Handlungsraumes, das heißt die Kräfteverhältnisse, die Beziehungen zwischen den verschiedenen Gruppen und Akteurinnen/Akteuren und dabei immer auch die kulturelle Praxis, die sich in diesem Handlungsraum etabliert hat.

Wir richten unseren Blick also auf den zentralen Handlungsraum von ökonomisch-sozialen Beziehungen zwischen den Akteurinnen/Akteuren und ihren Institutionen, die in die Ausverhandlung des Konflikts zwischen Kapital und Arbeit in Österreich zentral involviert sind (vgl. Bischoff u.a. 2002: 145). In Anlehnung an seine historische Entwicklung bezeichnen wir diesen Handlungsraum im Weiteren als „sozialen Raum des Austrokorporatismus“. Dabei dürfen wir nicht den Fehler machen, diesen mit der Sozialpartnerschaft gleichzusetzen. Während es sich bei dieser um eine konkrete historische Ausformung des Korporatismus handelt (und daher auch Austrokorporatismus genannt wird), bezeichnen wir mit dem Begriff des „Sozialen Raums des Austrokorporatismus“ einen Handlungsraum/ein Handlungsfeld und setzen damit einen Analyserahmen. Dieser Handlungsraum umfasst die drei zentralen gewerkschaftlichen Handlungsebenen:

[11] Bei Bourdieu konstituiert sich der soziale Raum vor allem über das Verhältnis von Kapitalvolumen und Kapitalstruktur. Seine Reduzierung des Kapitalbegriffs auf einen Ressourcenbegriff führt aber zu einer sehr statischen Konzeption und verunmöglicht die Fassung der Dynamik der gesellschaftlichen Entwicklung sowie eine Analyse von Produktion, Eigentumsverhältnissen und Arbeit. (Vgl. Bischoff u.a. 2002:149ff) Das vorliegende Buch bietet nicht den Rahmen, diesen Aspekt von Bourdieus Beitrag kritisch zu diskutieren und weiter zu entwickeln. Das bedingt aber, dass wir uns in weiterer Folge mitunter stark von Bourdieus Überlegungen wegbewegen.

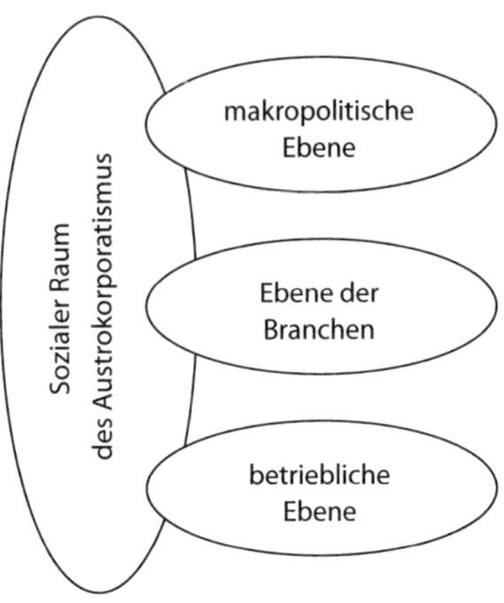


Abbildung 1: Der soziale Raum des Austrokorporatismus

Der soziale Raum und dessen Zusammensetzung und Konstitution kann sich über die Zeit hinweg verändern. Es können zum Beispiel neue Akteure hineintreten, andere an Wirkmächtigkeit verlieren, usw. So können die oben genannten Akteure im sozialen Raum des Austrokorporatismus und auf den verschiedenen Handlungsebenen zu unterschiedlichen Zeitpunkten eine mehr oder weniger große Rolle spielen und zueinander in unterschiedlichen Beziehungen stehen. Die Akteurskonstellation an sich macht schon deutlich, dass der soziale Raum des Austrokorporatismus nicht unabhängig oder losgelöst vom Rest der Gesellschaft existiert. Vielmehr konstituieren sich die Kräfteverhältnisse in diesem sozialen Raum aus der Stellung der Akteure in den ökonomischen Strukturen und in Relation zueinander (vgl. Bourdieu 1998: 62). So sind etwa die Arbeitnehmer/innen aufgrund ihrer Lohnabhängigkeit im Kapitalismus gezwungen, die eigene Arbeitskraft zu verkaufen, was an sich schon ihre Handlungsmöglichkeiten im Verhältnis zur Kapitalseite einschränkt. Aus diesem Verhältnis innerhalb der ökonomischen Strukturen des Kapitalismus stehen den Akteurinnen und Akteuren unterschiedlichen Machtpotentiale zur Verfügung, deren Aktivierung Einfluss auf die Kräfteverhältnisse im sozialen Raum hat. Das heißt die Kräfteverhältnisse im sozialen Raum des Austrokorporatismus sind nicht statisch, sondern in ständiger Veränderung begriffen und damit umkämpft.

Das bedeutet, die kulturelle Praxis der Gewerkschaften, die sich in diesem sozialen Raum entwickelt, stabilisiert und verändert, ist immer beeinflusst durch die Kräfteverhältnisse in diesem sozialen Handlungsraum.

Besonders zentral dabei ist, dass sich über einen längeren Zeitraum, wie es die spezifische historische Ausformung der Sozialpartnerschaft war, im sozialen Raum des Austrokorporatismus implizite Regeln und Normen, wie sich die verschiedenen Akteurinnen/Akteure zu verhalten haben, herausgebildet haben. Diese Regeln und Normen stellen die Ordnungsfunktion des sozialen Raums dar. Einerseits geben sie den verschiedenen Akteurinnen/Akteuren Orientierung. Es entsteht durch sie ein relativ hohes Maß an Stabilität, Berechenbarkeit und Kontinuität. Das gibt Sicherheit und ermöglicht es den einzelnen Individuen, sich in diesem sozialen Handlungsraum zurechtzufinden. Denn jede/r weiß, was er/sie zu tun hat und was von den anderen zu erwarten ist. Es sind jene Regeln und gelebten Regelmäßigkeiten, die alle verinnerlichen müssen, wenn sie neu in diesem Handlungsraum sind. Denn nur so können sie, wie besprochen, in diesem sozialen Raum wirkmächtig werden. Das heißt aber andererseits, dass diese Regeln nicht nur Stabilität und Berechenbarkeit geben, sondern auch bestimmte Verhaltensweisen der Akteurinnen/Akteure fördern und damit tendenziell die bestehende Ordnung reproduzieren bzw. die bestehenden Kräfteverhältnisse aufrechterhalten und stabilisieren (vgl. McDonough 2006: 633).

Das bedeutet nicht, dass die unterschiedlichen Akteure nicht auch versuchen können, diese Regeln und Normen zu ihren Gunsten zu ändern und dies auch immer wieder tun. Wir werden im Analyseteil des Buchs sehen, dass gerade von Kapitalseite seit Jahren versucht wird, bestehende Regeln, die durch die Sozialpartnerschaft in Gesetze gegossen wurden, auf betrieblicher Ebene auszuhöhlen und zu umgehen. Dabei ist wichtig zu unterscheiden, dass Gesetze sehr offensichtliche Regeln sind und dadurch von den Akteurinnen/Akteuren bewusster mit diesen umgegangen wird. So erleben die interviewten Betriebsratsmitglieder Angriffe auf rechtliche Regeln etwa sehr bewusst. Es gibt aber auch implizite Regeln und Regelmäßigkeiten, die gerade für die Frage der kulturellen Praxis eine wichtige Rolle spielen und meist viel weniger bewusst sind (etwa wer für was zuständig ist, oder wie Interessenskonflikte ausgetragen werden usw.). Denn die verschiedenen Akteure lernen in ihrer Position innerhalb des sozialen Raums ganz spezifische Verhaltensweisen, die den impliziten Regeln und Normen des Raumes entsprechen. Die Reproduktion dieser Regeln erfordern dabei von den verschiedenen Akteuren unterschiedliche Verhaltensweisen. Der soziale Raum ist in seiner Strukturiertheit also durchsetzt mit „Anrufungen" zu bestimmten Verhaltensweisen. Diese werden von den Adressaten zumeist unbewusst wahrgenommen. Wir verwenden hier absichtlich den Begriff Anrufungen und nicht Apelle oder Aufforderungen, da sich die Akteure nicht zwingendermaßen den Anrufungen entsprechend verhalten müssen. Zentral ist, dass die verschiedenen Akteure in ihren unterschiedlichen Positionen gelernt haben, spezifische Anrufungen wahrzunehmen und andere eben nicht (vgl. BOURDIEU 1998a: 145 zit. n. BISCHOFF u.a. 2002: 144).

Werfen wir hier noch einmal einen Blick auf den Machtpotentialansatz. Der Arbeiter/innenbewegung und den Gewerkschaften stehen innerhalb einer kapitalistischen Gesellschaft mehrere Machtpotentiale zur Verfügung. Tatsächlich konnte innerhalb der Sozialpartnerschaft aber vor allem das institutionelle Machtpotential aktiviert werden. Damit dies möglich wurde, war es, neben externen Faktoren, auf die wir bereits eingegangen sind, innerhalb des sozialen Raums des Austrokorporatismus notwendig, dass die unterschiedlichen Akteurinnen/Akteure sehr enge Verbindungen zueinander aufbauten und Vereinbarungen bzw. Basiskompromisse an das unbedingte Einhalten der Vereinbarungen durch alle Partner/innen gebunden waren. Dass dies sichergestellt werden konnte, erforderte von Seiten der Arbeitnehmer/innen und Gewerkschaften ganz zentral vertrauensbildendes und -erhaltendes Verhalten. Und es bedurfte der Gewährleistung, dass alle Ebenen der gewerkschaftlichen bzw. betriebsrätlichen Interessensvertretung diese Kompromisse und Vereinbarungen mittrugen. Für eine solche Strukturierung des sozialen Raums war also eine Gewerkschaftskultur notwendig, die dies sicherstellen konnte und in der die Praxis von Betriebsrätinnen/-räten und Gewerkschaftssekretärinnen/-sekretären über einen langen

Zeitraum gestützt war von beziehungsaufbauendem Verhalten. Für die Einzelne/den Einzelnen ist es also nicht zwingend, diesen Anrufungen Folge zu leisten, doch haben sie in ihrer Position innerhalb des sozialen Raums eben gerade gelernt, routiniert den Anrufungen zu entsprechend. Die makropolitische Praxis der Vertrauensbeziehung und konsensualen Ausgleichspolitik zwischen Kapital und Arbeit entwickelte so über die Jahre eine starke kulturelle Prägekraft für alle drei gewerkschaftlichen Handlungsebenen. Die sozialpartnerschaftliche, korporatistische Positionierung der Gewerkschaftsspitzen hat sich dabei bis heute tief in das Selbstverständnis von Betriebsräten/-rätinnen und Gewerkschaftssekretären/-sekretärinnen eingeschrieben.

#### 2.1.2.2 Kulturelle Praxis und informelles Lernen

Wir sehen an diesem Beispiel, dass die Position einer Person oder Organisation im sozialen Raum Einfluss auf die eigene Vorstellung von diesem Raum und den eigenen Möglichkeiten bzw., daraus abgeleitet, von den eigenen Handlungsmöglichkeiten hat (vgl. Bourdieu 1985 zit. n. Schroer 2006:83ff). Diese Lernprozesse passieren meist unbewusst und werden über einen längeren Zeitraum aufgebaut und stabilisiert. Dabei darf nicht übersehen werden, dass der soziale Raum des Austrokorporatismus für die Betriebsratsmitglieder zumeist erst im Erwachsenenalter ein zentraler (aber eben auch nicht der einzige) Handlungsraum wird. Sie bringen zahlreiche Erfahrungen und Erlebnisse ihres bisherigen Lebens mit; genauso wie Vorannahmen über diesen spezifischen sozialen Raum und „Gewerkschaft" an sich. Möglicherweise gibt es auch noch Erfahrungen mit einem ehemaligen Betriebsratskollegium, das als positiver oder negativer Referenzrahmen für die Selbstdefinition als Betriebsrat/-rätin hinzugezogen wird. Diese individuellen, gesellschaftlich geprägten und oft auch widersprüchlichen Voraussetzungen der Betriebsratsmitglieder treffen im sozialen Raum des Austrokorporatismus auf einen bereits diskutierten, mehrfach vorstrukturierten Handlungsraum, der bestimmtes Handeln befördert und anderes wieder erschwert bzw. behindert.

Um die Dialektik zwischen den gegebenen Strukturen, gemachten Erfahrungen und der Praxis der Individuen als Betriebsratsmitglieder fassen zu können, beziehen wir uns nochmals auf Bourdieu, der dafür den Begriff des „Habitus“ geprägt hat (vgl. Bischoff 2002:143ff, Crossley 2006:43ff, Lau 2004:370ff, McDonough 2006:630ff). Er versteht darunter ein sozial entstandenes Sammelsurium aus inneren Neigungen, Wahrnehmungs- und Beurteilungsschemata und Gliederungsprinzipien, die den Handlungen des Individuums und damit seiner Praxis zugrunde liegen. Als Praxissinn, „der einem sagt, was in einer bestimmten Situation zu tun ist“ (Bourdieu 1998: 41), kann der Habitus als unbewusste Dimension von Handlungen und Praxis gefasst werden. Es handelt sich dabei um ein unmittelbares, intuitives Verständnis von der Welt und ist verbunden mit einer gewissen Erwartung an diese und an die Handlungen der anderen Akteurinnen/Akteure.

Wir lernen in Praxiserfahrungen, wie wir uns in der Welt verhalten sollen, können und dürfen. Wann aus Erfahrung Lernen wird und wie dieser Prozess abläuft, ist bis heute nicht geklärt (vgl. Foley 2004: 65). Es handelt sich dabei aber um informelles Lernen, das als solches meist nicht wahrgenommen wird. Dieses Lernen, während dessen Menschen im Handeln voneinander lernen, passiert in Gemeinschaft mit anderen, am Arbeitsplatz, in der Familie, in Gewerkschaften, in Parteien, Religionsgemeinschaften, Bürgerinitiativen, Sportvereinen, u.a. (vgl. Foley 2004: 6f). Es ist nicht gezielt geplant und geschieht in der Aktion, fast schon nebenbei. Es entspricht also in keiner Weise den allgemeinen Vorstellungen von Lernen als schulischem Lernen. Nichtsdestotrotz ist es ein bedeutsames Lernen und zentral für das Handeln der Menschen. Denn als Praxissinn ermöglicht der Habitus die unbewusste Verinnerlichung gesellschaftlicher Verhältnisse und stabilisiert damit auch das innere Gleichgewicht der Individuen, indem er es ihnen ermöglicht, auf die Anrufungen im Handlungsraum angemessen zu reagieren. Damit trägt er nicht nur zur Aufrechterhaltung der sozialen Ordnung bei, sondern tendenziell auch zur Aufrechterhaltung der bestehenden Kräfteverhältnisse.

Im Hinblick auf die Aktivierung bzw. Nicht-Aktivierung von Machtpotentialen der Arbeiter/innenbewegung nimmt das Konzept des Habitus für uns eine Schlüsselrolle ein. Denn der verallgemeinerte gewerkschaftliche Habitus konstituierte sich im sozialen Kontext des Austrokorporatismus, und reproduziert sich innerhalb des sozialen Raums. Zurzeit ist die Positionierung der Gewerkschaften und Betriebsräte/-rätinnen in diesem sozialen Raum zentral von der Aufrechterhaltung institutioneller Machtpotentiale bestimmt. Dieser Fokus ist über Jahrzehnte entstanden und verfestigt worden. Genau diese Praxen und diesen Habitus müssen „Neue" lernen, um innerhalb der bestehenden kulturellen Praxis wirkmächtig zu werden. Eignen sich Neue also den bestehenden gewerkschaftlichen Habitus an, reproduzieren sie tendenziell die bestehende Praxis und damit den Fokus auf institutionelle Machtpotentiale.

Der Habitus ist somit durch Praxis strukturiert und wirkt gleichzeitig strukturierend. Er ist also ein zumeist unbewusstes „Produktionsprinzip von Praktiken" (BOURDIEU 1989: 397). Dabei bricht der Habitus die Wahrnehmung von alternativen Machtpotentialen, indem er als angelerntes Sammelsurium aus Wahrnehmungs- und Beurteilungsschemata den Handlungsfokus der Individuen ganz auf die Aktivierung institutioneller Machtpotentiale ausrichtet. Wichtig erscheint uns hier, gerade mit Blick auf die Machtpotentiale, noch auf die Frage der adaptiven Präferenzen der Akteure/Akteurinnen einzugehen. Wir alle kennen Situationen, in denen wir unterschiedliche Handlungsmöglichkeiten haben. Manchmal sind uns diese bewusster und wir entscheiden uns bewusst für die eine oder die andere. Oftmals passiert diese Entscheidung aber unbewusst, aus dem Handeln heraus, ohne groß darüber nachzudenken. Manchmal sind wir uns nicht einmal bewusst, dass wir unterschiedliche Handlungsmöglichkeiten haben und tun einfach das, was wir als das einzig Mögliche ansehen. Wir sind alle „geschichtlich handelnde Subjekte in konkreten gesellschaftlichen Beziehungen" (BERNHARD 2005: 27). Das heißt, wir sind geprägt von den gesellschaftlichen Strukturen, unseren Positionen innerhalb der sozialen Handlungsräume und den herrschenden Kräfteverhältnissen. Die innerhalb eines spezifischen Handlungsraumes entstandenen sozialen Positionen und dort gemachte Erfahrungen – der entstandene Habitus – befördern also, dass Menschen in Fragen, wie sie handeln sollen, für manche Handlungsmöglichkeiten empfänglicher sind als für andere. Ihre Präferenzen haben sich an die jeweilige Umgebung und darin wahrgenommene Anforderungen angepasst.

Wie wir sehen werden, nimmt der verallgemeinerte gewerkschaftliche Habitus in den Interviews zwei zentrale Ausdrucksformen an (vgl. McDonough 2006: 637ff):

1. **Implementierte Praxis:**
   Dabei handelt es sich um die tatsächlich umgesetzten Taten von Betriebsrätinnen/-räten – also ihr Umgang mit den veränderten Realitäten und die Auswahl ihrer Handlungsoptionen. Unter die implementierte Praxis fallen alle Handlungen der Betriebsratsmitglieder, mit denen sie versuchen, etwas für die Beschäftigten zu erreichen und, wenn auch manchmal sehr defensiv, im Betrieb wirkmächtig werden.

2. **Eingebettete Praxis:**
   Dabei handelt es sich um die ideelle Ebene der Handlungen von Betriebsrätinnen/-räten. Also Aussagen darüber, wie die Regeln und Verhältnisse der Akteurinnen/Akteure im sozialen Raum des Austrokorporatismus nach Ansicht der Betriebsratsmitglieder und Gewerkschaftssekretärinnen/-sekretäre auf betrieblicher Ebene eigentlich sein sollten. Die eingebettete Praxis wird besonders deutlich, wenn die Betriebsratsmitglieder davon berichten, was nicht erreicht werden konnte bzw. woran sie gescheitert sind. Darin wird ein implizites Gefühl sichtbar, wie es ihrer Ansicht nach eigentlich sein sollte bzw. was notwendig wäre. Unter diese Form fällt auch die Artikulation von Widersprüchen zwischen Anspruch und Wirklichkeit bzw. die Diskrepanz zwischen Ressourcen, Vorgaben, Weisungen, Richtlinien und dem, was ihrer Meinung nach zu tun bzw. notwendig wäre.

#### 2.1.2.3 Kulturelle Praxis und Autonomie

Wir haben unsere theoretischen Überlegungen zur kulturellen Praxis bisher stark auf die historisch entstandene gewerkschaftliche kulturelle Praxis und ihren Fokus auf die Aktivierung institutioneller Machtpotentiale konzentriert. Wie wir bereits diskutiert haben, besitzen manche Machtpotentiale einen höheren Grad an Autonomie als andere. Institutionelle Machtpotentiale etwa können von Betriebsräten und Gewerkschaften nicht autonom aktiviert werden. Vielmehr sind sie dafür stark vom Entgegenkommen der anderen Akteure und Akteurinnen im sozialen Raum des Austrokorporatismus abhängig. Das heißt, die bisherigen Überlegungen beziehen sich auf eine kulturelle Praxis, in der die eigene Durchsetzungsfähigkeit stark von den anderen Akteuren und Akteurinnen im sozialen Raum abhängig gemacht wird. Doch es gibt ja auch andere Machtpotentiale der Arbeiter/innen – Produktionsmacht etwa –, die autonomer aktiviert werden können. Und die verschiedenen Akteurinnen/Akteure im sozialen Raum können versuchen, die Regeln und Normen bzw. die Kräfteverhältnisse an sich zu ihren Gunsten zu verändern. Zentral dabei ist, dass Menschen, obwohl sie die bestehenden impliziten Regeln und Normen zumeist unbewusst verinnerlicht und reproduziert bzw. adaptive Präferenzen herausgebildet haben, sich auch anders verhalten können.

Die Tücke liegt aber darin, dass die Aktivierung nicht vom Verhalten einer einzelnen Person abhängt, sondern von einer kollektiven Praxis. Ist eine Gewerkschaftskultur also zentral auf die Aktivierung institutioneller Machtpotentiale ausgerichtet, befördert sie nicht nur entsprechendes Verhalten, sondern unterstützt, dass die Individuen adaptive Präferenzen für Handlungsmöglichkeiten, die auf eben dieses Machtpotential ausgerichtet sind, entwickeln. Sie beeinflusst die Vorstellung von diesem Raum, die Wahrnehmung von Machtpotentialen und von der Position, die im Kampf um Veränderung oder Erhalt eingenommen werden kann und wird. (vgl. Bourdieu 1985 in Schroer 2006: 83ff) Das heißt der Fokus und die Ausrichtung auf die Aktivierung eines Machtpotentials – etwa institutionelle Macht – kann die Aktivierung eines anderen – etwa Produktionsmacht – erschweren. Die Frage der Aktivierung oder Nicht-Aktivierung von Machtpotentialen kann somit nicht losgelöst von der kulturellen Praxis und dem darin entstandenen Habitus mit adaptiven Präferenzen diskutiert werden.

#### 2.1.2.4 Lernresistente kulturelle Praxis?

Wenden wir uns abschließend noch den Möglichkeiten und Hindernissen für eine Veränderung kultureller Praxis zu. Mit der Etablierung der Sozialpartnerschaft in Österreich wurden institutionelle Machtpotentiale der Gewerkschaften seit den 1950er Jahren immer wichtiger und eine Konzentration der Akteurinnen/Akteure auf Institutionen stark unterstützt. Mit Blick auf die Aktivierung oder Nicht-Aktivierung von Machtpotentialen müssen wir uns daher einige zentrale Merkmale institutioneller Stabilisierung klar machen.

Zentrales Charakteristikum institutioneller Machtpotentiale ist, „[…] dass Institutionen soziale Basiskompromisse über ökonomische Konjunkturen und kurzzeitige Veränderungen gesellschaftlicher Kräfteverhältnisse hinweg festschreiben und teilweise gesetzlich fixieren." (BRINKMANN u.a. 2008: 25) Wichtig für das Verstehen von Veränderungen und ihren Auswirkungen ist, dass Institutionen vom jeweils gegenwärtigen Kräfteverhältnis zwischen den Akteurinnen/Akteuren nicht unmittelbar abhängig bzw. betroffen sind. Aus dieser Unabhängigkeit der Institutionen von kurzfristigen Veränderungen der Kräfteverhältnisse ergibt sich ein hohes Maß an Kontinuität und Berechenbarkeit bzw. eine Stabilisierung bestehender gesellschaftlicher Regulierung. Das bedeutet, dass sich Veränderungen der Kräfteverhältnisse im sozialen Raum des Austrokorporatismus durch die institutionelle Stabilisierung der Sozialpartnerschaft nicht direkt und augenblicklich in der Praxis ausdrücken. Auf längere Sicht sind institutionelle Machtpotentiale aber sehr wohl von gesellschaftlichen Machtverhältnissen abhängig und damit auch von Veränderungen betroffen (vgl. ALLESPACH u.a. 2009: 19). Die kurz- und mittelfristige Stabilität der institutionellen Machtpotentiale bringt mit sich, dass ihre langfristigen Veränderungen, die über konjunkturelle Schwankungen hinausgehen, oft nicht so leicht erkennbar sind. So kann es passieren, dass sich das Bestehen der Institutionen an sich nicht geändert hat, sehr wohl aber die Möglichkeit der verschiedenen Akteurinnen/Akteure, institutionelle Machtpotentiale zu aktivieren. Oder aber dass die Positionen und Kräfteverhältnisse im sozialen Raum und die Aktivierung institutioneller Machtpotentiale nicht mehr die gleiche Wirkung haben wie früher.

Auch der Habitus ist relativ stabil und nur langsam veränderbar. Deutlich wird dies in Situationen, in denen sich die materiellen Bedingungen relativ rasch verändern, der Habitus als Praxissinn aber vorerst noch relativ unverändert erscheint. LANE weist darauf hin, dass es einen zeitlichen Abstand zwischen den materiellen Veränderungen und ihrem Einfluss auf die Beurteilungen und Strukturierungen im Habitus der verschiedenen Akteurinnen/Akteure gibt (vgl. LANE 2000: 149). Neigungen, Wahrnehmungs- und Beurteilungsschemata und Gliederungsprinzipien eines Menschen sind ja schließlich nicht beliebig schnell veränderbar, sondern ein über einen langen Zeitraum entstandenes unbewusstes Sammelsurium, das unserer Praxis zugrunde liegt und daher relativ stabil sein muss, um uns selbst und unserem Handeln Stabilität zu gewähren. Demgegenüber reproduziert der Habitus tendenziell die bestehenden Verhältnisse und bricht die Wahrnehmung von Handlungsalternativen. Gerade in Situationen, in denen sich die materiellen Bedingungen nicht nur konjunkturell, sondern strukturell verändern (vgl. dazu: Kapitel 2.2), kann diese Stabilität und Beharrung des Habitus und der kulturellen Praxis ein Problem werden.

Dabei ist auf den ersten Blick oft nicht gleich zu erkennen, warum Probleme auftreten und wie diese einzuschätzen sind. Handelt es sich dabei um „kleine" Probleme, die auch in Phasen relativer Kontinuität entstehen können, ist es den verschiedenen Akteurinnen/Akteuren zumeist möglich, diese im Tun, in ihrer Praxis wie von selbst zu lösen. Die bisherigen Praxiserfahrungen und der Habitus als Praxissinn reichen aus, um neuen Situationen zu begegnen und sie zu bewältigen. Handelt es sich dabei aber um strukturelle Krisen ist es zumeist unmöglich, die entstehenden Probleme durch Zurückgreifen auf die bisherigen Erfahrungen und Strategien zu lösen. Wie besprochen machen sich solche strukturellen Krisen, durch die institutionelle kurz- und mittelfristige Stabilisierung der Sozialpartnerschaft oft nicht unmittelbar in der Praxis bemerkbar. Auf längere Sicht gesehen haben sie aber sehr wohl große Auswirkungen, wenn etwa anfangs als klein bewertete Probleme immer wieder auftreten und wir merken, dass sie doch nicht so klein sind, wir ihnen ohnmächtig gegenüberstehen und nicht verstehen, warum es einfach nicht so funktioniert wie bisher. ANTONIO GRAMSCI bezeichnete solche Situationen, in denen das Alte stirbt und das Neue noch nicht entstehen kann, als organische Krisen (vgl. GRAMSCI, Gefängnishefte 14, §57, 1680).

Doch wie geht man damit um, wenn die kollektive Praxis plötzlich an die Grenzen ihrer Handlungsfähigkeit stößt? Wenn der angeeignete Habitus eine Praxis reproduziert, die ihre Wirkmächtigkeit nach und nach einbüßt? Wenn der Einfluss, den man auf die gemeinsamen Lebensbedingungen nehmen kann, immer geringer wird? Wenn sich die äußeren Faktoren, die für die Aktivierung eines bestimmten Machtpotentials zentral waren, verändern?

KLAUS HOLZKAMP, deutscher Psychologe und Begründer der Kritischen Psychologie, unterscheidet in seiner Entwicklung subjektwissenschaftlicher Grundlagen des Lernens zwei verschiedene Formen, mit denen auf eine Verschlechterung der eigenen Situation (auch als Gruppe) reagiert werden kann:

Einerseits defensives Lernen, das angewandt wird, um eine unmittelbare Bedrohung abzuwehren, um die Verschlechterung der eigenen Situation zu verhindern. Hierbei wird im Rahmen der bestehenden kulturellen Praxis, des bestehenden Habitus nach Lösungen gesucht. Aus Sicht der/des Betroffenen scheint es notwendig, den Anrufungen des sozialen Raums zu entsprechen, um die individuelle und kollektive Position aufrecht zu erhalten. Es handelt sich um eine Defensivstrategie, in der versucht wird, durch eine Anpassung der eigenen Praxis an die neuen Bedingungen eine Verschlechterung zu verhindern bzw. diese abzuschwächen. Dieses Lernen bringt aber keine Verbesserung der eigenen Lage mit sich, sondern höchstens die Aufrechterhaltung des Status quo und verändert die eigene Situation nicht nachhaltig (vgl. HOLZKAMP 1995: 191). Vorrangiges Ziel ist also die „Anerkennung von und Anpassung an bestehende Verhältnisse“ (vgl. ALLESPACH u.a. 2009: 60).

Von dieser Verteidigungshaltung unterscheidet Holzkamp die offensive Strategie des expansiven Lernens. Er versteht darunter eine Lernhandlung, die an eine Erweiterung der eigenen Handlungsfähigkeit geknüpft ist. Wobei wir unter „handlungsfähig“ nicht einfach verstehen, dass jemand handelt. Als Menschen handeln wir immer, man kann nicht nicht handeln. Unter Handlungsfähigkeit fassen wir vielmehr, dass Menschen in ihrem Handeln Verfügung über ihre jeweiligen individuell relevanten Lebensbedingungen haben oder erlangen (vgl. HOLZKAMP 1985) und aktiv eingreifen, ihre Lebenswelt gestalten und die Lebensqualität erhöhen.

Im Prozess des expansiven Lernens wird ein Problem wahrgenommen, das nicht einfach im Handlungsablauf bewältigt werden kann und auch als solches identifiziert. Anders als beim defensiven Lernen aber wird nicht reflexartig auf die Anrufungen reagiert, sondern eine Lernschleife eingebaut. Diese dient dazu, die Schwierigkeiten, die im Handlungsverlauf unüberwindbar erscheinen, zu reflektieren und gemeinsam mit anderen alternative Handlungsmöglichkeiten zu entwickeln. Das Handlungsproblem wird zum Lernproblem und als solches bearbeitet. Diese Lernschleife bietet Raum, um Übersicht und Distanz zu gewinnen, das eigene Handeln zu kontextualisieren und in Verbindung mit gesamtgesellschaftlichen Veränderungen zu setzen.

Ein solches gemeinschaftliches Lernen ermöglicht es, kollektive Praxis zu reflektieren und gegebenenfalls gemeinsam neue Handlungsoptionen zu entwickeln. Es bietet den Rahmen eines kollektiven Prozesses, der Voraussetzung ist, um eine kulturelle Praxis und deren Ausrichtung zu verändern.

Zentral dabei ist, dass Handlungsproblematiken auch nicht immer erst dann bearbeitet werden müssen, wenn sie auftreten, sondern sinnvollerweise auch antizipiert werden können, bevor sie zu einem tatsächlichen Problem werden (vgl. ALLESPACH u.a. 2009: 57).

### 2.1.3 Zusammenfassung

Zusammenfassend können wir festhalten, dass im Zuge der Etablierung einer Sozialpartnerschaft in Österreich nach 1945 eine kollektive gewerkschaftliche Praxis gewachsen ist, die sich über die Jahrzehnte nicht nur strukturell verfestigt, sondern sich auch tief in das Selbstverständnis der Betriebsratsmitglieder und Gewerkschaftssekretäre/-sekretärinnen eingeschrieben hat.

Diese kollektive Praxis ist Ausdruck einer spezifischen Gewerkschaftskultur, welche durch den analytischen Rahmen des sozialen Raums fassbar und nachvollziehbar wird. Das Konzept des sozialen Raums ermöglicht es uns, gesellschaftliche und ökonomische Bedingungen sowie Kräfteverhältnisse zu berücksichtigen und dadurch die Gewerkschaftskultur in ihrem Kontext analysieren zu können. Dabei hilft uns die Auseinandersetzung mit informellen Lernprozessen, den entstehenden Habitus und die individuellen Ausdrücke dieser Kultur in Verbindung zu ihrem Kontext zu stellen und die Frage nach der Aktivierung von Machtpotentialen komplexer zu fassen als eine bloße Frage des politischen Willens.

Für die folgende Analyse der gesellschaftlichen Veränderungsprozesse der letzten Jahre – Stichwort Globalisierung – und ihrer Folgen für gewerkschaftliche Durchsetzungsfähigkeit (vgl. Kapitel 3 und 4) wird es möglich, die (impliziten) Regeln und Normen des sozialen Raums des Austrokorporatismus ebenso zu berücksichtigen wie die Beharrungstendenzen und die Anrufungen zu bestimmten Verhaltensweisen, die durch seine Strukturiertheit gegeben sind. Es ist die Grundlage gelegt für die Analyse von Strategien und Vorstellungen der Betriebsräte/-rätinnen und Gewerkschaftssekretärinnen/-sekretäre aus jener Position heraus, die im Kampf um Veränderung oder Erhalt eingenommen werden kann und wird.

## 2.2 Neoliberale Globalisierung

Wie wir oft in Interviews gehört haben, stoßen Betriebsratsmitglieder und Gewerkschafter/innen immer wieder an Grenzen ihrer bisherigen Praxis. Sehr oft wird dafür ein allgemeiner Trend in unserer Gesellschaft verantwortlich gemacht, nämlich die viel zitierte Globalisierung. Dabei lassen sich von Seiten der Betriebsrätinnen/-räte und Gewerkschafter/innen unterschiedliche Interpretationen von Globalisierung festmachen. Die einen sehen sie als Erpressungsmittel und als Drohpotential gegenüber den Belegschaften, die anderen sehen sie als realen Trend, der sich auf der Ebene der globalen wirtschaftlichen Verflechtungen herstellt und sich im eigenen Lebensumfeld – in unserem Fall dem Betrieb – diffus auswirkt. In diesen Beobachtungen steckt sehr viel Wahres, doch sie geben noch keinen tieferen analytischen Einblick.

Zuallererst kann festgehalten werden, dass Globalisierung ganz offensichtlich die Machtverhältnisse zwischen Arbeiterinnen/Arbeitern und der Kapitalseite verschiebt. Globalisierung ist also ein Prozess, bei dem es auch um Macht und Durchsetzungsfähigkeit geht. Das erleben wir tagtäglich, wenn Belegschaften mit der Drohung von Standortverlagerungen diszipliniert und zu Zugeständnissen gezwungen werden. Für andere gesellschaftliche Verhältnisse wird ebenfalls das Phänomen Globalisierung verantwortlich gemacht. Immer wieder kommt, wenn man über Globalisierung spricht, auch das Argument, dass man befürchtet weniger in Entscheidungen einbezogen zu werden, denn die gesellschaftlich relevanten Weichenstellungen würden fernab der eigenen Lebensrealität gemacht, in fernen Institutionen wie die der Europäischen Union oder des Internationalen Währungsfonds, auf Gipfeltreffen der G8 oder in den Zentralen der global agierenden Konzerne.

Die Orte, an denen der Trend zu Globalisierung entsteht, erscheinen uns zumeist als etwas von unserem Lebensumfeld Losgelöstes, es passiert „woanders". Diese Einschätzung lässt uns zumeist etwas hilflos zurück. Es bleiben nur zwei Möglichkeiten, entweder uns anzupassen oder unterzugehen, oder aber, so wie es die politische Rechte macht, sich zu verweigern und das Heil in der Vergangenheit zu suchen, im Nationalstaat, der sich zusehends abschotten sollte.

Eines der Hauptprobleme, das wir identifizieren können, ist also, dass wir tagtäglich mit den Auswirkungen von Globalisierung konfrontiert werden. Wir erkennen, dass sich Machtverhältnisse verschoben haben. Trotzdem erscheint uns der Prozess als von unserem eigenen Lebensumfeld losgelöst, da wir immer nur mit den Ergebnissen konfrontiert sind. Im besten Fall können wir auf die Veränderungen reagieren, sie abfedern, etwas mildern, doch wir schaffen es nicht, die grundsätzliche Richtung zu verändern. Unsere These ist, dass dies nicht so sein muss. Der Knackpunkt ist, dass wir ein anderes Verständnis von Globalisierung brauchen und unsere eigene Position in diesem Globalisierungsprozess ein Stück weit neu entdecken müssen. Insbesondere mit Blick auf Gewerkschaften gilt es Globalisierung zu begreifen als einen Prozess, der nicht nur auf der globalen Ebene abläuft, sondern als einen Prozess, der gleichzeitig auf allen Ebenen – der globalen, der kontinentalen, der nationalstaatlichen, der regionalen und der lokalen (zum Beispiel am Arbeitsplatz) – stattfindet. Globalisierung verändert permanent unser Lebensumfeld. Diese

Veränderungsdynamik umfasst auch das Handlungsfeld von Gewerkschaften und Betriebsräten. Wir sind tief verstrickt in diesen Veränderungsprozess, sowohl auf betrieblicher als auch auf Branchen- und der makropolitischen Ebene.

Die bisherigen Muster unseres eigenen Handelns als Gewerkschafter/innen und Betriebsräte und -rätinnen kommen damit unter Druck und wir merken, dass wir tendenziell an Gestaltungsmöglichkeiten und Durchsetzungsfähigkeit verlieren.

Um wieder an Terrain zu gewinnen, brauchen wir also ein neues Verständnis unserer eigenen Position in diesen Veränderungsprozessen. Aufbauend darauf können wir einen expansiven Lernprozess bewerkstelligen, der uns die Möglichkeiten der Stärkung von Gewerkschaften und Betriebsratsmitgliedern darlegt. Wir werden deshalb auf den folgenden Seiten ein Verständnis von Globalisierung entwickeln, welches sich nicht auf die Beschreibung der Ergebnisse von Globalisierung fokussiert, sondern einen tieferen Einblick in die Dynamiken des Globalisierungsprozesses ermöglicht. Die Analyse dieser Dynamiken wird es uns besser erlauben zu klären, wie unterschiedliche Machtpotentiale und deren Aktivierung oder Deaktivierung beeinflusst werden.

### 2.2.1 Analyse statt Beschreibung

In den letzten Jahren entstand eine beinahe schon unübersichtliche Literatur zum Begriff Globalisierung. Eine Vielzahl von Erklärungsansätzen beleuchtet das Phänomen aus unterschiedlichen Blickwinkeln und mit den unterschiedlichsten Herangehensweisen. Doch sehr vieles dieser Literatur verweilt zumeist an der Oberfläche. Globalisierung wurde so zu einem allgemeinem Phänomen, doch seine Konturen verschwimmen und eine klare Definition wurde immer schwieriger.

Einer der interessantesten Stränge der Globalisierungsforschung ist unseres Erachtens nach der Strang, der den Begriff Transnationalisierung geprägt hat[12]. Der Begriff Transnationali-

[12] Wir beziehen uns hier hauptsächlich auf die Debatte innerhalb der Politikwissenschaft, insbesondere der Internationalen Politischen Ökonomie. In anderen wissenschaftlichen Disziplinen wird schon länger mit dem Begriff der Transnationalisierung operiert.

sierung versucht die besondere Qualität von Globalisierung hervorzuheben, mit der wir es in den letzten Jahrzehnten zu tun haben. Dazu ist anzumerken, dass einige Vertreter/innen der Transnationalisierungstheorie darauf bestehen, dass Globalisierung kein neues Phänomen ist. Seit Bestehen menschlicher Kulturen gab es immer einen Austausch zwischen ihnen. Es gab immer wirtschaftliche und kulturelle Diffusionsmomente, es gab immer große Wanderungsbewegungen. Über Jahrtausende hinweg waren diese Austauschformen aber eher Produkt von Zufällen, von Entdeckungsdrang, von Überlebensstrategien oder Ähnlichem. Sie bildeten keinen grundlegenden strukturellen Zusammenhang. Anders gesagt, Globalisierung war kein grundsätzlicher systemerhaltender Mechanismus im Überleben von Kulturen oder Zivilisationen. Dies änderte sich mit der Entstehung des Kapitalismus. Die kapitalistische Gesellschaftsformation war im Gegensatz zu anderen Kulturen beständig darauf angewiesen, sich selbst auszudehnen, um immer mehr Rohstoffe, Arbeitskräfte und Absatzmärkte usw. in ihren Einflussbereich zu integrieren. KARL MARX formuliert dies im „Manifest der kommunistischen Partei“ von 1848 wie folgt: „An die Stelle der alten, durch Landerzeugnisse befriedigten Bedürfnisse treten neue, welche die Produkte der entferntesten Länder und Klimate zu ihrer Befriedigung erheischen. An die Stelle der alten lokalen und nationalen Selbstgenügsamkeit und Abgeschlossenheit tritt ein allseitiger Verkehr, eine allseitige Abhängigkeit der Nationen voneinander. [...] Die Bourgeoisie reißt durch die rasche Verbesserung aller Produktionsinstrumente, durch die unendlich erleichterten Kommunikationen alle, auch die barbarischsten Nationen in die Zivilisation. Die wohlfeilen Preise ihrer Waren sind die schwere Artillerie, mit der sie alle chinesischen Mauern in Grund schießt [...]. Sie zwingt alle Nationen, die Produktionsweise der Bourgeoisie sich anzueignen, wenn sie nicht zugrunde gehen wollen; sie zwingt sie die sogenannte Zivilisation bei sich selbst einzuführen, d.h. Bourgeois zu werden. Mit einem Wort, sie schafft sich eine Welt nach ihrem eigenen Bilde.“ (MARX/ENGELS 1848: 16) MARX erfasst hier die für den Kapitalismus so typische und für sein Überleben notwendige Ausdehnungstendenz. Das bedeutet auch, dass sich alle Regionen rund um den Globus in eine immer höhere gegenseitige Abhängigkeit begeben. Dabei spielten und spielen Staaten, insbesondere jene, in denen sich der Kapitalismus am weitesten entwickelt hat, eine zentrale Rolle. Die Staaten waren im Zuge des imperialistischen Wettlaufs um Einfluss auf Märkte und dem Zugriff auf Rohstoffe[13] immer wieder gezwungen, auf Seiten und im Interesse großer nationaler Kapitalgruppen auswärtig zu intervenieren. (Vgl. HARVEY 2005) Wie HARVEY anführt, ist der Drang nach Expansion im kapitalistischen System auch immer eine Form, die periodisch auftretenden Krisen des Kapitalismus zu überwinden.

Lassen wir die aktuelle Weltwirtschaftskrise für einen Moment beiseite, können wir die letzte große Krise des Kapitalismus auf die 1970er Jahre datieren. Auch in dieser Krise können wir gravierende Expansionsversuche des Kapitalismus beobachten. In dieser Phase trat ein Phänomen verstärkt auf, nämlich das der Transnationalisierung. Transnationalisierung bedeutet im Kern, dass wir den Globalisierungsprozess, den wir seit den 1970er Jahren beobachten können, nicht mehr alleine als eine verstärkte Konkurrenz und/oder Zusammenarbeit von nationalen Akteuren begreifen können, sondern als Auftreten von Akteuren, die über nationalstaatliche Grenzen hinweg handeln[14]. Eine der wichtigsten Gruppen in diesem Zusammenhang sind die neu entstandenen transnationalen Konzerne. Ihre Zahl betrug im Jahr 2001 laut dem World Investment Report der Vereinten Nationen über 65.000 und noch einmal 850 000 Tochterunternehmen weltweit. (Vgl. MAYER/SCHMID 2003) Diese transnationalen Konzerne bauen gegenüber anderen Akteuren, ob nun Staaten oder Gewerkschaften, ihre Machtposition sukzessive aus. Sie entwickelten und entwickeln neue Strategien, die darauf abzielen, in erster Linie den globalen Markt zu erschließen und die regionalen Be-

[13] Rohstoffe unterschiedlichster Provenienz

[14] Doch nicht nur geographische Grenzen und sozialräumliche Muster wurden im Zuge der Krise der 1970er Jahre stark in Frage gestellt. Auch Bereiche, die vorher nicht der kapitalistischen Verwertungslogik unterlagen, wurden verstärkt in diese mit einbezogen. So ist zum Beispiel die weitverbreitete Privatisierung von Wasser oder der marktförmige Zugriff auf genetisches Erbmaterial bei für die Pharmaindustrie interessanten Heilpflanzen ein Versuch, aus der ökonomischen Krise der 1970er Jahre auszubrechen. Genauso kann auch die zunehmende marktförmige Integration von Wissen und Wissensarbeit in den kapitalistischen Verwertungsprozess als eine Form der Expansion kapitalistischer Logik begriffen werden.

sonderheiten, wie zum Beispiel niedrigere Löhne oder bestens ausgebildete Arbeitskräfte, auszunützen, um global wettbewerbsfähiger zu werden. „Die national verteilten Standorte werden dieser Zielsetzung untergeordnet und in eine transnational ausgerichtete Gesamtstrategie integriert.“ (MÜLLER u.a. 2004: 60)

Doch nicht nur Konzerne agieren zusehends nach einer transnationalen Logik. So kann zum Beispiel auch die Europäische Union als transnationale Akteurin betrachtet werden, da sie grenzüberschreitende Reglements entwirft. Doch auch spezifische staatliche und halbstaatliche Institutionen orientieren sich stark an der transnationalen Logik. Der Trend zu Transnationalisierung ist sehr stark gekoppelt an das Paradigma der Wettbewerbsfähigkeit. Insbesondere kann dies bei den Wirtschafts- und Finanzministerien beobachtet werden. Betrachtet man die wirtschaftspolitischen Leitlinien des österreichischen Wirtschaftsministeriums, so wird klar, dass sie sich ganz klar und immer stärker an der Wettbewerbsfähigkeit der österreichischen Ökonomie im globalen Kontext orientieren. (Vgl. *http://www.bmwfj.gv.at/Wirtschaftspolitik/Standortpolitik/Seiten/default.aspx* am 11.04. 2010). Besonders deutlich wird es auch in einem Dokument des Bundesministeriums für Wirtschaft, Familie und Jugend. Dort heißt es: „Der erreichte Wohlstand hängt wesentlich damit zusammen, dass sich Österreich mit Qualität, Flexibilität und Kreativität erfolgreich auf den Weltmärkten durchsetzen konnte. Zur Fortsetzung der Internationalisierung der österreichischen Wirtschaft gibt es keine Alternative.“ (*http://www.bmwfj.gv.at/Aussenwirtschaft/Internationalisierungsoffensive/Documents/Aussenwirtschaftsleitbild.pdf* am 11.04.2010)

Das heißt, dass Staaten selbst zu maßgeblichen Beförderern der Transnationalisierungstendenzen geworden sind. Der Fokus hat sich von binnenwirtschaftlicher Regulierung verschoben hin zu einer an Wettbewerb und Globalisierung ausgerichteten staatlichen Politik. JOACHIM HIRSCH, Politikwissenschaftler aus Frankfurt am Main, analysiert in diesem Zusammenhang, dass sich ein Wechsel vom Wohlfahrtsstaat hin zu einem Wettbewerbsstaat vollzogen hat und noch immer vollzieht. „Die Funktionslogik des nationalen Wettbewerbsstaates beruht also, etwas überspitzt ausgedrückt, auf der alle sozialen Sphären umgreifenden Ausrichtung der Gesellschaft auf das Ziel globaler Wettbewerbsfähigkeit, deren Grundlage die Profitabilität von „Standorten“ für ein international immer flexibler werdendes Kapital ist. Es geht um die umfassende Mobilisierung der Bevölkerung für einen ‚Wirtschaftskrieg‘, der dann am ehesten zu gewinnen ist, wenn sich die Nation selbst als kapitalistisches Unternehmen begreift: […]“ (HIRSCH 2002: 114).[15] Dabei kann festgehalten werden, dass insbesondere jene staatlichen Institutionen einen enormen Transnationalisierungsschub erfahren, die eng mit den neuen globalen wirtschaftlichen Verflechtungen zu tun haben. Gleichzeitig sind andere Bereiche staatlicher Politik noch viel weniger in die transnationalen Machtnetzwerke integriert. So bleibt zum Beispiel die Frage von Sozialpolitik stark verknüpft mit der nationalstaatlichen Politik und schafft es nicht, sich in gleichem Maße zu transnationalisieren, wie dies die Finanz- oder Wirtschaftspolitik geschafft hat. Für die Sozialpartnerschaft heißt dies, dass die Kapitalseite an Macht gewonnen hat.

Doch nicht nur Kapital und Staat unterliegen diesem Trend, auch zivilgesellschaftliche Akteure und Akteurinnen, politische Gruppen und andere agieren zusehends entlang einer transnationalen Logik. Prominente Beispiele hierfür sind die globalisierungskritische Bewegung, aber auch global operierende NGOs (Nicht-Regierungs-Organisationen) wie Greenpeace oder Amnesty International.

Man kann also festhalten, der Trend zur Transnationalisierung hat sehr viele gesellschaftliche Bereiche erfasst. Trotzdem sind nicht alle gesellschaftlichen Gruppen und Akteurinnen/Akteure im Stande, dieselbe Wirkmächtigkeit in diesem neu entstandenen transnationalen Raum zu entfalten. Der Trend ist real, doch ist er nicht gleichmäßig ausgebildet.

Für unsere weiteren Betrachtungen reicht uns aber die schiere Feststellung dieses Trends noch nicht aus. Noch immer erscheint uns dieser Trend als etwas, das schwer zu beeinflussen ist. Wir müssen also noch tiefer in die inneren Strukturen dieses Trends eindringen, um unsere eigenen Positionen darin zu verorten.

[15] In späteren Texten streicht JOACHIM HIRSCH hervor, dass es wohl besser ist, von einem internationalisierten Wettbewerbsstaat zu sprechen.

### 2.2.2 Raum und Zeit als Schlüssel zum Verständnis

Betrachten wir die Begriffe, mit denen wir versucht haben, Globalisierung zu fassen, können wir feststellen, dass sie sich in der einen oder anderen Weise mit Raum beschäftigen: Globalisierung, Transnationalisierung, Internationalisierung, Expansion, u.v.m. Sie alle verweisen auf neue räumliche Muster in unserer Gesellschaft.

Raum und die Veränderung von räumlichen Mustern kann also als ein zentraler Moment der Globalisierungstendenzen festgehalten werden.

Ein zweiter Aspekt betrifft die Zeit. Wird heute von Globalisierung gesprochen, verknüpfen wir dieses Phänomen sehr oft mit Beschleunigung[16]. Binnen Sekunden können mit Hilfe der elektronischen Datenverarbeitung und dem Internet Informationen und Kapital rund um den Globus geschickt werden. Das Kapital kann, wie das Zitat von JOACHIM HIRSCH zeigt, sehr schnell und sehr flexibel die unterschiedlichsten Produktionsbedingungen in einer globalen Ökonomie ausnutzen und Standorte, aber auch Arbeiter/innen und deren Organisationen gegeneinander ausspielen. Flexibilisierung ist generell einer der wichtigsten Motoren für die Konkurrenzfähigkeit. Flexibilisierung von Arbeitszeiten, ein Phänomen, das heute weit verbreitet ist, ist eine der wichtigsten Forderungen des Kapitals, um global konkurrenzfähig zu bleiben. Weitere Verweise auf die Bedeutung von Zeit im Globalisierungsprozess ist das Entstehen von „just-in-time"-Produktionsformen. Aber auch auf persönlicher Ebene kann beobachtet werden, dass individuelle Biographien viel weniger langfristig gestaltbar sind. Arbeitsplatzwechsel, Jobwechsel, der ständige Druck des lebenslangen Lernens, um sich selbst immer flexibler an die Bedürfnisse des Arbeitsmarktes anzupassen, sind allgemein bekannte Phänomene. (Vgl. KHOLI zit. n. BECK/ GERNSHEIM 1994: 219ff) Auch das Prinzip des Sharehol-

[16] Es gilt aber zu beachten, dass es bei weitem keine lineare Beschleunigung gibt. Beschleunigungstendenzen werden durchgesetzt und sind deshalb immer durchzogen von Machtverhältnissen. So kann der Versuch, den Urheberrechtsschutz im Internet zu stärken, indem gerichtlich gegen „file sharing" vorgegangen wird, als ein strategischer Versuch gesehen werden, wo eine spezifische Kapitalfraktion den Beschleunigungsprozess versucht zu unterbinden.

der Value führt zu einer Veränderung zeitlicher Muster in Betrieben. Immer mehr tritt die kurzfristig zu erzielende Rendite der Aktienbesitzer/innen in den Vordergrund und verdrängt zusehends eine langfristige strategische Planung von Produktion und Distribution.

JOSEF MERAN zeigt dieses Phänomen sehr gut anhand eines Beispiels. Dabei wurde ein deutsches Chemieunternehmen (Cleanese) nach mehrmaligen Umstrukturierungen von einem US-Investor, namentlich Blackstone, übernommen. Er schreibt, dass die Erfahrungen mit dem neuen Eigentümer die Belegschaften, aber auch die Führungskräfte mit dem sogenannten „Turbokapitalismus“ bekannt machten. „Sie lernten durch Blackstone erstmals den Turbokapitalismus kennen. Das Meisterstück des schnellen Geldes gelang Blackstone bereits wenige Monate nach Übernahme der Aktienmehrheit der Cleanese. Durch Verlagerung des Hauptsitzes der Cleanese von Deutschland in die USA und der Börsennotierung der neuen Cleanese Corporation in New York erzielte Blackstone einen Erlös von US$ 900 Mio. Nicht eine Steigerung des Umsatzes, nicht neue Produkte oder Marktanteile, sondern der Umstand, dass Chemieaktien in den USA höher als in Deutschland bewertet werden, sowie die Wahl des rechten Augenblicks für dieses Arbitragegeschäft haben zu diesem Gewinn geführt. Virtualität und der Faktor Zeit sind wesentliche Merkmale der Wertschöpfung im Turbokapitalismus.“ Auch in der Managementkultur im Unternehmen gab es gravierende Veränderungen und Beschleunigungstendenzen. „Es ist Aufgabe der so genannten „Black Belts“, also speziell ausgebildeter Effizienzmanager, Einsparungen von US$ 1 Mio. pro Jahr zu erwirtschaften und Mitarbeiter zu schulen. Die Botschaft dieser Anstrengung bedeutet, dass Effizienzsteigerung keine einmalige Initiative, sondern Alltag ist, Stillstand aber Rückfall bedeutet.“ (MERAN 2008: 158f)

Wir können also festhalten: Globalisierung ist ein Prozess, der nicht nur als Veränderung räumlicher Muster, sondern auch als Veränderung zeitlicher Muster verstanden werden muss. Beide Komponenten bedingen sich gegenseitig und führen zu einem tiefgreifenden gesellschaftlichen Veränderungsprozess, der beinahe alle Bereiche einer Gesellschaft erfasst. Er ist also nicht nur zu fassen als ein Prozess, der auf der globalen Ebene passiert, sondern auch in unserem eigenen Lebensbereich. (Vgl. Jessop 2003)

Wenn wir nun wieder an den Anfang des Kapitels zurückdenken, wo wir festgestellt haben, dass sich durch Globalisierung auch Machtverhältnisse verschieben und verändern, können wir eine wichtige Erkenntnis festhalten. Globalisierung verstanden als die Verschiebung und Veränderung von räumlichen und zeitlichen Mustern bringt also neue Machtverhältnisse hervor. Die Quelle dieser neuen Macht muss also in den räumlichen und zeitlichen Mustern versteckt sein. Bevor wir uns dies exemplarisch am Beispiel Österreichs ansehen werden, folgen noch einige theoretische Klärungen zu Macht, Zeit und Raum.

#### 2.2.2.1 Raum, Zeit und Macht

Wenn wir hier von Raum und Zeit sprechen, unterscheidet sich unser Verständnis von dem, was wir im Alltagsleben unter Raum und Zeit verstehen. Sprechen wir im Alltag über Zeit, ist sie zumeist eine objektive Größe, die mittels Uhr ermittelt werden kann. Genauso sprechen wir von Räumen als objektiv vorhandene geographisch eingegrenzte Einheiten. So zum Beispiel ein Wohnraum, der klar durch seine Wände definiert ist, also jederzeit messbar und sinnlich erfahrbar ist.

Raum und Zeit in unserem Verständnis ist viel weniger objektiv und offensichtlich. Raum und Zeit sind hier viel stärker gesellschaftlich konstruiert und umkämpft. Das bedeutet, wir alle leben und handeln in Raum und Zeit. Wir alle sind, ob wir es nun bewusst wahrnehmen oder nicht, ständig von gesellschaftlich konstruierten raum-zeitlichen Strukturen umgeben. Wichtig dabei ist, dass sowohl räumliche als auch zeitliche Strukturen nicht als monolithisch, homogen, sprich einheitlich gedacht werden dürfen. Vielmehr existieren viele gesellschaftliche Räume und Zeiten nebeneinander, überschneiden und beeinflussen sich. So kann zum Beispiel anhand unserer eigenen Lebensrealität festgemacht werden, dass wir mit unterschiedlichsten zeitlichen Strukturen konfrontiert sind. Auf der einen Seite leben wir in einem Tag-Nacht-Rhythmus. Wir gehen zur Arbeit und leben deshalb auch in einer Struktur, die uns unsere Arbeitszeit vorgibt. Genauso gibt es aber auch unsere Freizeit, in der wir schlafen, essen, waschen, uns bilden müssen usw. Dies kann als Reproduktionszeit begriffen werden, also als die Zeit, die wir benötigen, um uns selbst zu reproduzieren. Neben der Zeit, die wir für die „Instandhaltung“ unseres persönlichen Wohlbefindens in Anspruch nehmen, kann zur Reproduktionszeit aber auch die Zeit gerechnet werden, die wir für die Erziehung unserer Kinder aufwenden. Ebenso wird unsere Zeit auch in Anspruch genommen, um politisch aktiv zu sein. All diese unterschiedlichen Zeitstrukturen, deren Aufzählung hier bei weitem nicht vollkommen ist, sind nicht nur durch uns selbst bestimmbar, sondern auch durch gesellschaftliche Entwicklungen umrahmt und geformt. Am augenscheinlichsten ist es bei der Arbeitszeit und wie diese gesetzlich geregelt ist. Aber auch die Kindererziehungszeit und vieles mehr ist nicht unabhängig vom Rest der Gesellschaft; so macht es einen enormen Unterschied, ob es Einrichtungen wie Kindergärten oder Ganztagsschulen gibt oder ob die gesamte Erziehungsarbeit privat durchgeführt werden muss. Doch auch technische Entwicklungen können neue zeitliche Strukturen hervorbringen. Die Erfindung des elektrischen Lichts ermöglicht es uns zum Beispiel, die für frühere Generationen sehr bestimmende Rolle des Tag-Nacht-Rhythmus zurückzudrängen. Wir erschaffen eigene Rhythmen. Aber auch die Einführung elektronischer Datenverarbeitung oder die Robotertechnik in der Produktion veränderte zeitliche Rhythmen in unseren persönlichen Lebensumfeldern, genauso wie auf gesellschaftlicher Ebene. Wir können also sehen, dass unsere eigene Verfügbarkeit über Zeit von einer Vielzahl unterschiedlicher Faktoren abhängt und sich eine Unmenge zeitlicher Strukturierungen in unserem persönlichen Lebensumfeld wiederfinden und zu eigenen zeitlichen Mustern verfestigen.

Manche können wir leichter verändern, manche erscheinen uns als unveränderbar, da sie stärker gesamtgesellschaftlich hergestellt werden. Betrachten wir das Phänomen Zeit noch dazu aus einer historischen Perspektive, können wir feststellen, dass es noch viel mehr unterschiedliche Strukturierungen gibt. So können sich Strukturen sehr schnell verändern, während andere nahezu unverändert oder leicht adaptiert weiter bestehen. Das beste Beispiel ist hier die Entwicklung des Kapitalismus. Niemand würde behaupten, dass der Manchesterkapitalismus mit seinen Spezifika heute genauso existiert wie vor 150 Jahren. Trotzdem sprechen wir noch immer von Kapitalismus. Das heißt eine gewisse Grundstruktur des Kapitalismus ist erhalten geblieben, während sich andere Momente durchaus radikal verändert haben. Gleichzeitig können wir aber auch beobachten, dass nicht in allen Erdteilen mit derselben Geschwindigkeit Veränderungen im Kapitalismus vonstatten gehen. So existieren in Lateinamerika, Asien und Afrika heute Bedingungen kapitalistischer Produktion, die durchaus an die Umstände vor zweihundert Jahren bei uns erinnern.

Was wir damit zeigen wollen ist, dass Zeit nicht als etwas Gegebenes und Einheitliches betrachtet werden kann, sondern als ein gesellschaftliches Produkt, als Struktur mit vielen unterschiedlichen Unterstrukturen, man nennt dies Stratifikationen, die sich ineinander verweben, verstanden werden muss.

Ähnlich verhält es sich mit Raum. Raum ist genauso wie Zeit nur bei oberflächlicher Betrachtung etwas Objektives und Gegebenes. Raum ist genauso gesellschaftliches Produkt wie Zeit. Räumliche Strukturen stellen sich genauso wie zeitliche Strukturen durch menschliches Handeln her und können sich gesamtgesellschaftlich zu prägenden räumlichen Mustern und Strukturen verfestigen, aber auch durch menschliches Handeln wieder verändern. Gesamtgesellschaftlich muss aber klar gesagt werden, dass nur ein gesamtgesellschaftlich wirkungsmächtiges Handeln kollektiver Akteure und Akteurinnen Zeit- und Raum-Strukturen verändern kann. Doch wir werden darauf noch zurückkommen.

Wenn wir an unser eigenes Lebensumfeld denken, bewegen und handeln wir in unterschiedlichsten Räumen. Dabei legen wir in unserer Studie den Schwerpunkt auf die sozialen Räume. Die meisten Menschen befinden sich zum Beispiel in einem familiären Zusammenhang, welcher den sozialen Raum der Familie bildet. Genauso befinden sich die meisten von uns aber auch in einem Lohnarbeitsverhältnis. Dieses Lohnarbeitsverhältnis ist wiederum eingebettet in einen betrieblichen Zusammenhang, eine Firma, einen Konzern, eine öffentliche Institution usw. Innerhalb dieses Raums, in dem wir uns als Lohnabhängige bewegen, gibt es unterschiedlichste soziale Räume, die sich gegenseitig beeinflussen. Gemeinsam mit den Kolleginnen und Kollegen bilden wir einen kollegialen Raum, in dem nicht jeder ohne weiteres aufgenommen und akzeptiert wird. Kolleginnen und Kollegen befinden sich vielleicht ihrerseits in anderen sozialen Räumen, wenn sie in anderen Abteilungen arbeiten. Genauso können in einem Betrieb zwischen der bürokratischen Leitung und den ausführenden Beschäftigten zum Teil scharf abgegrenzte kulturelle Räume bestehen, man denke in diesem Zusammenhang nur an die Rede der Arbeiter/innen in Werkshallen von den sprichwörtlichen „Schlipsträgern". Diese kleinräumigen sozialen Räume sind wiederum durchdrungen und überschneiden sich mit größeren Raumeinheiten. Wenn in einem Betrieb ein starke gewerkschaftliche Präsenz und ein hoher Organisationsgrad herrschen, kann man von einem Raum gewerkschaftlicher Identitätsstiftung oder Bindekraft ausgehen. Gewerkschaften selbst sind wiederum eingebettet in den Raum oder die Arena nationalstaatlicher Politik. Dieser Raum oder diese Arena des Nationalstaates – und hier sind wir wieder beim Begriff der Transnationalisierung – ist eingebettet in und wird durchdrungen vom globalen und transnationalen Raum. Man denke in diesem Zusammenhang nur an die Urteile des Europäischen Gerichtshofes (EuGH), die in Österreich Wirksamkeit entfalten. Das heißt der Raum des nationalstaatlichen Rechts wird durchdrungen von und verwebt sich mit dem Raum der europäischen Rechtssprechung.

### 2.2.2.2 Raum, Zeit und Ort

Wenn wir über Raumstrukturen und Zeitstrukturen sprechen, möchten wir hier noch eine Unterscheidung zum Begriff des Ortes einführen. Der sozialwissenschaftliche Begriff des Raums bezeichnet einen gesellschaftlichen Zusammenhang, der sich über mehrere Orte erstrecken kann. Ein Ort ist eine konkrete Materialisierung von Überschneidungslinien unterschiedlichster räumlicher und zeitlicher Strukturierungen. Am Beispiel des Arbeitsplatzes kann man dies sehr gut nachvollziehen. Am Arbeitsplatz überschneiden sich vielfältige Räume: Der Raum der Kollegenschaft. Der Raum der bürokratischen Kontrolle durch die Firma. Aber auch der Raum der arbeitsrechtlichen Regelungen, inklusive der Regelungen, die sich im Raum der europäischen Gesetzgebung ergeben haben. Nicht weniger einflussreich ist auch der globale ökonomische Zusammenhang.

Orte entstehen nicht nur durch die Überschneidung unterschiedlicher Räume. Wenn es die globale Wettbewerbsfähigkeit verlangt, die technische Entwicklung erlaubt und die rechtlichen Regelungen es vorsehen, kann es sein, dass bestimmte Arbeiter/innen schneller arbeiten müssen. Es treffen sich hier also auch zeitliche Strukturen.

All diese Komponenten materialisieren oder verdichten sich in der konkreten Örtlichkeit des Arbeitsplatzes. Man könnte Orte auch als Kristallisationspunkte vieler räumlicher und zeitlicher Ebenen begreifen. Wie im Brennpunkt einer Lupe werden hier die unterschiedlichsten Strukturierungen gebündelt. Analytisch kann man so die unterschiedlichsten Komponenten, die den Ort ausmachen, analysieren und feststellen, zum Beispiel wie Transnationalisierung und Globalisierung die Zusammensetzung eines Ortes verändern.

Historisch gesehen kann man feststellen, dass Orte über längere Zeit relativ stabile Strukturierungen aufweisen können. Zum Beispiel große Industrieregionen wie das Ruhrgebiet oder aber auch der Großraum Linz haben über längere Zeit einen relativ stabilen Brennpunkt dargestellt. Veränderten sich aber die Strukturierungen auf globaler Ebene, zum Beispiel durch die internationale Krise der Schwerindustrie, verlor die Strukturierung dieser Orte an Stabilität. Dies drückt sich wiederum in tiefgreifenden Umstrukturierungen der eigenen Arbeitsplätze aus. Dafür traten vielleicht einst verschlafene Universitätsstädte vermehrt in den Fokus, da die neuen globalen Wirtschaftsstrukturen nicht mehr so stark an der Schwerindustrie orientiert waren, sondern an ökonomischen Branchen, die ein anderes Wissen oder mehr wissenschaftliches Know-How erforderten. Somit bevorzugte der neue Kapitalismus andere Orte mit anderen sozialräumlichen und zeitlichen Strukturierungen und brachte diese wiederum hervor.

In den letzten Abschnitten haben wir gesehen, dass Globalisierung betrachtet werden muss als ein Prozess der Veränderung von zeitlichen und räumlichen Strukturen. Globalisierung wird damit nicht zu einer Entwicklung, die einen klaren Ausgangspunkt hat, sondern ist ein Prozess, der an vielen Orten stattfindet. Viele Orte können als Brennpunkt von Globalisierung ausgemacht werden. An diesem analytischen Punkt angekommen, können wir nun die Frage nach unseren Möglichkeiten stellen. Jede/r von uns ist Teil eines oder besser gesagt vieler Orte, an denen sich der Prozess der Globalisierung manifestiert und herstellt. Wir müssen also die Frage stellen, was die Möglichkeiten von Betriebsratsmitgliedern, Gewerkschaftern, Gewerkschafterinnen, Arbeiterinnen und Arbeitern sind, um in den Prozess der Globalisierung aktiv einzugreifen. Dies wird uns wieder zu den Fragen der Machtpotentiale in einem Umfeld von Globalisierung führen und zu der spezifischen Situation in Österreich.

Wir werden nun also die Frage von Macht im Globalisierungsprozess beleuchten und klären, was Raum und Zeit mit Macht zu tun haben.

#### 2.2.2.3 Raum, Zeit und Macht II

Raum und Zeit sind, wie wir gesehen haben, also gesellschaftlich konstruiert. Es gibt viele unterschiedliche soziale Räume und Zeiten, die sich überlappen und gegenseitig beeinflussen. An den Schnittstellen entstehen spezifisch konstruierte Orte, wie der Arbeitsplatz oder eine Stadt. So können wir begreifen, dass Globalisierung nicht nur irgendwo entsteht, sondern gleichzeitig an vielen Orten konstruiert wird. Globalisierung ist also der Prozess der Veränderung von räumlichen und zeitlichen Mustern an vielen Orten, an denen wir selbst tätig sind. Wenn wir also im Prozess der Globalisierung eine Machtquelle von unterschiedlichen Akteuren erkennen, baut diese Macht auf der Kontrolle der Veränderungsdynamik von raum-zeitlichen Mustern auf. Wie kann dies verstanden werden?

In der Geschichte können wir viele Beispiele finden, anhand derer man sehr schön zeigen kann, dass die Beherrschung von Raum und Zeit ein wichtiges Moment im Kampf um gesellschaftliche Macht darstellt. Ein Beispiel aus dem Mittelalter für die Beherrschung von Raum und Zeit bietet Paul Virilio in seinem philosophischen Text: „Revolutionen der Geschwindigkeit“: „Zu jener Zeit kostete das Schlachtroß des Grundherrn so viel wie ein ganzer Landstrich seines Lehens. Der Besitz des Landes und der Besitz der Geschwindigkeit, dieses Land zu durchqueren, sind gleichwertig. Die Stärke des Ritters liegt nicht im Besitz des Landes, sondern im Besitz der Geschwindigkeit, sein Land zu durchschreiten, so daß eigentlich erst die Stärke des Pferdes ihm Macht über sein Land verleiht." (VIRILIO 1993: 21)

Mit der Entstehung des Kapitalismus veränderten sich die ökonomischen Strukturen und auch die Formen, wie um die Beherrschung oder Kontrolle von Zeit gerungen wurde. Herrschaft stellte sich vermehrt über anonyme Verhältnisse her. Nicht mehr die personale Herrschaft des Lehensherrn, Adeligen oder Herrschers war ausschlaggebend, sondern die oft im Verborgenen wirksamen Mechanismen des Kapitalismus.

Im Bereich der Ökonomie zeigte sich immer deutlicher, dass aufgrund der Konkurrenzlogik im Kapitalismus die Zeit einer vermehrten Beschleunigung unterlag. Zeit wurde im Kapitalismus zu einem zusehends bedeutenderem Faktor. Die Kapitaleigentümer/innen versuchten mit allen Mitteln die Mehrarbeit, die sie aus den Beschäftigten und während der Arbeitszeit herauspressen konnten, zu steigern. Im Gegensatz zu vorkapitalistischen Zeiten hatte sich im Kapitalismus die Sphäre der Produktion von der unmittelbaren Bedürfnisbefriedigung der Leute gelöst. Nicht mehr die Bedürfnisbefriedigung der Produzierenden stand im Mittelpunkt, sondern die Bedürfnisbefriedigung von vielleicht weit entfernten Märkten. „Durch die Auflösung des traditionellen, gleichsam naturwüchsigen Zusammenhangs von Produktion und Bedürfnisbefriedigung oder Bedarfsdeckung im Zuge der Umstellung des Wirtschaftens auf die Kapitalverwertungslogik bzw. die Mehrwertproduktion [...] wird eine Dynamik in Gang gesetzt, welche alle Schranken einer bedarfsdeckenden Wirtschaftsform überwindet. Sie lässt die Steigerung von Produktion und Produktivität und mithin das Streben nach Zeitvorsprüngen und Zeitdifferenzen zu unausweichlichen Systemimperativen einer sich verselbstständigenden Produktion werden, welche die entsprechenden Bedürfnisse gleichsam mit produziert." (ROSA 2005: 258) Der Kapitalismus griff also sehr tief in die Zeitstrukturen der Gesellschaften ein und er versuchte mit aller Macht, die Zeit in seinem Sinne zu formen. Kapitalismus, so könnte man mit Marx sagen, schafft sich also nicht nur einen Raum oder „eine Welt" nach seinen Vorstellungen, sondern auch eine Zeit. Dieser Versuch, alle Zeit zu verdichten und Beschleunigung durchzusetzen, rief und ruft immer wieder den Widerstand der Arbeiter/innen hervor. Lohnverhandlungen sind im Kern nichts anderes als die Verhandlung der Vergütung von Zeit, die man im Arbeitsprozess verbringt. Bei Kämpfen um die Verringerung der Arbeitszeit ist der zentrale Stellenwert von Zeit sehr offensichtlich. Aber auch die Einführung neuer technischer Errungenschaften im Produktionsprozess dient und diente in allererster Linie der effizienteren Nutzung von Zeit. Im Kapitalismus können wir also feststellen, dass Zeitstrukturen nicht mehr aus einer bedürfnisorientierten Produktion heraus, sondern aus viel anonymeren ökonomischen Strukturen heraus entstehen. Anonym insofern, da weder Natur – im Sinne einer Arbeitszeitbestimmung durch die notwendigen landwirtschaftlichen Rhythmen angesichts des Wechsels von Jahreszeiten – noch Lehensherr – im Sinne persönlicher Abhängigkeitsverhältnisse – über Zeitstrukturen entschieden, sondern zusehends die anonymisierten Mechanismen der Produktion für Märkte, inklusive dem damit einhergehenden Zwang zu Konkurrenz und Wettbewerbsfähigkeit, bestimmend wurden. Man kann also durchaus sagen, dass sich der von Marx beschriebene Klassenkampf immer auch um die Normierung von Zeit drehte. Versuchte das Kapital eine immer bessere Nutzung von Zeit durchzusetzen, Arbeitsabläufe mit Hilfe von Technologie, bürokratischer Kontrolle und wissenschaftlicher Arbeitsorganisation zeitlich zu rationalisieren, so versuchten Arbeiter/innen und oft auch Gewerkschaften, sich gegen diesen Druck zu wehren. Sowohl am Arbeitsplatz als auch im Staat und in Form von gesellschaftlich anerkannten Idealen, also ökonomisch, politisch und ideologisch, gab und gibt es immer Kämpfe um die Normierung von Zeit. Aus einer gesellschaftlichen Perspektive kann man also sagen, dass es um die Auseinandersetzung um eine Selbstbestimmung von Zeitstrukturen geht, also um autonome Selbstbestimmung oder um heteronome Fremdbestimmung von Zeit.

Ähnliche Prozesse können wir auch in Bezug auf Raum beobachten. Nicos Poulantzas, französisch-griechischer Gesellschaftstheoretiker, zeigt, dass die Entstehung von Nationalstaaten auch eng verknüpft ist mit den sozialen Kämpfen. Seine Herangehensweise zeigt, dass der Prozess der Entstehung der Nationalstaaten stark beeinflusst ist von den Kämpfen der Arbeiter/innenklasse.[17] „Der Staat ist genauso wie die nationale Kultur, Sprache und Geschichte ein strategisches Feld, das durch und durch von dem darin wenn auch deformiert eingeschriebenen Kampf und Widerstand der Arbeiter und des Volkes zerfurcht ist; [...]" (POULANTZAS 2002: 152). Räume – und hier ist der Nationalstaat nur ein Beispiel – sind also immer geformt durch die gesellschaftlichen Auseinandersetzungen. Dabei geht es ebenso wie bei Zeit um die Herstellung und Verteidigung autonomer Räumlichkeit. Ein sehr plakatives Beispiel bietet uns hier die Geschichte der Migration. Migration und Migrierende fordern als Massenphänomen und als subalterne Akteurinnen/Akteure immer wieder die herrschaftliche Kontrolle des Raumes durch die Herrschenden und Mächtigen heraus. Der Staat und die dominierenden sozialen Gruppen versuchen beständig die Migrationsströme zu kontrollieren und zu normieren, es ist also ein Kampf um die Abschließung oder Öffnung von sozialen Räumen. Doch nicht nur auf staatlicher Ebene können wir den Kampf um die autonome Verfügung über Räume beobachten. MARCEL VAN DER LINDEN, niederländischer Historiker, zeigt in seinen Untersuchungen zur Arbeiter/innenklasse, dass es von Seiten der Unternehmer/innen immer wieder Versuche gegeben hat, die sozialen Räume und Bewegungsfreiheit der Arbeiter/innen zu beschränken. „Die Mobilität der Arbeiter kann auch durch Arbeitszeugnisse eingeschränkt werden. Ohne diesen Identitätsnachweis wurden Arbeiter durch keinen einzigen Boss eingestellt. Der Chef nahm bei Arbeitsantritt dieses Zeugnis an sich und gab es dem Arbeiter erst wieder zurück, wenn dieser nach Meinung des Unternehmens seinen Verpflichtungen genüge getan hat." (VAN DER LINDEN 2010: 364) Doch nicht nur die Einschränkung oder Ermöglichung von örtlicher und sozialräumlicher Mobilität kann festgehalten werden. Es sind unzählige Beispiele bekannt, bei denen Unternehmer/innen oder der Staat versuchen, die sozialräumlichen Möglichkeiten der

[17] POULANTZAS konzentriert sich auf die Klassenkämpfe und lässt damit andere gesellschaftliche Gruppen im Prozess der räumlichen Umkämpftheit außer Acht.

Organisierung der Arbeiter/innen in Gewerkschaften zu verhindern. Das kann geschehen durch betriebliche Strategien, die die Gründung von Gewerkschaften oder Betriebsräten verhindern, oder aber auch durch für unabhängige Gewerkschaften negative gesetzliche Bestimmungen wie in China.

Wir können also festhalten, dass sich in die räumlichen und zeitlichen Muster von Gesellschaften die Kämpfe unterschiedlicher gesellschaftlicher Gruppen einschreiben. Wie diese Muster auf den unterschiedlichsten Ebenen aussehen, hängt von den Kräfteverhältnissen zwischen den gesellschaftlichen Klassen ab.

Ein wesentlicher Faktor gesellschaftlicher Macht ist also die Kontrolle über räumliche und zeitliche Muster. Wenn Akteure es schaffen, ihre Vorstellungen von räumlichen und zeitlichen Mustern gesellschaftlich durchzusetzen, sind sie in der Lage, andere Akteure in eine untergeordnete Position zu bringen. Das bedeutet, dass sich die untergeordneten Akteure in einer vorstrukturierten gesellschaftlichen „Umgebung" bewegen müssen, welche es ihnen schwer macht, eigene autonome und nach ihren Bedürfnissen gestaltete Räume und Zeiten zu entwickeln.

Historisch gesehen können sich Phasen ergeben, in denen sich spezifische, relativ stabile Raum- und Zeitstrukturen herausbilden. Man spricht in diesem Fall von historisch spezifischen Raum-Zeit-Matrizen. Sie bilden die Hintergrundmusik gesellschaftlicher Entwicklungen. Kern dabei ist, dass sich unterschiedliche Faktoren zu einer relativ stabilen Matrix zusammenfinden, dass der Kampf um die autonome Verfügbarkeit von Raum und Zeit durch die unterschiedlichen gesellschaftlichen Gruppen in einen Regulationsmodus und in ein Muster zusammenfindet, in denen nicht mehr die offene Auseinandersetzung dominiert, sondern geregelte Prozesse. Dabei gibt es große Unterschiede, wie sehr gesellschaftliche Gruppen ihre raum-zeitliche Autonomie durchsetzen konnten oder wie sehr sie durch fremdbestimmte räumliche und zeitliche Muster dominiert werden. Die Jahrzehnte nach dem 2. Weltkrieg, also die Ära des Wohlfahrtsstaates war eine solche Zeit, in der es eine relativ stabile raum-zeitliche Konstellation gab. Diese Stabilität beruhte auf einem ausbalancierten Kräfteverhältnis zwischen den unterschiedlichen gesellschaftlichen Klassen.

Werfen wir nun einen Blick auf die Situation in Österreich, wie sich hier ein stabiles raum-zeitliches Gefüge entwickelt hat, welche Veränderungsprozesse hier zu beobachten sind und was das für die Durchsetzungsfähigkeit von Gewerkschaften und Betriebsräten bedeutet.

### 2.2.3 Raum, Zeit und Austrokorporatismus

Wir haben in dem Kapitel zum Begriff des Austrokorporatismus schon gelesen, dass sich im Zuge der fordistischen Entwicklung in Österreich eine gesellschaftliche Konstellation entwickelt hatte, die eine robuste Gewerkschaftskultur hervorgebracht hatte, die sich insbesondere auf die institutionelle Machtressource stützte.

Wir haben den Austrokorporatismus weiters als einen sozialen Raum definiert, der sich über mehrere Ebenen oder Orte – die makropolitische, die Branchen-, die betriebliche Ebene – erstreckt. In diesem Raum entwickelten sich, orientiert am institutionellen Machtpotential, spezifische Praxen der Gewerkschaftsbewegung, namentlich die Verrechtlichung und die Vertrauensbeziehungen. Diese stabilisierten den Austrokorporatismus, da sie permanent an vielen Orten innerhalb des sozialen Raums von den Akteuren, auch von den Akteuren auf Seiten des Kapitals, reproduziert und gelebt wurden. Allerdings hatten diese Praxen aber auch spezifische zeitliche und räumliche Muster zur Voraussetzung. Wir haben es also mit einer Doppelbewegung zu tun, die Praxen hatten spezifische raum-zeitliche Muster des Austrokorporatismus zur Voraussetzung, und sie stabilisierten und reproduzierten diesen Raum über längere Zeit.

In dieser historisch einzigartigen Konstellation konnten die Konflikte um die autonome Selbstbestimmung von Raum und Zeit aufgrund mannigfacher Momente in geordnete, stabile, reglementierte und friedliche Bahnen gelenkt werden. In unserer Analyse der Globalisierung haben wir weiters festgestellt, dass sich in den letzten Jahrzehnten gesellschaftliche Raum- und Zeitmuster massiv verändert haben. Von der globalen bis zur lokalen Ebene wurden die räumlichen und zeitlichen Muster oft radikal verändert. Das zusehends global agierende Kapital übernahm in diesen Prozessen die Initiative. Wie wir sehen konnten, entspringt daraus eine enorme Macht für unterschiedliche Kapitalfraktionen und diesen nahestehende politische Gruppierungen und Institutionen.

Wir wollen im Folgenden diesen Prozess für Österreich noch einmal näher beleuchten und uns die Frage stellen, was diese Veränderungen für die Aktivierbarkeit und Durchsetzungsmächtigkeit des stark betonten institutionellen Machtpotentials bedeuten.

### 2.2.3.1 Zeit im Austrokorporatismus

In Anlehnung an Richard Sennett kann der Austrokorporatismus als eine Periode der geordneten Zeit bezeichnet werden. Das zentrale Zeitmuster des Austrokorporatismus war eine lang- und mittelfristige Zeitstruktur, sowohl auf ökonomischer als auch auf politischer Ebene (vgl. Sennett 2008: 33). Michelle Aglietta hält einige typische Merkmale fordistischer Ökonomien fest: „Das Herzstück der Regulation bestand in der Herstellung der Kohärenz zwischen schnellen Produktivitätsfortschritten, der Expansion der Realeinkommen und der Stabilität ihrer Verteilung. Der Reallohn stieg regelmäßig, weil er auf das Wachstum der Arbeitsproduktivität abgestimmt war. Die funktionelle Verteilung des Gewinns zwischen Lohnabhängigen und Profiten blieb stabil mittels der Steigerung des Nominallohnes, die auf Preisentwicklungen abgestimmt war. Somit war die Anhebung des Lebensstandards der Lohnabhängigen vereinbar mit der Beständigkeit der Profitrate, also mit der regelmäßigen Kapitalakkumulation. Dieses Zusammenspiel von charakteristischen Fakten ist die makroökonomische Spur der Integration der Lohnarbeiter im Kapitalismus." (Aglietta 2000: 32f) Wie das Zitat schön zeigt, war das „Herzstück der Regulation" die zeitliche Konvergenz zwischen unterschiedlichen Faktoren, die eine gewisse Berechenbarkeit und Regelmäßigkeit herstellten. Diese Entwicklungen ermöglichten auch eine staatliche Umverteilungspolitik, die flankiert wurde durch finanzpolitische Maßnahmen. Zum Beispiel konnte mit Hilfe von Niedrigzinspolitik den Unternehmen über kurzfristige konjunkturelle Schwankungen hinweg eine Perspektive für langfristige Planungen eröffnet werden. Dieses grundlegende zeitliche Muster kann auch für Österreich herangezogen werden. Was in Österreich noch hinzukam, war eine starke Verwobenheit des Staates, seiner Bürokratie und der Parteien mit strategisch wichtigen industriellen Sektoren in Form der verstaatlichten Industrie.

Diese makroökonomischen Zeitstrukturen ermöglichten es, die Kämpfe um Zeit längerfristig zu kalmieren. Diese Struktur beförderte auch das Entstehen einer stark verbürokratisierten sozialpartnerschaftlichen Praxis, sowohl auf Seiten der Arbeitnehmer/innenorganisationen als auch auf Seiten der Arbeitgeber/innen. Die beiden von uns schon benannten zentralen sozialpartnerschaftlichen Praxen, nämlich die Verrechtlichung des Konflikts zwischen Arbeit und Kapital und die engen Vertrauensverhältnisse zwischen Kapital- und Arbeiter/innenvertreter/innen, stabilisierten und hatten zur Voraussetzung diese langfristig und auf Regelmäßigkeit ausgerichteten ökonomischen und bürokratischen Zeitstrukturen. In Bezug auf Vertrauensbeziehungen hält Helga Nowotny fest: „Vertrauen setzt Erwartungen einer länger währenden Beziehung voraus, es baut auf erwarteter Dauer auf. Kurzfristige Interaktionen negieren Zeit, und dort, wo Zeit vernachlässigt wird, schwindet auch die Verantwortung." (Nowotny 1993: 15) Die Bedeutung von Zeit für Vertrauen ist also evident.

Betrachten wir Recht aus einem zeittheoretischen Blickwinkel, so ist Recht in allererster Linie die Stellung ausgehandelter oder erkämpfter Normen auf Dauer. Die Verbindlichkeit von Recht kann also eine Stabilisierung von Normen über einen längeren Zeitraum ermöglichen. Das Recht kann deshalb auch als ein Moment der Entschleunigung angesehen werden. Gleichzeitig schreiben sich in das Recht aber auch spezifische gesellschaftliche Zeitvorstellungen ein. Arbeitszeitregelungen, Pensionseintrittsalter, die rechtliche Regelung von Entgeltzahlungen usw. waren zur Zeit des Austrokorporatismus stark von fordistischen Zeitnormen geprägt. Geraten zeitliche Strukturen in Veränderung, entwickeln sich zusehends Konflikte zwischen den rechtlichen Normierungen und der tatsächlich existierenden Realität. Wir werden sehen, dass dieser Prozess heute zu beobachten ist.

Kurzum, wir können im sozialen Raum des Austrokorporatismus eine relativ stabile zeitliche Strukturierung ausmachen, die mannigfache Ursachen hatte. Sie wirkte befördernd für die sozialpartnerschaftliche Kultur und ihre beiden zentralen Praxen. Der politische Wille der Spitzen der bürokratischen Verbände, den Klassenkampf zu kalmieren, fand in den zeitlichen Mustern die Basis, um vermittelt über jene Praxen die Sozialpartnerschaft hegemonial durchzusetzen.

### 2.2.3.2 Raum im Austrokorporatismus

Ähnlich stabil waren auch die spezifischen räumlichen Muster im Fordismus und Austrokorporatismus. Jens Winter hält für die historisch einzigartige räumliche und ökonomische Strukturierung im Fordismus fest, dass sich die schon oben genannten ökonomischen und räumlichen Muster gegenseitig stabilisierend beeinflussten. „Vor diesem Hintergrund wäre der Fordismus in doppelter Hinsicht als eine „glückliche Fundsache“ zu begreifen: Zum einen als relativ kohärenter, gesellschaftlicher Reproduktionsmodus, darüber hinaus jedoch als relativ konvergente, räumlich-territoriale Matrix von Akkumulation, Regulation und den entsprechenden sozialen Konflikten und Aushandlungsprozessen.“ (Winter in: Brand/Raza 2003: 199) Die Grundaussage des Zitats ist: sowohl die ökonomischen als auch die politischen Muster bildeten und stabilisierten einen spezifischen Raum, der als klarer Orientierungspunkt für die Mehrzahl aller Akteure fungierte. Dieser Raum war der Nationalstaat. Die staatliche Politik konzentrierte sich auf den Aufbau einer binnenstrukturierten Ökonomie. Im Falle von Österreich gab es zwar immer eine starke Orientierung an der BRD, dies ermöglichte ein Profitieren von dem enormen Aufschwung der bundesdeutschen Ökonomie, doch diese Außenorientierung ist verglichen mit den heutigen Transnationalisierungstendenzen noch immer kleinräumig angelegt. Die staatliche Intervention in die Ökonomie diente zwei Zielsetzungen: der Stabilisierung des fordistischen Entwicklungsmodells und der Konsolidierung des sozialen Friedens innerhalb der Grenzen des Nationalstaates. Insbesondere durch den hohen Anteil staatlicher Unternehmen in den Leitbranchen konnte ein hoher Grad an Steuerbarkeit erreicht werden und eine Einbindung aller Akteure in die Steuerungsmechanismen.

Die Strukturierung von Branchen und die an ihnen orientierten Gehalts- und Lohnforderungen wurden in allerersten Linie aus den nationalen Stammdaten und Branchenentwicklungen abgeleitet. Das unterstützte das Entstehen von flächendeckenden Lohnabschlüssen innerhalb klar definierter räumlicher Grenzen. Diese klaren räumlichen Orientierungspunkte beförderten eine relativ homogenisierte Arbeiter/innenklasse, die in normierte Vertretungsstrukturen eingepasst werden konnte.

Diese räumliche Matrix hatte aber noch andere Spezifika. Der Taylorismus strukturierte die Produktion in räumlich kontinuierlicher Form, die Eigentumsverhältnisse waren stark geprägt von einer paternalistischen Hierarchie in den Betrieben, an deren Spitze ein Chef stand. Die betrieblichen Strukturen waren relativ klar gebunden an einen homogenen Raum, sprich am Werksgelände existierten zusammengefasst alle wichtigen Teilbereiche eines Betriebs.

Diese Komponenten, aus denen sich die räumliche Matrix des Austrokorporatismus zusammensetzte, schrieben sich auch ein in die rechtliche Ausgestaltung. Zuallererst war der wichtigste Bezugspunkt für eine rechtliche Ausgestaltung der Nationalstaat. Das Recht stattete alle Menschen mit spezifischen Rechten und Pflichten aus. Das Arbeitsrecht im Besonderen übernahm auch noch die klassische fordistische Vorstellung des Betriebes, orientierte sich hier eben an den Leitbranchen und verfestigte damit die Raumvorstellungen des Fordismus. Die Arbeitnehmer/innenvertreter/innen konnten sich in diesem Rahmen gut bewegen, da das Recht mit den realen Erfahrungen der Arbeiter/innen in Einklang stand und eine starke Einflussnahme auf den Gesetzgebungsprozess innerhalb des Nationalstaates durch die Sozialpartner/innen gewährleistet war.

Ebenso konnte das Vertrauensverhältnis, die zweite wichtige Praxisform in der Sozialpartnerschaft, auf den räumlichen Strukturierungen aufbauen. Auf makropolitischer Ebene konnten in den dichten nationalstaatlichen Netzwerken des Austrokorporatismus persönliche Vertrauensverhältnisse wachsen. Genauso beförderte die räumliche Strukturierung der Betriebe das Entstehen von Vertrauensverhältnissen. Die örtliche Präsenz der Arbeitgeber/innen und Arbeitnehmer/innen im Betrieb ermöglichte auf

Basis der Rechtssicherheit ein Verhandeln mit annähernd gleichen Voraussetzungen.

Die räumlichen Dimensionen, die wir hier nicht in ihrer vollen Bandbreite angeführt haben, hatten also eine ähnlich stabilisierende Wirkung auf den Austrokorporatismus und die sozialpartnerschaftlichen Praxen wie die zeitlichen Dimensionen.

Auf Basis dieser raum-zeitlichen Strukturierung des Austrokorporatismus konnten sich das institutionelle Machtpotential und die daran gekoppelten Praxen der Vertrauensbeziehungen und der Verrechtlichung auf allen für die Arbeiter/innenbewegung relevanten Ebenen und Orten etablieren und Wirkmächtigkeit entwickeln. Der Austrokorporatismus und die Sozialpartnerschaft waren damit hegemonial unterfüttert.

### 2.2.4 Austrokorporatismus und Globalisierung

Die oben schon angeführten räumlichen und zeitlichen Veränderungen im Zuge des Globalisierungsprozesses gingen auch an Österreich nicht spurlos vorbei. Diese Veränderungen wirkten sich auch auf den Austrokorporatismus und die sozialpartnerschaftlichen Praxen aus. Wenn wir in Österreich von einer Krise des Austrokorporatismus und der Sozialpartnerschaft sprechen, wird zumeist die makropolitische Ebene genauer unter die Lupe genommen, da aufgrund der Dominanz austrokorporatistischer und sozialpartnerschaftlicher Praxen dieser Bereich die größte Aufmerksamkeit durch Wissenschaft und Arbeitnehmer/innenverbände erfahren hat. Dies verursachte einen empfindlichen Blindfleck, was die anderen Orte sozialpartnerschaftlicher Praxen betrifft. Wir wollen versuchen, hier eine Lücke zu schließen, indem wir eine integrale Analyse der Erosion sozialpartnerschaftlicher Praxen auf allen Ebenen anstellen werden.

Emmerich Tálos, Politikwissenschafter aus Wien, und andere argumentieren, dass sich im Zuge gesamtgesellschaftlicher Veränderungsprozesse, die eingebettet sind in den Globalisierungsprozess, auf makropolitischer Ebene eine Verschiebung der Kräfteverhältnisse zugunsten des Kapitals und ihm nahestehender politischer Gruppierungen beobachten lässt. Mit der Neuauflage der „Großen Koalition" Mitte der 80er Jahre konnte ein noch vorsichtiger, aber grundlegender Paradigmenwechsel in der österreichischen Politik beobachtet werden. Der Austrokeynesianismus wurde als gesellschafts- und wirtschaftspolitische Orientierung sukzessive durch eine angebotsorientierte Wirtschaftspolitik ersetzt. „Aufgrund beträchtlicher ideologischer Distanzen zwischen SPÖ und ÖVP blieben die von der Großen Koalition beschlossenen Liberalisierungs-, Deregulierungs- und Privatisierungsmaßnahmen hinsichtlich ihrer Reichweite noch relativ beschränkt. Den Hintergrund dieses Kurswechsels in der Wirtschaftspolitik bildeten grundlegend veränderte wirtschaftliche und politische Rahmenbedingungen (vgl. Scharpf 2000). So führte der EU-Beitritt 1995 zu einem wirtschaftspolitischen Souveränitätsverlust in der Geld- und Fiskalpolitik, während die Deregulierung der internationalen Finanzmärkte und die Schaffung des europäischen Binnenmarktes nicht nur die Mobilität von Kapital und die Exitoptionen für Unternehmen vergrößert, sondern in der Folge auch die Kräfterelation zwischen den Interessensorganisationen von Arbeit und Kapital zugunsten letzterer verschoben." (Obinger/Tálos 2006: 214)

Wir können also sehen, dass die Reorientierung der österreichischen Politik auf die inter- und transnationale Ebene sowie die verstärkte Mobilität des Kapitals seine Spuren hinterlassen hat. Mit Zustandekommen der schwarz-blauen Regierung verschärfte sich dieser Trend noch einmal maßgeblich. Zusehends wurden die Spielräume der Mitgestaltung der Arbeitnehmer/innenverbände enger. „Das tradierte Muster der Interessensabstimmung kam im Wesentlichen nur noch auf Ebene der Implementierung zum Tragen, bei gesetzlichen Änderungen blieb es auf Einzelfälle beschränkt." (Ebd.: 207) Die inhaltlichen Vorgaben, in deren Rahmen verhandelt wurde, wurden von Seiten der Regierung und unter Zuhilfenahme externer Expertinnen und Experten stark begrenzt. Hinzu kam noch eine Strategie der Beschleunigung. „In zeitlicher Hinsicht schlug die Regierung vor allem in den ersten Jahren – nach dem Motto ‚Speed kills' – ein ungewöhnlich hohes Tempo in der Entscheidungsfindung ein." (Ebd.: 210) Dieser Stil war laut Andreas Khol (ÖVP) – einer der wichtigsten Architekten der schwarz-blauen Koalition – intendiert. „Die Rechtzeitigkeit der Maßnahmen ist wichtig. Daher auch der Druck im ersten Jahr, die wichtigsten Reformvorhaben anzugehen." (KHOL 2001: 177)[18] TÁLOS und andere konstatieren, dass die bisherige Aushöhlung von Austrokorporatismus und Sozialpartnerschaft auf makropolitischer Ebene ein Trend ist, der nicht so einfach wieder umzudrehen ist. Wir würden dieser Prognose zustimmen, da es aufgrund der tiefgehenden Veränderungen auf globaler und nationaler Ebene zu weitreichenden Verschiebungen kam, die als Hintergrundfolie eine Veränderung raum-zeitlicher Strukturen haben. Der relativ homogene Raum der nationalstaatlichen Politik wurde durch eine Reorientierung an transnationalen und internationalen Räumen ebenso aufgelöst, wie die langfristig angelegten Zeitstrukturen, die für Verhandlungen auf Basis gemeinsamen Vertrauens so notwendig sind, unterminiert wurden. Aufsetzend auf diese neuen raum-zeitlichen Muster gewann auf ideologischer Ebene die Idee einer neoliberalen Gesellschaft, deren Kern die Mobilisierung für den globalen Wettbewerb ist, an gesellschaftlicher Dominanz.

Anders als TÁLOS und andere, die ihren Fokus auf die politischen Entscheidungsfindungen richten und damit den Blick auf die makropolitische Ebene konzentrieren, argumentieren wir, dass die Krise des Austrokorporatismus und der sozialpartnerschaftlichen Praxis nicht alleine auf der politischen Ebene festgemacht werden kann. Die veränderte Raum-Zeit-Matrix als Analysefolie heranziehend, können wir die Erosionsmomente noch weiter verfolgen, bis tief hinein in die Branchen und Betriebe.

WILLY MERNYI, Leiter des Referats für Kampagnen, Projekte und Zielgruppen im ÖGB, stellt sich angesichts der aktuellen Weltwirtschaftskrise die Frage: „Egal, ob unser Betrieb gerade von der Krise betroffen ist oder ob die Krise dazu verwendet wird, um Sozialleistungen zu kürzen oder Lohnverzicht zu argumentieren: Es stellt sich immer mehr die Frage, ob wir in einer entfesselten, hemmungslosen, kapitalistischen Gesellschaft mit der alten Sozialpartnerformel noch punkten können. Ich glaube nicht, dass das mit einem eindeutigen „Ja" oder „Nein" zu beantworten ist. Ich bin aber davon überzeugt, dass das Handlungsre-

[18] Ein Ergebnis dieser Beschleunigungsstrategie war, dass der VfGH (Verfassungsgerichtshof) in seinem Tätigkeitsbericht die schlechte Qualität der Gesetze bemängelte.

pertoire von Gewerkschaften und BetriebsrätInnen breiter werden muss. Es reicht nicht mehr allein, sich auf das zu verlassen, was am Verhandlungstisch vereinbart wird.“ (MERNYI 2009: 68) Diese Einschätzung deckt sich mit vielen Aussagen in Interviews, die wir mit Betriebsratsmitgliedern und Gewerkschaftssekretärinnen/-sekretären geführt haben. Die Schwierigkeit besteht darin, dass man nicht von einem definitiven Ende sozialpartnerschaftlicher Kultur in Österreich sprechen kann, vielmehr ist es ein Erosionsprozess, der mal offensichtlicher, mal schleichender vonstatten geht und sich auf Ebene der Makropolitik, der Branchen und der Betriebe auf unterschiedliche Weise ausdrückt. Ein Erosionsprozess, der verstanden und verarbeitet werden muss. Zentral für ein Verständnis dieses Erosionsprozesses ist, die Frage zu stellen, wie sich die großen gesellschaftlichen Veränderungen auf die betriebliche Ebene und die sozialpartnerschaftlichen Praxen auswirken, sprich wie das stark betonte institutionelle Machtpotential aufgrund veränderter gesellschaftlicher Rahmenbedingungen an Durchsetzungsfähigkeit verliert. Die von uns analysierten Veränderungen von räumlichen und zeitlichen Mustern hinterlassen auch auf der betrieblichen Ebene ihre Spuren. Die beiden zentralen Praxisformen, Verrechtlichung und Vertrauensverhältnisse und die Frage der Dominanz betrieblicher, gewerkschaftlicher und staatlicher Bürokratien, die daran gekoppelten spezifischen Verhaltensweisen und die herrschaftlichen Verhältnisse werden im Prozess der Globalisierung neu zueinander in Beziehung gesetzt. Bisherige Praxen, die stark abhängig waren und entstanden sind im Kontext der fordistischen Raum-Zeitmatrix, werden sukzessive entwertet.

Im Folgenden werden wir die Auswirkungen anhand unserer Untersuchungen im Einzelhandelsbereich darstellen. Zuvor allerdings noch einmal ein kurzes Resümee des bisher Dargestellten, um die wichtigsten Punkte noch einmal zusammenzufassen.

Eine Analyse der Globalisierung als Veränderung von räumlichen und zeitlichen Mustern ermöglicht ein Verstehen des Globalisierungsprozesses, das uns einen Einblick gibt in die tieferliegenden Dynamiken. Diese räumlichen und zeitlichen Muster können verstanden werden als die Hintergrundmusik gesellschaftlicher Entwicklungen.

Der Austrokorporatismus und seine prägende Wirkung auf das gewerkschaftliche und betriebsrätliche Handeln beruhte ebenfalls auf sehr spezifischen räumlichen und zeitlichen Mustern. Mit dem Globalisierungsprozess verändern sich nun diese Muster. Nicht nur auf der makropolitischen Ebene hinterlässt dies seine Spuren. Wie wir in der weiteren Analyse sehen werden, sind die zeitlich-räumlichen Dynamiken auch auf der betrieblichen Ebene zu beobachten. Die bisherigen Praxen der Sozialpartnerschaft erodieren aufgrund der veränderten räumlichen und zeitlichen Muster nicht nur auf makropolitischer Ebene, sondern sie werden auch auf betrieblicher Ebene zusehends unterwandert.

Die Auflösungstendenz des Austrokorporatismus und der sozialpartnerschaftlichen Praxen muss also verstanden werden als ein Prozess, der viele Orte umfasst und der an vielen Orten vorangetrieben wird.

## 2.3 Zusammenfassung des theoretischen Teils

Zum Abschluss des ersten Teils unseres Buches noch einmal eine kurze Zusammenfassung des bisher Gesagten, um auch noch einmal den roten Faden aufzunehmen.

Wir haben im Abschnitt Machtpotentiale gezeigt, dass die Mittel, mit denen Gewerkschaften und Arbeiter/innenbewegungen ihre Interessen durchsetzen können, grundsätzlich ihren Ursprung in der Struktur einer kapitalistischen Gesellschaftsordnung haben.

Trotzdem, so unsere Argumentation, kann man nicht davon ausgehen, dass diese grundsätzlichen Machtpotentiale so ohne Weiteres aktiviert werden können, ohne dabei die historisch spezifischen Varianten des Kapitalismus näher zu beachten. Die unterschiedlichen Machtpotentiale untersuchten wir auch auf ihren Grad der autonomen Aktivierbarkeit.

Darüber hinaus gilt es Kapitalismus nicht als ein ökonomisches System alleine zu verstehen. Kapitalismus ist eine Gesellschaftsformation, Ökonomie ist nur ein, wenn auch wichtiger, Bestandteil dieser Gesellschaftsformation.

Um die spezifischen Bedingungen für die Aktivierung von Machtpotentialen in Österreich in den Blick zu bekommen, machten wir einen weiteren analytischen Schritt. Das institutionelle Machtpotential, das für Österreich so große Bedeutung hat und hatte, verstehen wir eingebettet in ein System, das stark bestimmt ist von bürokratischer Logik. Bürokratie verstehen wir im Wortsinn als „Herrschaft des Büros". Bürokratie stellt ein Herrschaftsverhältnis dar, welches eng an die Entwicklung des Kapitalismus gekoppelt ist und nicht nur in staatlichen Zusammenhängen zu beobachten ist, sondern auch in der sogenannten Privatwirtschaft, in Kirchen oder Vereinen, auch in der Gewerkschaft.

Austrokorporatismus und Sozialpartnerschaft müssen also immer auch als Teil einer bürokratisch-prozessualen Reglementierung des Klassenkonflikts betrachtet werden. Bürokratie, die sich schlecht verträgt mit Demokratie, war und ist ein wichtiger Bestandteil der sozialpartnerschaftlich-austrokorporatistischen Kultur. Diese spezifische Kultur integrierte alle für Gewerkschaften und Betriebsräte relevanten Handlungsfelder. Sowohl die makropolitische Ebene, die Branchen, als auch die Betriebsebene. Über Jahrzehnte verfestigten sich so spezifische Handlungspraxen, die wir als kulturelle Praxen der Gewerkschaftsbewegung bezeichneten. In diesem Abschnitt haben wir in der Auseinandersetzung mit informellen Lernprozessen, anhand des Konzepts des Habitus und der adaptiven Präferenzen aufgezeigt, welche Bedeutung in der Verinnerlichung dieser Gewerkschaftskultur für das individuelle Handeln und die Reproduktion von Handlungspraxen liegt. Besonders mit Hinblick auf institutionelle Machtpotentiale und deren Aktivierung wurde die Herausforderung für Veränderung von kollektiver Praxis aufgezeigt. Als theoretische Grundlage für den kollektiven Umgang mit Problemen der Durchsetzungsfähigkeit haben wir defensiven Lernstrategien das Konzept des expansiven Lernens gegenübergestellt.

Denn diese spezifischen Handlungspraxen hatten Wirkmächtigkeit, solange die Entwicklungsweise des Kapitalismus keinem massiven Wandel unterzogen war. Unter dem Schlagwort der neoliberalen Globalisierung wird heute allerdings ein tiefgreifender Wandel des Kapitalismus verstanden. Nur zu oft passiert es, dass hier alles hineingepresst wird. Und nur zu oft wird dabei aber auf der Ebene der Beschreibung der Auswirkungen von Globalisierung verweilt. Nicht selten erscheint das Phänomen Globalisierung deshalb als eine Naturgewalt, der man relativ machtlos gegenüber steht.

Wir haben in unserer weiteren Argumentation dargestellt, dass es nicht reicht, an der Oberfläche des Phänomens zu verweilen. Es gilt die tieferliegenden strukturellen Veränderungen zu erfassen, um auch Handlungsoptionen in Richtung Gegenmacht entwickeln zu können.

Die Frage von Veränderung räumlicher und zeitlicher Muster und deren gesellschaftliche Umkämpftheit sind nicht zuletzt der Schlüssel zum Verständnis, warum bisher erfolgreich angewendete Handlungsstrategien immer weniger wirksam sind.

In den folgenden Kapiteln werden wir diese Überlegungen anhand von Praxisbeispielen aus der betrieblichen Realität nachvollziehen. Damit nähern wir Theorie und Praxis einander an. Als Abschluss können wir anhand der gewonnenen Erkenntnisse einige Schlüsse für die zukünftige Steigerung der Durchsetzungsfähigkeit von Gewerkschaften, Betriebsrätinnen und Betriebsräten ziehen.

# 3. Fallstudie Handel

## 3.1 Untersuchungssample und methodisches Vorgehen

Das Ziel unserer Untersuchung war und ist es, über die beschreibende Darstellung von gesellschaftlichen Prozessen hinauszugehen und ein möglichst umfassendes Bild dieser Prozesse mit ihren komplexen Ursachen und Folgen zu zeichnen. Um diese gesellschaftliche Vielschichtigkeit fassen zu können, bedurfte es eines Zugangs, der nicht von vornherein auf einige Faktoren beschränkt war, sondern, im Rahmen des (finanziell und zeitlich) Möglichen, eine sinnvolle Offenheit für die Zusammensetzung sozialer Prozesse zuließ. Weiters war es wichtig, den Fokus weniger auf die Breite als vielmehr auf die Tiefe des Forschungsgebiets zu legen. Auf den Punkt gebracht ging es uns darum, die Wirklichkeit in all ihren Teilbereichen zu fassen und dabei den widersprüchlichen Zusammenhang zwischen geistigen, psychischen und sozialökonomischen Aspekten herzustellen.

Zentrale Anforderung des Auftraggebers und unser eigenes Anliegen war es dabei, die Betriebsrätinnen und Betriebsräte ins Zentrum der Forschung zu rücken. Damit wich bereits die Aufgabestellung an sich von einem weiter verbreiteten wissenschaftlichen Zugang ab, der gerade Betriebsratmitglieder oftmals als reagierende Individuen darstellt, die auf angeblich „unvermeidliche Marktgesetze“ Reaktionen setzen. (Vgl. HIRSCH 1999 zit. n. BRODESSER 2004:154)

Der Titel des Buches „Betriebsratsrealitäten“ wurde also „Programm“, indem der gesamte Forschungsprozess an den Standpunkten der Betriebsratmitglieder ansetzt, an ihren alltäglichen Erfahrungen und ihrer Praxis. Das vordergründige Ziel war es, Probleme aus der Sicht von Betriebsratsmitgliedern zu betrachten und diese mit allgemeinen gesellschaftlichen Entwicklungen und Tendenzen in Verbindung zu bringen. Es ging also darum, Veränderungen auf betrieblicher und gesamtgesellschaftlicher Ebene aus der Perspektive der Betriebsratsmitglieder zu analysieren und dabei auch klar ihre Position bei der Bewertung dieser Entwicklungen einzunehmen.

Von großer Bedeutung für das Forschungsprojekt war dabei, ständig die Frage zu stellen, was diese Entwicklungen und die erlebten Problemlagen für die Handlungs- und Durchsetzungsfähigkeit der Betriebsräte und -rätinnen und in weiterer Folge der Gewerkschaften bedeuten. Diese Perspektive eines emanzipativen Handelns stark zu machen bzw. die Ursachen für ermächtigendes, aber auch den Status Quo festschreibendes bzw. systemstabilisierendes Handeln freizulegen, war uns ein besonderes Anliegen. Einerseits um mit den Ergebnissen unserer Forschung einen Beitrag zur Steigerung der Durchsetzungsfähigkeit von Betriebsräten und Gewerkschaft zu liefern. Andererseits aber auch, um uns von anderen, schon erwähnten Herangehensweisen abzugrenzen: der weit verbreiteten und an den Prinzipien des Co-Management orientierten Beraterliteratur für Gewerkschaften.

Unser Zugang bedingte methodisch aber, Betriebsräte und Gewerkschaften nicht in ein flaches Reiz-Reaktionsschema hineinzupressen, sondern die vielfältigen Ursachen für menschliches Handeln entlang eines umfassenden Bildes gesellschaftlicher und individueller Entwicklung zu entziffern. Demnach wurden Betriebsratsmitglieder in unserer Untersuchung nicht als fixiertes und starres Untersuchungsobjekt aufgefasst, sondern als in die Prozesse gesellschaftlicher und betrieblicher Entwicklung eingebunden betrachtet. Motive betriebsrätlichen Handelns sind in diesem Sinne nicht nur auf die funktionalistische Einbindung im Betrieb, also die Tätigkeiten und Aufgaben in der Rolle als Betriebsrat zu verkürzen, sondern auch über die eigenständige Subjektivität, also die Gesamtheit einer Person und ihre Erfahrungen und Deutungen der Wirklichkeit zu fassen. Gegenstand der Forschung war also nicht das Objekt „Betriebsrat", sondern vielmehr seine Welt, „[...] wie das Subjekt sie – empfindend, denkend, handelnd – erfährt." (HAUG 2004: 59) Das heißt es wird methodisch ein verallgemeinerter Subjektstandpunkt eingenommen, der die vom Subjekt (in unserem Fall Betriebsräten und -rätinnen) erfahrene Welt in den Mittelpunkt der Forschung rückt (vgl. HOLZKAMP 1995). Diese subjektiven Erfahrungen und Bewertungen müssen aber im Analyseprozess objektiviert werden, indem sie in einen gesamtgesellschaftlichen Zusammenhang gestellt werden. (Vgl. Forschungsgruppe Lebensführung 2004: 10)

Unser Zugang ist also keine individualistische Herangehensweise, die alles außer dem Individuum ausblendet, sondern vielmehr bedeutet er einen ermächtigenden methodologischen Zugang, der die Betriebsrätinnen und Betriebsräte als Subjekte der Forschung ernst nimmt und an dem Forschungsprozess beteiligen möchte.

### 3.1.1 Branchenfokus und Interviewsample

Aufgrund der Schwerpunktlegung der GPA-djp auf die Branche Handel konzentrieren wir uns in unserer Untersuchung auf diesen Bereich. Dies lässt sich gut mit einer angestrebten Tiefenschärfe vereinbaren und ermöglicht eine verdichtete qualitative Forschung. Konkret wurde von uns der Lebensmitteleinzelhandel unter die Lupe genommen.

Es handelt sich dabei um eine Branche, in der der Verdrängungswettbewerb zwischen den Lebensmittelketten zu einer starken Konzentration auf wenige übrigbleibende und teilweise transnational agierende Konzerne geführt hat. Diese können sich laut Medienberichten auch 2008/2009 über satte Gewinne freuen (vgl. Der Standard 11.11.2009: 20 sowie *http://portal.gmx.net/de/themen/oesterreich/finanzen/7628646-Spar* am 23. 02. 2009). Gleichzeitig liegt laut der AK-Studie „Beschäftigung im Handel" (HUBER/MICHENTHALER 2009) die Betriebszugehörigkeit im Einzelhandel bei durchschnittlich 6,4 Jahren und die Fluktuation ist überdurchschnittlich hoch, wobei Männer mit einer Betriebszugehörigkeit von 7,6 Jahren einen Vorteil gegenüber ihren Kolleginnen mit 6,1 Jahren haben. Allgemein gibt es ein weit verbreitetes Gefühl hoher Unsicherheit unter den Beschäftigten im Einzelhandel – über 20% halten ihren Arbeitsplatz für sehr oder eher unsicher. Bei Beschäftigten mit migrantischem Hintergrund (18% der Beschäftigten im Einzelhandel) liegt die subjektive Unsicherheit sogar noch höher. 24% halten ihren Arbeitsplatz für sehr unsicher oder unsicher. Sie stoßen außerdem „rascher an eine gläserne Decke, die ihnen einen Aufstieg verwehrt." (HUBER/MICHENTHALER 2009)

Aber auch Frauen und im Besonderen Teilzeitbeschäftigte schätzen sich als wesentlich leichter austauschbar ein. Frauen sind im Durchschnitt insbesondere im Einzelhandel schlechter ausgebildet als Männer und arbeiten zumeist auch in weniger qualifizierten Berufen. Mit 41,9% lag die Teilzeitquote im Einzelhandel 2007 deutlich über dem österreichischen Durchschnitt. Dabei sind die Teilzeitarbeitskräfte zumeist weiblich (ein Anteil zwischen 79% und 93%). Vor allem in jener Altersspanne, in der besonders häufig Kinder geboren werden, weisen Frauen eine deutlich höhere Teilzeitquote auf. Teilzeitbeschäftigte haben außerdem ein geringes Einkommen, sie verdienten im Zeitraum 2005-2008 im Durchschnitt nur € 770,- netto und liegen mit ihrem Haushaltseinkommen (also das gesamte Einkommen aller im Haushalt lebender Personen) zum großen Teil am unteren Ende der Einkommenspyramide. (Vgl. Huber/ Michenthaler 2009: I-VI).

Es handelt sich also um eine Branche, in der traditionelle Strukturen und vor allem die Vollzeitbeschäftigung des vornehmlich männlichen Inländers nicht mehr der Realität entsprechen. Die Fokussierung auf den Lebensmitteleinzelhandel erlaubt somit einen tiefergehenden Einblick in eine hart umkämpfte Branche, in der die Brüche und Erosionen der altbekannten Strukturen besonders deutlich sichtbar sind: Insbesondere, da die Vermutung nahe liegt, dass diese Brüche und Erosionen auch nicht vor den eher industriell geprägten Interessensvertretungsstrukturen halt machen.

Für die Untersuchung wurden insgesamt zwei Interviewblöcke durchgeführt. Im ersten Block wurden Regionalsekretäre/-sekretärinnen und Sekretäre/Sekretärinnen des Wirtschaftsbereichs aus zwei Bundesländern interviewt. Die Auswahl der Interviewpartner/innen erfolgte hierbei in erster Linie durch die Auftraggeberin und war abhängig von der Konzern- bzw. Branchenzuständigkeit, der regionalen Zuständigkeit und der Bereitschaft der Gewerkschaftssekretärinnen und -sekretäre zu einem Interview. Insgesamt wurden sechs Interviews durchgeführt.

Im zweiten Block wurden dann Betriebsratsmitglieder eines Konzerns im Lebensmitteleinzelhandel interviewt. Die Gewerkschaft stellte uns hierfür eine Übersicht aller Betriebsräte in diesem Konzern zur Verfügung, hatte auf die Auswahl und Zusammensetzung der Interviewpartner/innen jedoch keinen weiteren Einfluss. Auch die Kontaktaufnahme erfolgte ausschließlich durch die Autorinnen und Autoren.

Von den insgesamt 70 Betriebsratsmitgliedern in dem untersuchten Konzern sind fast 70% Frauen und 80% GPA-djp Mitglied sowie rund 75% parteiunabhängig (PU). Was die Geburtsdaten betrifft, hatten wir nur von 90% der Betriebsratsmitglieder Angaben. Insofern können wir festhalten, dass mindestens 70% der Betriebsratsmitglieder 2009, zum Zeitpunkt der Interviewdurchführung, 40 Jahre oder älter waren.

| Statistik REAL | | | | | | |
|---|---|---|---|---|---|---|
| **Total 70** | | **Männer** | **%** | **Frauen** | **%** | |
| | Geschlecht | 22 | 31.43% | 48 | 68.57% | 100.00% |
| | GPA-Mitglied | 16 | 22.86% | 40 | 57.14% | |
| | Nicht-Mitglied | 6 | 8.57% | 8 | 11.43% | 100.00% |
| | FSG[19] | 5 | 7.14% | 12 | 17.14% | |
| | PU[20] | 17 | 24.29% | 36 | 51.43% | 100.00% |
| | 1950-1959 | 7 | 10.00% | 18 | 25.71% | |
| | 1960-1969 | 5 | 7.14% | 20 | 28.57% | |
| | 1970-1979 | 5 | 7.14% | 4 | 5.71% | |
| | 1980-1989 | 2 | 2.86% | 2 | 2.86% | 90.00% |

Abbildung 2: Statistische Angaben zu den Betriebsräten/-rätinnen im untersuchten Konzern

Die zur Verfügung gestellte Liste von Betriebsräten/-rätinnen diente als Basis für die Auswahl der potentiellen Interviewpartner/innen. Dabei wurde zuallererst die tatsächliche Zusammensetzung nach Alter, Geschlecht und Betriebsratsstruktur innerhalb der Liste berücksichtigt und angestrebt, diese auch in der Zusammensetzung der Interviews abzubilden.

Ein weiteres Kriterium für die Auswahl war es, eine möglichst breite Streuung der untersuchten Bezirke und Interviewpartner/innen aus verschiedenen Filialen anzustreben. Dies war gerade bei den größeren Märkten mit eigenem Betriebsratskollegium nur be-

[19] FSG – Fraktion Sozialdemokratischer Gewerkschafter/innen

[20] PU – Parteiunabhängig

dingt möglich, da diese aufgrund ihrer Größe vor allem am Stadtrand bzw. den Wiener Außenbezirken angesiedelt sind. Daraus ergab sich eine angestrebte Zusammenstellung von 13 Interviewpartnerinnen und -partnern, wie sie die folgende Tabelle darstellt.

| INTERVIEWS angestrebt | | | | | | |
|---|---|---|---|---|---|---|
| **Total 13** | | **Männer** | **%** | **Frauen** | **%** | |
| | Geschlecht | 4 | 30.77% | 8 | 61.54% | 92.31% |
| | GPA-Mitglied | 3 | 23.08% | 7 | 53.85% | |
| | Nicht-Mitglied | 1 | 7.69% | 2 | 15.38% | 100.00% |
| | FSG | 2 | 15.38% | 2 | 15.38% | |
| | PU | 3 | 23.08% | 6 | 46.15% | 100.00% |
| | 1950-1959 | 1 | 7.69% | 3 | 23.08% | |
| | 1960-1969 | 1 | 7.69% | 3 | 23.08% | |
| | 1970-1979 | 1 | 7.69% | 1 | 7.69% | |
| | 1980-1989 | 1 | 7.69% | 1 | 7.69% | 92.31% |

Abbildung 3: Angestrebte statistische Zusammenstellung der Interviewpartner/innen

In der Realität konnte diese angestrebte Zusammensetzung nicht ganz erreicht werden. Dafür gab es mehrere Gründe. Sämtliche Betriebsratsmitglieder waren nur sehr schwer telefonisch erreichbar. Während der Arbeitszeit bzw. den allgemeinen Öffnungszeiten war es so gut wie unmöglich, wodurch einige Zeit verging, und erst nachdem wir die Hemmschwelle überwunden hatten, spätabends oder am Wochenende anzurufen, konnten wir einige der potentiellen Interviewpartner/innen erreichen, aber auch nicht alle. Weiters waren nicht alle der Angerufenen bereit, an der Studie mitzuarbeiten und ein Interview zu geben. So war es uns etwa über einen Zeitraum von fast einem Jahr nicht möglich, ein Nicht-Gewerkschaftsmitglied zu einem Interview zu bewegen.

Die Zusammensetzung der tatsächlichen Interviewpartner/innen konnte sich daher nur an dem angestrebten Raster orientieren, musste aber an die gegebenen Bedingungen angepasst werden.

Letztlich wurden daher 12 Interviews mit Betriebsratsmitgliedern aus zwei Bundesländern durchgeführt, wie sie die folgende Tabelle darstellt.

| INTERVIEWS durchgeführt | | | | | | |
|---|---|---|---|---|---|---|
| Total 12 | | Männer | % | Frauen | % | |
| | Geschlecht | 6 | 50% | 6 | 50% | 100.00% |
| | GPA Mitglied | 6 | 50% | 6 | 50% | |
| | Nicht Mitglied | 0 | 0% | 0 | 0% | 100.00% |
| | FSG | 3 | 25% | 2 | 16.66% | |
| | PU | 3 | 25% | 4 | 33.33% | 100.00% |
| | 1950-1959 | 2 | 16.66% | 3 | 35% | |
| | 1960-1969 | 2 | 16.66% | 2 | 16.66% | |
| | 1970-1979 | 1 | 8.33% | 1 | 8.33% | |
| | 1980-1989 | 1 | 8.33% | 0 | 0% | 100.00% |

Abbildung 4: Statistische Angaben zu den tatsächlich durchgeführten Interviews

### 3.1.2 Methode und Verlauf der qualitativen Untersuchung

Als methodisches Instrument wählten wir problemzentrierte Leitfadeninterviews. Es handelt sich dabei um eine leitfadengestützte sehr offene Befragung, die sich aber auf bestimmte Problemstellungen konzentriert und in der die Interviewten möglichst frei zu diesen Problemstellungen sprechen. Die Entscheidung für problemzentrierte Leitfadeninterviews lag vor allem aufgrund des theoriegeleiteten ersten Teils des Buchs nahe, da diese Methode besonders darauf abzielt, Aspekte der theoriegeleiteten Problemanalyse zu thematisieren. (Vgl. MAYRING 2002: 70f).

Es handelt sich dabei um eine prozessorientierte Methode, mit der die Daten schrittweise gewonnen und geprüft werden. Das heißt die Auswertung der ersten Interviews beginnt bereits, bevor der gesamte Interviewblock abgeschlossen ist, wodurch es möglich wird, Erkenntnisse der ersten Interviews in späteren Befragungen aufzugreifen und zu überprüfen.

Die Methode erlaubte somit einen sehr offenen Zugang zu den Realitäten der Betriebsratsmitglieder. Denn durch die Offenheit der Herangehensweise wurde es möglich, dass die Interviewten selbst Themen einbringen und Schwerpunkte (auch zeitlich) setzen konnten. Das bedeutete, dass die Betriebsratsmitglieder selbst entscheiden konnten, welche Themen sie ausführlicher darstellten bzw. bei welchen Punkten sie länger verweilten und ihnen dadurch einen größeren Teil der Interviewzeit einräumten.

Dabei diente der Leitfaden als Gedächtnisstütze, welche den Interviewenden dabei half Themen und Aspekte anzusprechen, die eine Person möglicherweise nicht erwähnt, welche aufgrund der theoriegeleiteten Problemanalyse aber wichtig erschienen. So konnte gezielt nachgefragt werden. Beziehungsweise diente der Leitfaden auch als Überblick, welche Themen im Gespräch vorkommen sollten, auch wenn nicht immer explizit danach gefragt werden musste, denn es kam vor, dass ein/e Interviewpartner/in von selbst ein Thema oder eine Problemlage ansprach. Außerdem erleichterte der Leitfaden als eine teilweise Standardisierung die Vergleichbarkeit mehrerer Interviews. (Vgl. MAYRING 2002: 71).

Im Allgemeinen gliedern sich problemzentrierte Leitfadeninterviews in: Gesprächseinstieg, allgemeine Sondierungen und spezifische Sondierungen sowie ad-hoc Fragen (vgl. FLICK 2005: 135)

Unser Betriebsrats-Leitfaden gliederte sich dementsprechend in folgende Themenblöcke:

- Gesprächseinstieg mit allgemeinen Fragen zur Dauer ihres Anstellungsverhältnisses bzw. ihrer Betriebsratstätigkeit sowie Fragen, wie und warum sie/er Betriebsrätin/-rat geworden sind
- allgemeine Sondierungsfragen zur Arbeit als Betriebsrat/-rätin, dem Umgang mit Problemen und Ressourcen, der Zusammenarbeit im Betriebsratskollegium
- spezifische Sondierungsfragen zu Gewerkschaft an sich und Zusammenarbeit mit Gewerkschaft sowie, in der Weiterentwicklung des Leitfadens, zu häufigen Problemlagen der Beschäftigten wie z.B. Stundenaufzeichnung, Kündigungen, Repression im Betrieb oder Budgetvorgaben
- Gesprächsabschluss mit Fragen zur Zukunft der betriebsrätlichen und gewerkschaftlichen Arbeit
- natürlich blieb die Flexibilität in der Interviewsituation, auch vorher nicht geplante Ad-hoc-Fragen zu stellen

In der Realität wurde diese Reihenfolge nicht immer strikt eingehalten, sondern wurde der Themensetzung und dem Redefluss des jeweiligen Interviewpartners oder der Interviewpartnerin angepasst. Außerdem wurde der Leitfaden im Laufe der Interviewreihen prozesshaft erweitert und ergänzt.

Die vorgeschalteten Interviews mit Gewerkschaftssekretären/-sekretärinnen hatten vor allem zwei Ziele:

1. Einen Einblick in ihre Arbeitsrealitäten zu bekommen und ihre Sicht auf die derzeitigen Betriebsratsrealitäten kennenzulernen
2. Einen ersten Eindruck und Überblick über die derzeitigen Betriebsratsrealitäten und möglichen Probleme der Betriebsratsmitglieder für die Erstellung des ersten Leitfadens zu gewinnen

Der Großteil der Interviews dauerte ca. zwei Stunden und wurde so gut wie in allen Fällen zu zweit, manchmal auch zu dritt durchgeführt, wobei eine Person die Gesprächsführung übernahm (Fokus auf den Leitfaden und das Einhalten der vereinbarten Interviewzeit), während die zweite Person sich so ganz auf den Gesprächsverlauf und die eingebrachten Themen konzentrieren konnte, was es erleichterte, Verbindungen zu vorigen Interviews herzustellen und Ad-hoc-Nachfragen zu stellen.

Die Interviews selbst fanden an von den Interviewpartnern/-partnerinnen ausgewählten Orten statt. Manche luden uns in ihre Wohnungen ein, andere wieder zogen es vor, sich in einem ruhigen Lokal zu treffen oder einen von der GPA-djp zur Verfügung gestellten Besprechungsraum in Anspruch zu nehmen. Andere wieder empfingen uns ganz offen in ihrer Filiale und wir führten das Interview im Personalraum, einem Besprechungszimmer oder, wenn vorhanden, im Betriebsratsbüro durch.

Die Auswertung der Interviews folgte allgemeinen Standards zur inhaltlich-reduktiven Auswertung qualitativer Interviews (vgl. Lamnek 1995: 107ff):

1. Die **Transkription** wurde von mehreren Studierenden verschiedener sozialwissenschaftlicher Fächer durchgeführt.
2. **Einzelanalysen** – jedes Interview wurde von mehreren Teammitgliedern unabhängig voneinander ausgewertet und die

Auswertungen verschriftlicht. Diese ersten Analysen wurden im Team diskutiert und der Interviewleitfaden darauf aufbauend immer wieder ergänzt und adaptiert.

3. **Generalisierende Analyse** – sobald einige Interviews durchgeführt und einzeln analysiert waren, wurden sie von jedem Teammitglied alleine und dann im Team auf Gemeinsamkeiten und Unterschiede untersucht, und in der Verbindung zu den Theorien des ersten Teils wurden erste Interpretationen entwickelt.
4. **Kontrollphase** – in dieser Phase wurden die Interpretationsbefunde im Team diskutiert und zu der vorhandenen relevanten Literatur in Beziehung gesetzt. Außerdem gab es prozessbegleitende Treffen mit dem Auftraggeber bzw. Treffen mit unterschiedlichen Personengruppen innerhalb der GPA-djp, auf denen die ersten Ergebnisse vorgestellt und diskutiert wurden. In einer späteren Phase der Auswertung, aber noch vor Beginn des Verfassens dieses Buches, wurde außerdem mit der Durchführung von Workshops begonnen. Im Zuge dieser ganztägigen Seminare wurden die Ergebnisse mit Betriebsratsmitgliedern aus unterschiedlichen Branchen und unterschiedlichen Teilgewerkschaften diskutiert und konnten so mit den eigenen Erfahrungen der Teilnehmer/innen kontrastiert werden. Dadurch wurde es möglich, die Ergebnisse und Thesen der Studie während des Forschungsprozessses mit ca. 100 weiteren Betriebsratsmitgliedern zu diskutieren, ihr Feedback einzuholen und in das Buch einzuarbeiten.

Für jedes durchgeführte Interview wurden diese Schritte, wenn auch zeitlich versetzt, durchlaufen. Wie bereits erwähnt, begann die Auswertung bereits nachdem das erste Interview mit einem/einer Gewerkschaftssekretär/in abgeschlossen war und muss als ein kontinuierlicher Prozess verstanden werden. Es handelte sich also um eine flexible Analyse, in der die Daten schrittweise gewonnen und geprüft wurden, wobei sich „Zusammenhang und Beschaffenheit der einzelnen Elemente […] erst langsam und in ständigem reflexiven Bezug auf die dabei verwandten Methoden herausschälen“ (WITZEL 1982: 72).

## 3.2 Problemlagen im Handel

Die Darstellung unserer Untersuchungsergebnisse gliedern wir in zwei Teile. Dieses erste Kapitel widmet sich den Veränderungen und Problemlagen von Betriebsratsmitgliedern, die in den Interviews deutlich wurden. Es geht dabei nicht um eine allgemeine Beschreibung der Bedingungen im Handel. Für solcherart gelagerte Informationen sei auf die Studie „Beschäftigung im Handel!" der AK Wien verwiesen.[21] Vielmehr geht es hier um die verallgemeinerte subjektive Sicht der Veränderungen und Problemlagen von Interessensvertretungen im Handel durch die Betroffenen. Im Mittelpunkt des Interesses stehen Fragen wie: Welches sind die brennendsten Probleme, vor denen wir stehen? Was behindert mich? Was funktioniert nicht mehr? Welchen Problemen und Herausforderungen stehen wir ohnmächtig gegenüber? Was hat sich verändert? In welchem Verhältnis stehen diese Veränderungen zu den Problemen?

In diesem Kapitel wollen wir einen zusammenfassenden Überblick über die Veränderungen und Problemlagen geben, angereichert mit Auszügen aus den verschiedenen Interviews. Dies ermöglicht einen Einblick in die tägliche Arbeitswelt von Betriebsrätinnen und Betriebsräten und den Problemen, mit denen sie sich konfrontiert sehen.

In der Beschreibung dieser Problemlagen greifen wir auch auf die Interviews mit Gewerkschaftssekretären/-sekretärinnen zurück, wenn dort getätigte Aussagen ein von den Betriebsratsmitgliedern beschriebenes Problem besonders gut greifbar machen.

Analytisch unterteilen wir das folgende Kapitel in vier verschiedene Bereiche, die von den Interviewten zentral diskutiert wurden:

1. Konzernbedingungen
2. Arbeitsverhältnisse
3. Probleme der Betriebsratsmitglieder im Betrieb
4. Probleme im Betriebsratskollegium
5. Betriebsräte/-rätinnen zwischen Gewerkschaft und Betrieb

[21] Huber, Peter/Michenthaler, Georg (2009): Beschäftigung im Handel. Studie im Auftrag der Kammer für Arbeit und Angestellte für Wien, Abteilung Wirtschaftspolitik, http://wien.arbeiterkammer.at

Der zweite Teil der Darstellung unserer Untersuchungsergebnisse setzt dann die hier beschriebenen Veränderungen und Problemlagen in Beziehung zu den zuvor getätigten theoretischen Überlegungen und einen größeren Kontext.

### 3.2.1 Konzernbedingungen

Auf globaler Ebene ist zu beobachten, dass sich in den letzten Jahren ein intensiver Konzentrationsprozess im Einzelhandel vollzogen hat.

„Es ist erhellend, die enormen, seit den späten 1980er Jahren erfolgten Konzentrationstendenzen im Einzelhandel auch statistisch zur Kenntnis zu nehmen: Bei Lebensmitteln sind es weltweit nur noch dreißig Supermarkt-Ketten, welche ein Drittel des gesamten Handels abwickeln. In der EU teilen sich in etlichen Ländern die fünf größten Supermarkt-Konzerne mehr als 70 Prozent des Handels […]" (*http://www.gruppe-soziale-kaempfe.org/?p=96* am: 11.04.2010) Diese Entwicklung führt zu einer massiven Steigerung der Marktmacht von Supermarktketten und zu einem für kleinere Händler ruinösen Verdrängungswettbewerb. Dieser Verdrängungswettbewerb hat auch Österreich voll erfasst. Die globale Aufstellung der Supermarktketten ermöglicht es ihnen, global ihre Warenketten zu organisieren und alle Vorteile der Globalisierung zu nutzen. Doch sie sind nicht nur passive Profiteurinnen der Globalisierung, sondern treiben die Deregulierungspolitik auch aktiv voran. „Vor diesem Hintergrund dürfte es kaum überraschen, dass die EU nichts unversucht lässt, besonders Länder des globalen Südens immer wieder zur vollständigen Übernahme des WTO[22]-Dienstleistungsabkommens GATS[23] zu nötigen – einschließlich jener Bestimmungen, welche die grenzüberschreitende

[22] World Trade Organization/Welthandelsorganisation. Gegründet 1995, hat die WTO das zentrale Ziel die Handelsströme zwischen den zurzeit (2010) 153 Mitgliedsstaaten zu regeln und zu liberalisieren. (Vgl. *http://www.wto.org/english/thewto_e/whatis_e/tif_e/fact1_e.htm* am 25.03.2010)

[23] General Agreement on Trade in Services. Das GATS-Abkommen wurde 1995 in das Vertragswerk der WTO aufgenommen und ist das erste Abkommen zur weltweiten Liberalisierung von Dienstleistungen. Darunter fallen auch öffentliche Dienstleistungen wie Bildung, Gesundheit, Energie- und Wasserversorgung, soziale Dienstleistungen. (Für mehr Informationen zu WTO und GATS siehe auch *http://www.attac.at/fileadmin/user_upload/Attac_Positionspapiere/Die_Welthandelsorganisation_WTO.pdf*)

Ansiedelung von Groß- und Einzelhandel ermöglichen. Denn der Aufbau neuer Filialnetze jenseits des hart umkämpften EU-Binnenmarktes verspricht nicht nur satte Gewinne, er stärkt auch die Position der europäischen Supermarkt-Konzerne im globalen Wettbewerb." (Ebda) Generell kann man festhalten, dass durch Globalisierung das Druckpotential von Supermärkten massiv gewachsen ist. Dies schlägt sich in gesteigertem Druck auf Zulieferfirmen, aber auch auf die eigenen Angestellten nieder. Der Druck auf die eigenen Belegschaften nimmt dabei eine ganz eigene Form an. Während auf Seiten der Zulieferer sehr viel in Regionen der Welt ausgelagert werden kann, wo Sozialstandards, Umweltauflagen und Löhne niedriger sind, also billiger produziert werden kann, ist es nicht möglich den Bereich des Verkaufes woanders hin zu verlagern. Der Verkauf ist ortsgebunden. Deshalb kann beobachtet werden, dass Strategien der Gewinnmaximierung sehr stark auf die Arbeiter/innen abgewälzt werden. Sukzessive wurden Strategien auf betrieblicher Ebene entwickelt, die darauf ausgelegt sind, die Kosten pro beschäftigter Person zu drücken oder den Personalstand als Ganzes zu reduzieren. Ein/e Regionalsekretär/in der GPA-djp drückt dies sehr klar aus:

**RS:** *Der Handel in den letzten Jahren entwickelt sich immer mehr zum Flächenpreiskampf, die Unternehmen versuchen sehr viel Fläche in Form von einem starken, großen, ausgeprägten Filialnetz zu installieren. BILLA hat letztes Jahr die tausendste Filiale in Österreich gefeiert. Man braucht nur so durch die Straßen gehen, es gibt keine 200, 300 Meter, wo man nicht, speziell jetzt nämlich auch Lebensmittelhandel, an einem Lebensmittelhändler vorbeigeht. Das gibt es nicht, das muss schon ein Zufall sein, dass das einmal 350 Meter sind. Große Fläche, viel Fläche, viele kleine Einheiten, ...*

Diese Konzentrationstendenzen führen nicht nur dazu, dass die großen Ketten die kleinen Läden vertreiben, sondern diese Tendenzen führen auch zu einem massiven Jobverlust.

**RS:** *Im Endeffekt, das Schiff ist schon lang abgefahren, das Match ist nicht mehr zu gewinnen, dass wir sagen: wir stellen wieder lauter kleine Greißler ein. Aber im Endeffekt, was immer signalisiert wird: wir schaffen so viele Arbeitsplätze, das stimmt* *ganz einfach nicht. Sondern es sind in Summe weniger Arbeitsplätze, wenn was weiß ich wie viele kleine Elektrohändler zusperren müssen, oder Lebensmittelhändler, und das zentralisiert wird in einem großen Media Markt dort und einem Saturn dort. Wenn man das umlegt, dann hat das mehr Arbeitsplätze gekostet als geschaffen wurden.*

Global ist zu beobachten, dass es zu einer Steigerung der Marktmacht großer Supermarktkonzerne kommt. Sie nützen die Globalisierung, um Einkaufsstrategien zu entwickeln, die die Preise drücken können.

#### 3.2.1.1 Filialisierung

Die sehr stark vorangetriebenen Expansionsbestrebungen der großen Supermarktketten führen laut den Aussagen der von uns interviewten Gewerkschaftssekretäre/-sekretärinnen und der Betriebsratsmitglieder zu einem großen Problem in der Vertretungsarbeit. Der erste Punkt, der immer wieder zur Sprache kommt, ist die räumliche Aufteilung der Arbeitnehmer/innen auf viele einzelne Filialen. Das Problem ist dabei, dass es für Betriebsräte sehr schwierig wird, eine flächendeckende Betreuung zu organisieren, da das ArbVG nicht auf diese neuen räumlich fragmentierten Strukturen in der Ökonomie ausgerichtet ist. Denn im ArbVG gilt als Betrieb „[...] jede Arbeitsstätte, die eine organisatorische Einheit bildet, innerhalb der eine physische oder juristische Person oder eine Personengemeinschaft mit technischen oder immateriellen Mitteln die Erzielung bestimmter Arbeitsergebnisse fortgesetzt verfolgt, ohne Rücksicht darauf, ob Erwerbsabsicht besteht oder nicht.“ (Gagawczuk 2009: 6) Einzelne Filialen im Lebensmitteleinzelhandel gelten damit nicht als Betrieb, sondern werden in größeren Einheiten (manchmal über mehrere Bundesländer) zusammengefasst, für die es dann eine Zentrale gibt und die gemeinsam als ein Betrieb gelten. Insofern kann für diese große Einheit nur ein Betriebsratskollegium gewählt werden, das dann für alle Filialen zuständig ist. Hier be- oder verhindert das industriell geprägte ArbVG (ausgerichtet auf einen Standort = Betrieb mit einer Belegschaft und einem Betriebsrat) die Wahl von Betriebsratskollegien in jeder Filiale.

**RS:** *Das Hauptproblem ist, dass das Modell des Arbeitsverfassungsgesetzes und alles was darauf beruht – das gilt jetzt für den gesamten Dienstleistungsbereich – wo der Handel hervorsticht, aber es gilt für alle – es gilt für den Gesundheitsbereich genauso wie für die Dienstleister generell, für alle filialisierten Bereiche: das Arbeitsverfassungsmodell der betrieblichen Mitbestimmung ist ein industrialisiertes Modell, ist historisch auch so entstanden, das heißt der Grundgedanke war: es gibt einen Betrieb, mit einer Werkshalle, mit einem Büro, dort arbeiten alle und dort wird ein Betriebsrat gewählt, der vertritt alle. Solange das so ist, funktioniert das ArbVG sehr gut. Bis heute. Es funktioniert dort nicht mehr, wo wir diese Strukturen nicht mehr haben, bzw. dort beginnt der Weg zur Improvisation mit allen Schwierigkeiten. Grundlage der Entscheidung, ob ich einen Betriebsrat errichten kann oder nicht, ist die Tatsache: liegt ein Betrieb vor? Und jetzt sagt das ArbVG genau, was ein Betrieb ist, sagt aber auch: ich weiß, es gibt darüber hinaus Einheiten, die erfüllen eigentlich die Voraussetzung nicht, aber sie könnten eigentlich aufgrund der Tatsache, dass sie so geschaffen sind, einem eigenen Betrieb gleichgestellt werden. Das sind die zwei Grundlagen: Und jetzt müssen sie, bevor sie eine Interessensvertretung errichten, immer schauen, welche Betriebseinheiten habe ich, und was davon kann ich als Betrieb im Sinn des ArbVG werten, denn nur für diesen Bereich kann ich einen Betriebsrat wählen. Da gibt es einen Grundsatz, der uns beim Handel sehr zu schaffen macht, dort, wo ich nicht eine ausgeprägte Großfläche habe, mit einer großen Anzahl von Arbeitnehmern und wo ich Einrichtungen habe, wo ich sage, auch wenn es keine Zentrale gäbe, könnte dieser Standort bestehen – überall dort, wo das nicht der Fall ist, kann ich keinen Betriebsrat wählen. Damit scheiden also 80% der Filialen als eigener Betrieb und somit als Grundlage für eine eigene Körperschaft aus. Dort muss ich sagen: das ganze Konglomerat: Zentrale plus Filialen – wenn ich ein Pech habe in ganz Österreich – sind der eine Betrieb, den es betriebsrechtlich zu betreuen gilt. Das ist das Modell, das ich in ca. 70% aller Betriebe vorfinde, die Betriebsräte haben, das heißt, ein*

*Hauptproblem, mit dem wir zu kämpfen haben, ist die räumliche Distanz zwischen Betriebsratsbüro in der Zentrale und der Arbeitsstätte, wo wir die Beschäftigten tatsächlich vorfinden. Das ist ein irres Problem. Das einzige, wo es uns gelingt, die Betriebsräte vor Ort zu haben, sind die Großeinheiten; ... da haben wir auch Betriebsräte vor Ort und da merken wir schon die qualitativen Unterschiede.*

Die im ArbVG rechtlich eingehegten Vertretungsstrukturen passen also mit den realen Bedingungen filialisierter Bereiche nicht mehr überein. Darauf werden wir im Kapitel „Probleme im Betriebsratskollegium“ zurückkommen.

Neben den „normalen“ Filialen gibt es aber noch größere Märkte, oftmals am Stadtrand oder bei Shopping Centers, die ebenfalls zur Konzernkette gehören (manchmal aber andere Namen haben). Diese weisen zwar auch nicht alle Merkmale eines Betriebs auf, werden entsprechend dem ArbVG einem solchen aber gleichgestellt, wenn in der Arbeitsstätte mehr als 50 Personen dauerhaft beschäftigt sind, die Arbeitsstätte räumlich vom Hauptbetrieb weit entfernt ist und in Bezug auf Aufgabenbereich und Organisation in etwa so eigenständig wie ein Betrieb ist. (Vgl. Gagawczuk 2009: 6) Treffen diese Punkte zu, wird der Markt/die Filiale als eigenständiger Betrieb behandelt und kann ein eigenes Betriebsratskollegium wählen, das dann nur für diesen Standort zuständig ist.

Es wird in unserer Forschung also durch den Fokus auf den Lebensmitteleinzelhandel möglich, eine Branche in den Blick zu nehmen, in der es aufgrund des gegebenen ArbVGs zwei verschiedene Betriebsratsstrukturen innerhalb eines Konzerns gibt. Für die Zusammensetzung der Interviewpartner/innen war es daher zentral, Betriebsratsmitglieder aus beiden Strukturen zu interviewen.

#### 3.2.1.2 Zentralisierung und Fraktionierung

Die Filialisierung des Einzelhandelsbereiches wird begleitet von einer zusehends straffer organisierten konzerninternen Bürokratie.

**RS:** *Es gibt eine sehr straffe innerbetriebliche Organisation, wo sehr stark mit Weisungsvorschrift, Dienstanweisung gearbei-*

*tet wird, auch relativ wenig Bewegungsfreiheit für den auch Verantwortlichen, sprich Filialleiter, da muss eigentlich alles nach Schema X durchgeführt werden. Gleichzeitig gibt es natürlich in diesen Unternehmen auch große Zentralen, die nichts anderes tun, als sich mit der Materie, für die sie zuständig sind, Tag und Nacht zu beschäftigen.*

Im Gegensatz zu früheren kleinräumigen Unternehmen werden so die betriebsinternen Abläufe professionalisiert, aber auch anonymisiert. Das beste Beispiel hierfür sind die zentral bearbeiteten Personalagenden der Konzerne.

**RS:** *Im Großunternehmen ist es anders, da haben sie die professionelle Einkaufsabteilung, die macht den ganzen Tag nichts anderes als zu schauen: bei welchem Lieferanten kriege ich das am allergünstigsten? Sie haben die Werbe- und Marketingabteilung, sie haben die Verkaufsleitung, die auch nichts anderes machen, und sie haben eine Personalabteilung, die nichts anderes macht als den Personalstand zu verwalten; man muss sich vergegenwärtigen: REWE hat jetzt 30. 000 Beschäftigte, SPAR hat 33.000 Beschäftigte, also fast 63.000 Beschäftigte in zwei Betrieben. Das heißt dort haben wir hoch professionalisierte Abteilungen, die vom Vorstand den Auftrag bekommen, Personalkosten so gering wie möglich zu halten. Und dort werden eben Systeme entwickelt: wie kann man, unter Ausnützung sämtlicher Möglichkeiten, die es gibt, legaler, halblegaler oder illegaler Art – so nach dem Motto: „wird schon keiner draufkommen" – die Personalkosten einfach senken.*

Diese bürokratische Zentralisierung bedeutet natürlich einen enormen Machtzuwachs für die Zentralen. Gleichzeitig werden innerhalb der Konzerne neue fragmentierte Personalstrukturen eingeführt, die die Betreuungsarbeit durch Gewerkschaften und Betriebsräte auch nicht einfacher gestalten. Kern dieser Strategie ist die Zerstückelung des Unternehmens in unterschiedliche Subeinheiten, die für das Erreichen von wirtschaftlichen Vorgaben zwar selbst verantwortlich sind, dabei allerdings das Know-How der zentralistischen Firmenbürokratie nutzen. Personalabteilungen werden in diesem Sinne zu betriebsinternen Dienstleistern, bei denen sich die einzelnen Konzernbereiche Expertise und Beratung holen. Für den REWE-Konzern beschreibt dies ein/e Gewerkschaftssekretär/in wie folgt:

**RS:** *Die Konzernpersonalleitung von REWE ist für die Personaladministration all dieser Firmen zuständig, tritt quasi als Dienstleister auf, also das Personalbüro von REWE ist quasi der Dienstleister für diese Vertriebsfirmen, und zahlen auch Entgelt, ganz normal Pauschalsätze, das wird alles gegenverrechnet. Nach dem Besteller-Bezahler-Prinzip, wie es in Konzernen heute üblich ist: Dort holen sich die Verkaufsleiter quasi die Expertise, das heißt wenn die sagen, wir wollen die und die Politik fahren in den Filialen, dafür brauchen wir so und so viele Leute, dann kriegt das Personalreferat den Auftrag, ihnen was Einwandfreies zu liefern, dass sie das quasi auch können. Ungefähr wie wenn ein Kaufmann einen Wirtschaftstreuhänder beauftragt, die Lohnverrechnung für die Beschäftigten durchzuführen.*

Diese Zerstückelung und Fragmentierung spiegelt sich nicht nur im „Besteller – Bezahler"-Prinzip wieder, sondern, für den Kunden unersichtlich, auch in den Filialen selbst. Dabei werden unterschiedliche operative Einheiten geschaffen, die eigene Verrechnungskreisläufe im Unternehmen darstellen. So haben zum Beispiel Feinkostbereiche eine andere Weisungsgebundenheit als der Rest der Filiale.

**RS:** *Und damit das Ganze nicht zu einfach wird, das wäre ja noch zu einfach, gibt es dann noch in den Firmen eigene Betriebsabteilungen, das heißt sie haben, bei der BILLA z.B. wird die Delikatessabteilung als eigene Betriebsabteilung der BILLA AG geführt, was dazu führt, dass man, wenn man in eine BILLA-Filiale hingeht, in Wahrheit eine Shop-in-Shop-Lösung hat, weil der Markt als solches untersteht der Verkaufsleitung der BILLA AG, also untersteht disziplinär auch dem Filialleiter dieser BILLA-Filiale, die BILLA Feinkost aber untersteht der Verkaufsleitung der BILLA Feinkost Betriebsabteilung; disziplinär unterstehen sie auch dem Filialleiter, fachlich unterstehen sie aber dem Rayonsleiter von der*

*BILLA Feinkost. Das sind ziemlich komplizierte und verrechnungstechnisch abgegrenzte Konstrukte, die da gemacht werden, aus verschiedensten Gründen, weil man eben diesen Delikatessenbereich als eigenen Rechnungskreis sieht.*

Diese komplizierten Filialstrukturen können gelesen werden als der Versuch der Steigerung von Kontrollmöglichkeiten und der Effizienzsteigerung der Personalkostenoptimierung.

Doch die konzerninternen Fraktionierungen sind mit den Unterteilungen innerhalb der betriebsinternen Prozesse noch nicht abgeschlossen. In den letzten Jahren ist ein massiver Fusions- und Konzentrationsprozess im österreichischen Lebensmitteleinzelhandel zu beobachten. Man muss nur daran denken, dass Meinl, Konsum oder Mondo als Konkurrenten vom Markt verschwunden sind.

### 3.2.1.3 Fusionen

Mit den Fusionen, Übernahmen und Konzentrationen im Bereich des Lebensmitteleinzelhandels entstanden weitverzweigte Konzernnetzwerke. Für die Kundschaft oft nicht erkennbar versammeln sich zum Beispiel unter dem Dach des REWE-Konzerns gleich mehrere Ketten. Sowohl die großflächigen MERKUR-Märkte und der Nahversorger BILLA sind Teil des Konzerns, als auch die Drogeriekette BIPA und der Diskonter Penny. 2008 wurde auch ADEG in den Konzern integriert. Nicht anders sieht es beim zweiten großen Player im österreichischen Lebensmitteleinzelhandel aus. Unter dem Dach der SPAR-Gruppe versammeln sich die beiden Großflächenmärkte Maximarkt und INTERSPAR, das Nahversorgerkonzept SPAR – mit SPAR Gourmet als Platzierung im Hochpreissegment – sowie viele Franchise-Nehmer/innen insbesondere im ländlichen Bereich. Darüber hinaus versammelt SPAR auch noch Hervis und eine stattliche Anzahl von Restaurants, die hauptsächlich an den Interspar Megastore-Standorten angesiedelt sind, unter dem Konzerndach. Sowohl REWE als auch die SPAR-Gruppe sind auf unterschiedliche Weise international vernetzt.

SPAR Österreich befindet sich in Privatbesitz und betont immer wieder, ein österreichisches Unternehmen zu sein. Es ist allerdings eingebunden in ein internationales Netzwerk. Auf der Homepage ist zu lesen, dass es sich bei SPAR um die „Idee des Zusammenschlusses zu einer freiwilligen Handelskette [handelt]. Die erste SPAR-Organisation weltweit wurde 1932 in Holland von Adriaan van Well gegründet. Das erklärte Ziel des Zusammenschlusses mehrerer Einzelhandelskaufleute war die ‚Konzentration der Kräfte', von der alle Mitglieder profitieren." (*http://unternehmen.spar.at/spar/unternehmen/geschichte/die-idee.htm* am: 11.04.2010) Die internationale SPAR-Zentrale hat ihren Sitz in Amsterdam. Sie koordiniert den gemeinsamen globalen Einkauf und kümmert sich um die Vermarktung der Marke SPAR. (Vgl. dazu: *http://unternehmen.spar.at/spar/unternehmen/geschichte/sparweltweit.htm* am 11.04.2010) Für die damaligen Gründungsfamilien hat sich dieser „freiwillige Zusammenschluss" jedenfalls gelohnt. SPAR Österreich ist heute noch immer in der Hand der damaligen Gründerfamilien. Nach der Selbstbeschreibung des Unternehmens ist es vom „österreichischen Unternehmen zum mitteleuropäischen Handelskonzern" aufgestiegen. Mit Hilfe der ASPIAG (Austria International Spar AG) mit Sitz in der Schweiz (sic!) wurde eine „ambitionierte Expansionspolitik" betrieben, die zur Gründung von fünf selbstständigen Landesorganisationen geführt hat (Norditalien, Slowenien, Ungarn, Tschechien und Kroatien). Darüber hinaus betreibt SPAR Österreich auch eine eigene Sparte, die sich um die Errichtung, Planung und Betreibung von Shoppingcentern sowie die Immobilienentwicklung in Österreich und einigen Nachbarländern kümmert. Die ursprüngliche Idee einer losen Einkaufsgemeinschaft für Einzelhändler/innen hat sich offensichtlich in ein ambitioniert handelndes transnationales Unternehmen gewandelt. Schon 1970 wurde SPAR zu einer Aktiengesellschaft umgewandelt.

REWE Österreich nahm eine andere Entwicklung. Das Unternehmen ging aus einer Übernahme hervor. Dabei übernahm REWE den Konzern BML von Karl Wlaschek. REWE ist in 16 europäischen Ländern vertreten und beschäftigt 320.000 Menschen und erzielt laut eigenen Angaben einen Umsatz von € 50 Milliarden. (Vgl. *http://www.rewe-group.com/unternehmen/ueberuns/* am 11.04.2010)

Karl Wlaschek gründete sein Unternehmen 1953 und erweiterte seine Tätigkeiten schon 1960 auf den Lebensmitteleinzelhandel. Schon 1977 hatte das Unternehmen durch ein rasches Wachstum Konzerngröße erreicht. 1977 wurde das Unternehmen in eine Aktiengesellschaft umgewandelt. Schließlich übernahm Wlaschek auch noch 200 Konsum- und 160 Meinl-Filialen. Noch vor der Übernahme expandierte das Unternehmen von Karl Wlaschek in die neuen Märkte Ost- und Südosteuropas. Zusätzlich wurde mit ITS Billa das Marktsegment der Reiseanbieter erschlossen. 1996 wurde BML von REWE übernommen. Der Expansionskurs wurde weiter fortgesetzt. An ADEG und SUTTERLÜTTY wurden Beteiligungen erworben. Gleichzeitig wurde die Ostexpansion forciert. Sowohl in Italien als auch Bulgarien, Rumänien, Ukraine, Russland, Slowakei, Tschechien und Kroatien sind heute Standorte zu finden.

Beide Formen der Internationalisierung von SPAR und REWE, mit all ihren Unterschieden, weisen auf die schon besprochenen Tendenzen der Globalisierung hin. Insbesondere seit 1990, der Gründung der ASPIAG, kann auch die zuvor national agierende SPAR-Gruppe als sich zusehends internationalisierendes Unternehmen bezeichnet werden.

Diese Zusammenschlüsse, Fusionen, Restrukturierungen und Übernahmen hatten natürlich auch immer Auswirkungen auf die Betriebsratsmitglieder.

Insbesondere ältere Betriebsratsmitglieder erlebten in ihrer beruflichen Laufbahn oft mehrere Übernahmen. Aus diesen Übernahmen entstehen viele Konflikt- und Unsicherheitssituationen. Das lässt sich grob in vier Kernprobleme unterteilen.

1. Die Frage der rechtlichen Zusammenführung von unterschiedlichen Betriebsratskollegien in eine gemeinsame arbeitsfähige Struktur
2. Firmen haben unterschiedliche Managementkulturen.
3. Unterschiedliche Kulturen in Betriebsratskollegien bezogen auf das Verhältnis zwischen Betriebsrat und Geschäftsleitung
4. Übernahmen und Fusionen sind immer Zeiten der beschleunigten Veränderung, es braucht Zeit, bis eine gegenseitig akzeptierte Arbeitsweise entwickelt werden kann.

ad 1) Aufgrund der unterschiedlichen Betriebskulturen kann es vorkommen, dass Betriebsratskollegien in ihrer Aufstellung nicht immer vollkommen gesetzeskonform funktionieren. Aufgrund amikaler Abmachungen zwischen Betriebsrat und Geschäftsleitung wird eine Vertretungsstruktur gelebt, die von beiden akzeptiert wird, die gewachsen ist. Solange keine größeren Veränderungen anstehen, ist dies für die involvierten Akteure kein Problem. Droht allerdings eine Übernahme, können in solchen Fällen massive Probleme auftreten. Wollen es neue Eigentümer darauf anlegen, kann dies bis zu gesetzeskonformen Lücken in der Vertretungsstruktur führen.

**BR:** *Ja, ja. Da hab ich mir gedacht, jetzt wird es spannend, und habe den ganzen Betriebsrat dann auf rechtliche, arbeitsverfassungsrechtliche Füße gestellt. Wahlen gemacht in ganz Österreich und mit Vorsitzenden, habe die Meinl-Betriebsräte gezwungen, dass sie es auch machen, weil die wollten natürlich den bequemen Weg gehen, die ganzen Vorsitzenden. Die wollten erst nach der Übernahme wählen. Sage ich, ihr müsst irgendwo angerannt sein, da habt ihr keine Chance mehr. Da fragt er [Mitglieder der neuen Geschäftsleitung] gleich, warum habt ihr nicht früher gewählt. ... Ja, rein rechtlich existiert so ein Betriebsrat gar nicht, so wie wir es gehabt haben. Dann natürlich ist die Gefahr groß, dass er sagt: Und tschüss! Gibt keinen, habt ihr keinen. Nach einer Neuübernahme, das kann man vergessen. Das ist keine Frage.*

Auch wenn die Vertretungsstrukturen gesetzlich einwandfrei sind, ist es ein großer arbeitsrechtlicher Aufwand, eine funktionierende Vertretungsstruktur aufzubauen. Insbesondere wenn Fusionen zu neuen Filialstrukturen führen. So kann es passieren, dass ein Unternehmen in einem Verkaufsprozess aufgrund von kartellrechtlichen Bestimmungen geteilt werden muss und an unterschiedliche Bieter verkauft wird. Damit werden betriebsrätliche, über die Zeit gewachsene Arbeitsweisen zerschlagen.

**BR:** *[...] und dann habe ich die Bundesländer aus den Augen verloren, die zum [Konzern A] gekommen sind, ich habe zwar dort meine Betriebsräte gehabt, am Anfang habe ich noch*

*Kontakt mit ihnen aufrechterhalten. Und der Betriebsrat dürfte sich auch um sie gekümmert haben. Aber was dann nach einem Jahr passiert ist, das weiß ich eigentlich nicht mehr. Irgendwann einmal – Einfluss habe ich keinen nehmen können – also müssen sie sich eh selber auf die Füße stellen, oder sich integrieren dort. Am Anfang habe ich ihnen geholfen, aber dann nach einer Zeit ... Was wollen Sie tun?"*

ad 2) Bei Übernahmen wird für Betriebsrätinnen und -räte oft ersichtlich, wie unterschiedlich Managementkulturen in verschiedenen Unternehmen sein können. Aufgrund der rechtlichen Bestimmungen ist das Betriebsratskollegium berechtigt, bei gewissen Dingen eine Mitsprache wahrzunehmen. Das bringt Betriebsräte in eine Zwischensituation, auf der einen Seite die alte Geschäftsleitung, die den Betriebsrat dazu bringen will, betrieblichen Strategien zuzustimmen, die auf eine Erhöhung des Verkaufspreises abzielen, auf der anderen Seite die Käufer/innen, die bis zu einem gewissen Grad schwierig einschätzbar sind für Betriebsräte, da sie noch keine Erfahrungen mit ihnen gemacht haben. Hier ist von Seiten der Kollegialorgane und von einzelnen Betriebsratsmitgliedern ein Taktieren gefragt. Dabei können die beiden Geschäftsleitungen kooperative, amikale bis hin zu ablehnenden und konfliktiven Haltungen gegenüber den Betriebsrätinnen und Betriebsräten einnehmen.

**IV:** *Das heißt, das Ganze ist dann auch transparent abgelaufen und Sie haben immer gewusst, was gerade der Stand der Verhandlungen und so ist.*

**BR:** *Na, von unserer Firma nicht.*

**IV:** *Also vom Meinl nicht, aber vom [Tochterunternehmen A1].*

**BR:** *Ja, aber auch nur gefiltert. Aber sie haben sich um uns gekümmert, sagen wir einmal so. Es ist nicht so gewesen, dass sie uns da abgeschaselt hätten oder irgendetwas, weil sonst hätte er sich nicht mit uns zusammengesetzt, ... "*

Doch es geht auch anders, wie uns ein Betriebsratsmitglied geschildert hat:

**BR:** *Die haben sich auf die Füße gestellt, dass sie mich ja nicht übernehmen müssen.*

**IV:** *Also, da haben Sie sich gewehrt?*

**BR:** *Mit Händen und Füßen, da hat unser Personalchef, noch vom Meinl, hat mich gefragt, nicht, was ich mir vorstellen könnte. Habe ich gesagt, ich habe kein Problem damit. Sie können mich dienstfrei stellen bis zum Pensionsantritt bei vollen Bezügen, sage ich, das ist mein Angebot. Da war ich 50 Jahre alt (lacht). Sage ich, wenn Sie das nicht wollen, dann gibt es keins.*

**IV:** *Dann bleiben Sie Betriebsrat...*

**BR:** *Ja, sie wollten mich von der Firma entfernen.*

**IV:** *Warum?*

**BR:** *Wahrscheinlich habe ich so einen guten Ruf gehabt.*

ad 3) Doch auch innerhalb von Betriebsratskollegien gibt es Unterschiede. So kann es zu durchaus absurden Situationen kommen, wenn ein Betriebsratsmitglied dem anderen nahe legt zurückzutreten, weil vielleicht bekannt ist, dass es sich hier um ein „unbequemes" Betriebsratsmitglied handelt.

**BR:** *Dann ist der Zentralbetriebsratsvorsitzende gekommen, und hat mich auch gefragt, wie ich mir das vorstellen [den Rückzug aus dem Betriebsrat] könnte. Ich habe ihm natürlich das gleiche Angebot gemacht. Weiß nicht, warum sie es nicht angenommen haben, für mich wäre es super gewesen (lacht). ...*

**IV:** *Warum der? Beim Arbeitgeber verstehe ich es, aber warum der Betriebsrat?*

**BR:** *Ja, das habe ich mich auch gefragt, das traue ich mich gar nicht sagen, was ich zu ihm gesagt habe (lacht), weil das habe ich auch nicht verstanden. Aber ich habe es ihm klar und deutlich gemacht, was ich von ihm halte. ... Wenn wer was will, dann soll die Firma das machen, aber als Zentralbetriebsrat würde ich nie auf die Idee kommen, dass ich einen anderen Betriebsrat frage, ob er nicht aufhören will.*

**IV:** *Was hat der für ein Verhältnis zur Unternehmensleitung gehabt?*

**BR:** *Na ja, er ist Zentralbetriebsratsvorsitzender von ganz Österreich und nicht freigestellt. Also, was soll ich dazu sagen."*

Die implizit akzeptierten Regeln zwischen Betriebsräten und den Geschäftsleitungen sind ebenfalls von Betrieb zu Betrieb unterschiedlich. Während der Großteil der von uns interviewten Betriebsratsmitglieder auf ein gutes Verhältnis zwischen ihnen und der Geschäftsleitung setzen, gibt es auch solche, die sich klar von den Geschäftsleitungen distanzieren. Hier geht es allerdings zumeist nicht um einen Konfrontationskurs, sondern vielmehr um das Erkämpfen von symbolischen Abgrenzungen. Bei Übernahmesituationen spielen sich diese Konflikte zumeist auf Ebene der Auslegung von Recht oder der Ebene von persönlichen Freiräumen der Betriebsräte/-rätinnen gegenüber der Geschäftsführung ab.

**BR:** *Vor der Verhandlung ist er zu mir gekommen, wir haben Kaffee getrunken, ich bin mit ihm zum Arbeits- und Sozialgericht gefahren, nachher dann weiter zu einer Sitzung von Interspar. Kein Problem gehabt. Dort haben wir uns außergerichtlich geeinigt. Habe ich gesagt, sehen Sie, das hätten wir gleich machen können, da hätten Sie sich Geld erspart. Der wäre nicht nach Wien gekommen, ... war ein lockerer Typ. Er war privat, am Telefon hat er mir von seiner Familie erzählt, von seinen Enkerln, so wie es sich gehört. Ich meine, dass man verschiedene Ansichten haben kann, das hat sie ja eh jetzt gesehen.*

Dasselbe Betriebsratsmitglied schildert aber auch, dass es persönlich schwierig ist, sich in die neuen Strukturen einzufügen, da vieles zu kooperativ ablaufen würde.

**BR:** *Können Sie sich vorstellen, wie das abgerannt ist. Ich hab auf der Arbeitsverfassung geschlafen. Ich habe gewusst, wie das abrennt. Da haben es manche Herren nicht gewusst, wie das abrennt, was der Betriebsrat für Rechte hat. Der vorhergehende Betriebsrat hat sich immer an- und abgemeldet, wenn er fortgegangen ist. Die haben ständig Bescheid gewusst über das Ganze. Nie im Leben.*

Nach einer größeren und sehr aufsehenerregenden Debatte mit der Geschäftsleitung konnte sich das Betriebsratsmitglied allerdings durchsetzen.

**BR:** *Das ist deren Problem. Ich trete selbstbewusst auf, ich agiere so, und natürlich das Gespräch, das habe ich nicht weitererzählt, was damals war. Der hat dann gesagt, ja, der Herr X, der hat immer gesagt, wo er hinfährt, und Sie, Sie können eigentlich machen, was Sie wollen und hinfahren. Sage ich, sehen Sie, Herr Direktor, das ist das Einzige, was Sie heute begriffen haben. So ist es.*

Trotz dieser Konflikte stimmten aber alle Betriebsrätinnen und -räte darin überein, dass es nicht funktioniert ohne ein gutes Verhältnis zu den Geschäftsführungen. Vertrauensverhältnisse und Recht sind dabei die wichtigsten Stützen, die auch in Situationen beschleunigter Veränderung – also im Falle von Fusionen und Übernahmen – ein Stück Sicherheit geben.

#### 3.2.1.4 Neue Managementkulturen

Die Frage von Managementkultur ist eine Frage, die immer wieder in den Interviews auftaucht. Sowohl Gewerkschaftssekretäre/-sekretärinnen als auch Betriebsräte konstatieren, dass sich in den letzten Jahren etwas verändert hat. Die Beschreibungen decken sich insofern, dass alle angeben, dass es rauer und unpersönlicher geworden ist. Nicht mehr der Mensch, sondern die Kennzahlen stehen im Mittelpunkt. Die Auseinandersetzungen auf betrieblicher Ebene werden zäher und das „Alltagsgeschäft" von Betriebsräten und Betriebsrätinnen wird schwieriger.

Viele der Gewerkschaftssekretäre/-sekretärinnen und der Betriebsratsmitglieder führen dieses veränderte gesellschaftliche Klima auf gesellschaftliche und makroökonomische Veränderungen zurück.

**RS:** *Es hat sich die Arbeitswelt verändert. Es hat sich die Arbeitswelt total verändert, es werden immer mehr, das ist aber wurscht ob Handel oder sonstwo, immer mehr Mitarbeiter eingespart, weil das ist, da steigen die Aktien dadurch oder ist der Gewinn dadurch größer, was auch immer. Also Personalkosten einsparen und somit müssen alle anderen, die überbleiben, mehr arbeiten, ja. Und, also noch mehr unter Druck* *arbeiten und das ist natürlich nicht unbedingt das, was dann Freizeitvergnügen fördert und andere Aktivitäten.*

Nicht nur steigt der ökonomische Druck, sondern auch die sozialpartnerschaftlichen Praxen werden zusehends zur Disposition gestellt. Die veränderten Managementpraxen machen es zusehends schwieriger, Vertrauensverhältnisse zu den Geschäftsleitungen aufzubauen. Damit bleibt für Betriebsräte oft nur noch das Recht als einziger Sicherheitsring.

**RS:** *Also des, also da sind die Geschäftsführer haben sich auch verändert. Also früher war ein Geschäftsführer lange Jahre Geschäftsführer, ja, mit dem hat man eine Beziehung aufgebaut. Den hat man sozusagen gepackelt, ja. Weil man einfach mit ihm Kompromisse ausgearbeitet hat, hat mit ihm gestritten, hat mit ihm gesoffen, aber es ist im Endeffekt für die Mitarbeiter was weitergegangen. Und jetzt ist es so, dass die meisten Geschäftsführer sind ja 5 Jahre, wenns gut geht, da, und ich kann nicht einen Geschäftsführer innerhalb von 5 Minuten kennen und dann mit dem eine Verhandlungsbasis aufbauen. Abgesehen davon haben die meisten Geschäftsführer, die jetzt da anfangen zu arbeiten, im Vertrag drinnen stehen, wenn sie Einsparungsmaßnahmen haben, bekommen sie eine Erfolgsprämie. Also da hast du keine Chance irgendetwas zu machen.*

**IV:** *Also drum.*

**RS:** *Ist ein Grund sicher dafür, dass die Betriebsratsarbeit schwieriger geworden ist.*

**IV:** *Und dass man sich stärker auf gesetzliche Richtlinien stützt auch und versucht den Haltegriff zu haben.*

**RS:** *Ja, genau. Es gibt sicher viele Gründe dafür, aber das ist sicher einer der ausschlaggebendsten. Weil die haben auch keine Kompetenzen mehr, die Geschäftsführer, vor allem jetzt von großen Konzernen. Die haben ihre 5-Jahresverträge, haben ihre Vorgehensweise, also Vorgaben, und das führen sie durch. Und wenn sie weggehen und die Bude hinter ihnen zusammenbricht, sie haben das, was sie versprochen haben, er-*

*füllt, wenn nicht, dann kriegen sie keine Kohle. Also keine Prämie. Und das erleb ich leider immer mehr. Und früher war ein Geschäftsführer, der war, weiß ich nicht, 20-30 Jahre in einer Firma und der hat die Firma gekannt. Da war noch Handschlagsqualität. Und der hat auch noch gewusst, worum es geht. Und wenn er jetzt da, sag ich jetzt einmal, ein bissl nachlasst, kriegt er auf der anderen Seite wieder was rein. Und hat auch seine Pappenheimer kennt, das kennen die Neuen ja gar nicht mehr."*

### 3.2.2 Arbeitsverhältnisse

Die veränderten Konzernbedingungen gehen einher mit Veränderungen der Arbeitsverhältnisse im Lebensmitteleinzelhandel. In diesem Kapitel widmen wir uns daher den Arbeitsverhältnissen und ihren Problemlagen. Dabei sind Personalmangel, die Arbeitszeitfrage und die Arbeitsorganisation die brennendsten Probleme, die in den Interviews artikuliert wurden.

#### 3.2.2.1 Personalmangel

Wenn es in den Interviews darum ging, das eine, große, zentrale Problem zu benennen, mit dem der Betriebsrat, die Betriebsrätin konfrontiert ist und dem gegenüber sie sich hilflos sehen, dann wurde sofort Personalabbau und damit einhergehender Personalmangel genannt.

**IV:** *Was sind das für Probleme, was können wir uns da darunter vorstellen?*

**BR:** *Na, Personalmangel! Das ist das erste Problem, was es überhaupt gibt!*

Die unzureichende Stellenbesetzung bringt verschiedene, schwerwiegende Folgen für die Beschäftigten und die Betriebsräte/-rätinnen mit sich, auf die wir noch zurückkommen werden.

Zuerst wollen wir nun näher beleuchten, welche Gründe die Interviewten für den Personalmangel sehen und durch welche Strategien die Arbeit trotzdem bewältigt wird.

Zentrale Ursache des stattfindenden Personalabbaus sind für die interviewten Betriebsratsmitglieder die in den letzten Jahren immer enger werdenden Budgetvorgaben. Diese können meist nur dann erzielt werden, indem an dem teuren Kostenfaktor Arbeitskraft gespart wird.

**BR:** *Sagen wir's so, die Filiale muss sich selber erhalten. Desto weniger Umsatz, umso weniger Personal. Ich meine, die Arbeit bleibt ja gleich. Und desto weniger Umsatz, desto weniger Personal.*

Ein Ende dieser Entwicklung ist dabei nicht absehbar. Im Gegenteil, die Budgetvorgaben werden jedes Jahr noch ein bisschen enger, oder wie es in einem Interview ausgedrückt wurde:

**BR:** *Natürlich. Natürlich mit sinkenden Umsatzzahlen ist eine logische Folgerung, dass der Druck steigt, weil, wir werden sehen, wie es nach der jetzigen Zeit weitergeht, aber bis dato war es ja immer so, dass ja immer das Budget hinauf geplant worden ist, der Umsatz hinauf geplant worden ist, egal um wie viel, und wenn du ihn nicht erreichst; ja, der Marktleiter hat ein super Ergebnis gehabt, fürs nächste Jahr haben sie ihn hinauf geplant, das hat er dann nicht erreicht, aus welchen Gründen auch immer, und was war die Schlussfolgerung: dass sie ihm zwei, drei Leute gestrichen haben. So, weniger Leute, dieselbe Arbeit – aber länger arbeiten, schneller arbeiten!*

Auch seitens der Gewerkschaftssekretäre/-sekretärinnen wird die Frage der Personalkosten als zentral für die Konkurrenzfähigkeit eines Unternehmens in der Branche Handel eingeschätzt.

**GS:** *Aus meiner Sicht gibt es zwei große Faktoren im Handel – eigentlich sind es drei große Faktoren –, die sind: wie kann ich Marktanteil gewinnen, wie kann ich billig einkaufen und die Personalkosten im Griff halten: das sind die drei Dinge, die nach meinem Beobachten wettbewerbsentscheidend sind.*

In Bezug auf den Kostenfaktor Arbeitskraft stellen die Interviewten verschiedene Unternehmensstrategien fest: Am offensichtlichsten ist der aktive Personalabbau durch Kündigungen.

Eine zweite Strategie ist das Nichtnachbesetzen von offen gewordenen Stellen (etwa bei Pensionierung oder Kündigungen).

**BR:** *Na ja, wir sind 52 gewesen und nun sind wir glaube ich nur mehr 48 und mehr hat es nicht. Da wird nix nachbesetzt, weil es sich nicht rechnet.*

Andererseits gibt es auch die Strategie, Beschäftigten Stunden zu kürzen bzw. nur noch Teilzeitkräfte einzustellen, was den Unternehmen verschiedene Möglichkeiten gibt, um mit dünnerer Personaldecke zu agieren. Diese beiden Aspekte sind teilweise miteinander verbunden, indem etwa Vollzeitanstellungen in Teilzeit umgewandelt werden oder ausscheidende Mitarbeiter/innen nur noch durch Teilzeitangestellte ersetzt werden.

### Die Arbeitszeitfrage auf makropolitischer Ebene

Die Interviewten erleben in der Personalfrage auch, dass die Veränderungen auf makropolitischer Ebene Auswirkungen auf der betrieblichen Ebene haben. Die liberale Arbeitszeitrechtsgestaltung der letzten Jahre bietet den Unternehmensleitungen viele Möglichkeiten, den Arbeitskräfteeinsatz den Betriebserfordernissen anzupassen und somit Kosten zu senken (zum Beispiel das Arbeitszeitgesetz 2007 – kurz AZG). Die AK Tirol stellt im Begutachtungsverfahren zum AZG fest: „die […] vorgesehene „Arbeitszeitflexibilisierung“ orientiert sich beinahe ausschließlich an den wirtschaftlichen Bedürfnissen und Gegebenheiten der Arbeitgeber und zwingt den Arbeitnehmern einen nach den „Betriebserfordernissen“ angepassten Arbeits- und Lebensrhythmus auf, ohne ihnen eine größere Gestaltungsfreiheit nach individuellen, persönlichen und familiären Bedürfnissen zu eröffnen“ (AK Tirol, 17/SN-67/ME XXIII. GP, 2). In der Praxis des Einzelhandels hat sich diese Liberalisierung insbesondere durch die vermehrte Einstellung von Teilzeitarbeitskräften ausgedrückt.

**RS:** *Im Handel seh ich es eher so, dass die Firmen auf Teilzeit umsteigen müssen, weil sie die erweiterten Öffnungszeiten nicht schaffen. Weil sie mit Vollzeitkräften einfach nicht, da ist es wieder so, dass wenn sie wirklich nur Vollzeitkräfte anstellen würden, dann würden die Personalkosten explodieren.*

*Das würden sie nicht schaffen. Weil ja der Kollektivvertrag noch immer 38,5 Stunden hat, selbst mit 40 täten sie's nicht schaffen, und sie die Zeit nicht abdecken könnten. Das wäre ein Ding der Unmöglichkeit. Also da ist es eher wegen den Öffnungszeiten. Und das hat jetzt nichts mit frauenspezifisch zu tun. Das denk halt ich mir, weil so erleb's ich halt, sie bieten auch den Männern nur Teilzeitjobs an. Vollzeitjobs gibt's nur mehr als Abteilungsleiter teilweise und als Hauschef und dann haben die Hauschefs oder die Filialleiter All-inclusive-Verträge, was zwar auch nicht nach dem Gesetz ist, ja, aber oft mit 60 Stunden, dass sie genau die Öffnungszeiten abdecken können. Und Stellvertreter gibts ganz selten mehr.*

Mit dem AZG 2007 wurden unter anderem auch Mehrarbeitszuschläge für Teilzeitkräfte eingeführt. Die Absicht dahinter war, mehr Kosten- und Entgeltgerechtigkeit zwischen Teil- und Vollzeitbeschäftigungsverhältnissen herzustellen, denn „schließlich musste in den letzten Jahren teilweise festgestellt werden, dass auf Grund der mangelnden Kostengerechtigkeit zwischen Teilzeitarbeit und Vollzeitarbeit die Zerlegung von Vollzeitarbeitsplätzen in Teilzeitarbeitsplätze begünstigt wurde" (67/ME XXIII. GP – Ministerialentwurf, 2). Die Gesetze greifen jedoch nicht: Der Mehrarbeitszuschlag bei Teilzeitarbeitskräften beträgt lediglich 25 % (AZG §19d Abs. 3a) und führt nicht zu der angestrebten Kostengerechtigkeit, „denn die Leistung von Mehrarbeit durch Teilzeitbeschäftigte bleibt weiterhin für den Arbeitgeber deutlich billiger als die Überstundenarbeit von Vollzeitbeschäftigten" (AK Tirol, 17/SN-67/ME XXIII. GP, 7).

Vor allem aber berichten die Interviewten, wie in der betrieblichen Praxis von den Firmen rasch nach Wegen gesucht wurde, um die Umsetzung dieser Mehrarbeitszuschläge zu umgehen. Dies geschah einerseits über Stundenreduktionen bzw. die ständige Änderung der Stundenanzahl von Beschäftigten. Andererseits aber auch über das Ansammeln von Minusstunden, für die die Angestellten kurzfristig nach Hause geschickt werden, um dann in Phasen mit hohem Personalbedarf das Aufarbeiten dieser Minusstunden einzufordern. Die freien Stunden, die während des Aufbauens der Minusstunden entstehen, erleben die Interviewten aber, im Gegensatz zum geplanten Zeitausgleich bei Mehr- und Überstunden, als zusätzliche Schikane, da die Arbeitnehmer/innen keine Kontrolle über deren Planung haben, sondern kurzfristig nach Hause geschickt werden, ob sie das nun wollen oder nicht.

**IV:** *Die Umgehungsstrategien für diese Teilzeitzuschläge – einerseits Stundenkürzungen, sobald sich an der Umsatzlage was ändert ...*

**GS:** *Stundenkürzungen; man lässt die Leute zum Teil auf Minusstunden arbeiten, d.h. wenn weniger zu tun ist, werden sie einfach nach Hause geschickt, ob ihnen das passt oder nicht. Man schreibt praktisch den Leuten die Stunden, die sie nicht gemacht haben, schuldig, und sagt dann: du bringst sie zu einem späteren Zeitpunkt ein – da haben wir gerade mit einem Großunternehmen riesige Wickel, weil aus unserer Sicht das sittenwidrig ist und nicht geht, da würden keine Mehrstunden geleistet, sondern nicht erbrachte Stunden nacherbracht, und damit die Philosophie: wie brauchen keinen Zuschlag zahlen, weil der Gesetzgeber sagt nur bei Mehrstunden.*

Abseits dieser Umgehungsstrategien ist die Anstellung von Teilzeitarbeitskräften aber noch auf einer anderen Ebene für uns von Bedeutung. Für bestimmte Beschäftigte wie zum Beispiel Alleinerziehende ist die Vereinbarkeit von Beruf und Familie eine enorme Herausforderung. Im Handel sind überdurchschnittlich viele Frauen und Alleinerzieher/innen beschäftigt (siehe dazu auch Kapitel 3.1.1). Ihren Flexibilitätsbedürfnissen trug die liberale Arbeitsrechtsgestaltung in der Praxis wenig Rechnung.

**BR:** *Kündigungen hat schon viel mit den Arbeitszeiten auch zu tun. Weil jetzt haben sie wieder die Öffnungszeiten verlängert und ich finde das ist nicht richtig. Weil früher haben wir auch nur bis 6 oder 7 Uhr offen gehabt und alleinstehende Mütter haben es da extrem schwer. Und da kommen's halt dann, ja, ob man ned reden kann mit der Ortsleitung wegen dem Dienstplan, dass ich vielleicht später oder früher heimgehen kann, wegen dem Kindergarten und das alles. Es gibt solche Probleme.*

Im Gegenteil – die interviewten Betriebsratsmitglieder berichten oftmals, dass gerade Alleinerziehende aufgrund ihrer häufig prekären Lebenssituation besonders leicht von der Geschäftsleitung unter Druck gesetzt werden können, denn der ökonomische Druck zur Existenzsicherung ist insbesondere bei den Alleinerziehenden sehr hoch.

Gleichzeitig zu verschiedenen Arbeitszeitflexibilisierungen wurde auf makropolitischer Ebene (unter anderem mit dem schon erwähnten AZG 2007) in den letzten Jahren eine Ausweitung der Öffnungszeiten im Handel durchgesetzt.

**IV:** *Gab es auch mal Veränderungen, wo Sie sich gedacht haben, na ja?*

**BR:** *Das hat es jetzt eher in der letzten Zeit gegeben. Da, wo der Kollektivvertrag aufgeweicht worden ist. Gerade in punkto längere Öffnungszeiten und Durchrechnungszeiten war das eher irgendwie komisch. [...] Das war ja letztens, als die Verlängerung gekommen ist. In Bezug und unter Berücksichtigung der längeren Öffnungszeiten. Da steigen wir doch dann wirklich schlechter aus. Von da an habe ich gedacht, das wird jetzt irgendwie komisch.*

Diese Liberalisierung der Öffnungszeiten kann als weiterer Grund für den Personalmangel verstanden werden. In Verbindung mit der Personalreduktion wurden so die Personaldecken noch dünner, da mit weniger Personal längere Öffnungszeiten abgedeckt werden müssen. Anstatt aber zusätzliches Personal anzustellen, wurde, um den Betrieb dennoch aufrechterhalten zu können, auf die Mehrarbeit der Beschäftigten zurückgegriffen.

### Folgen des Personalmangels: Probleme auf die Beschäftigten abwälzen

Die Verschlechterung der Personalsituation und damit der Rahmenbedingungen der Arbeit wird durch die engen Budgetvorgaben der Unternehmensführung befördert. In Verbindung mit den Vorgaben, dass jede Filiale positiv bilanzieren muss und dem damit einhergehenden Personalabbau ergeben sich also enorme Droh- und Durchgriffsmöglichkeiten der Unternehmensführung. Sie kann dadurch viele Aspekte des Personalmangels auf die Belegschaft abwälzen. In den Interviews wird deutlich, dass die Belegschaft unter diesem Druck die Verantwortung für den Umgang mit der Verschlechterung, die Aufrechterhaltung der Qualität und das Erfüllen sämtlicher Arbeitsaufträge übernimmt und Strategien entwickelt, dies zu bewältigen.

Um den Betrieb aufrechterhalten zu können, wird also einerseits auf die Mehrarbeit der Angestellten zurückgegriffen, andererseits erhöht sich die Arbeitsbelastung für die Beschäftigten. Für die Firmenleitung ermöglicht diese Strategie eine ungeheure Flexibilität. Denn wie schon angeführt geschieht dies oft durch die Anstellung von Teilzeitarbeitskräften, wodurch für das Unternehmen ein Personalpool entsteht, auf den im Bedarfsfall durch Überstunden zurückgegriffen werden kann; wenn dies aber nicht notwendig ist, werden Kosten eingespart.

**BR:** *Ich finde, Teilzeitkräfte werden noch mehr ausgenutzt wie die Vollzeitkräfte. Weil das fängt da schon an mit den Überstunden und ... da ist z.B. eine 30-Stunden-Kraft und ja, der darf auch 40 Stunden machen. Ich meine, sie müssen alle vier Monate abgerechnet werden. Das ist der einzige Vorteil für sie. Aber ich finde, wenn ich schon von einem Menschen so viel verlange, oder 40 Stunden, dann soll ich sie auch rauf setzen auf 38 1/2 oder 40 Stunden. Weil viel teurer sind sie dann auch nicht mehr. Weil die Überstunden sind dann teurer als wie das Grundgehalt dann.*

Eine weitere atypische Beschäftigungsform, die im Handel verstärkt zum Einsatz kommt, sind die geringfügig Beschäftigten. Mit diesen nicht voll arbeits- und sozialrechtlich abgesicherten Arbeitnehmerinnen und Arbeitnehmern werden insbesondere die Stoßzeiten an den Wochenenden bewältigt.

**IV:** *Auch in Hinblick auf die Gestaltung der Mehrzuschläge für Teilzeitbeschäftigte?*

**BR:** *[...] Bei den meisten Firmen arbeiten ja montags bis freitags das Stammpersonal und am Samstag hab ich dann Aushilfskräfte. Da gibts dann keine Zuschläge zu bekommen und nix.*

Um das Bewältigen der Arbeitsanforderungen in den Betrieben zu gewährleisten, wird die Bereitschaft zu Überstunden und ständiger Abrufbereitschaft, falls jemand ausfällt, im Handel vorausgesetzt. Mit der dünnen Personaldecke baut sich auch ein Druck innerhalb der Belegschaft, konkreter zwischen den einzelnen Beschäftigten, auf. Ein Ausfall (zum Beispiel durch Krankheit) bedeutet für die Kolleginnen und Kollegen eine zusätzliche Belastung, da es keine Aushilfskräfte gibt und der Personalmangel im Team ausgeglichen werden muss. Innerhalb der Teams wird klargestellt, dass Krankenstände daher weitgehend vermieden werden sollten. Was bedeutet, dass der Druck, nicht oder nur kurz in Krankenstand zu gehen, wächst.

**BR:** *Sie erwarten schon, dass du – wie soll ich denn sagen – so auf die Art abrufbereit bist, also dich anrufen: Es ist einer ausgefallen, oder was, dass einer da ist! Ich meine, jeder hat gerne seine Freizeit und das alles und das liegt nicht jedem. Heut am Abend zum Beispiel ruft einer an: Ich bin ab morgen krank. Und dass man dann einen anderen anruft, oder was. Es ist gegenüber deinen Kollegen, sagen wir so, nicht richtig. Ich mein, ich bin selber Betriebsrat, ich weiß wie das ist, ich meine, ich kann niemanden zwingen. Normal sollst du's drei Tage vorher sagen, aber ich kann es nicht drei Tage vorher sagen, wenn einer heute krank wird.*

Eine andere Strategie, um etwa die langen Öffnungszeiten abdecken zu können, ist es, die Angestellten mehrmals am Tag einzusetzen und dazwischen in überlange, unbezahlte Pausen zu schicken. Dadurch ist es möglich, in den Stoßzeiten ausreichend Personal zur Verfügung zu haben, während in den Zeiten mit geringer Kundenfrequenz diese Kosten eingespart werden. Es entstehen Situationen, in denen eine Person offiziell zum Beispiel vier Stunden am Tag arbeitet, insgesamt aber etwa acht, neun Stunden ihres Tages dafür aufbringt, weil sie mehrmals am Tag im Betrieb sein muss und die Pausen dazwischen nicht wirklich nutzen kann.

**BR:** *Na ja, die Pausenzeiten von bis zu drei Stunden. Das würde bedeuten, dass die Leute von morgens halb sieben bis abends* *um achte kommen müssen. Dadurch wird der Mitarbeiter von morgens bis abends verarscht.*

## Allgemein steigende Arbeitsbelastung

Aber nicht nur der selbstständige, „erfolgreiche" Umgang mit dem Personalmangel wird von den Beschäftigten erwartet. Allgemein wird in den Interviews festgestellt, dass die Erwartungen an und der Druck auf die Angestellten im Vergleich zu vor zehn, fünfzehn Jahren viel mehr geworden ist.

Dieser gestiegene Arbeitsdruck muss mit weniger Personal bewältigt werden, was eine sich selbst verstärkende Spirale des zunehmenden Arbeitsdrucks fördert.

**BR:** *Das kommt ja so wie z.B ... ich sag jetzt, Montag ist Liefertag. Da kommt Fleisch, da kommt Wurst, dann kommt die Milch ... es kommt alles. Dann kommt [die Bäckerei], es kommt ein Brot und das alles und jetzt stehst aber nur zu dritt ... und du musst das innerhalb von den sechs Stunden untern Hut bringen. Dann musst aber noch Pause machen, weil die muss ich machen, weil da steh ich [als BR] wieder dahinter, weil ohne Pause gibt's nix! Und dann gibt's Raucher: Darf ich schnell eine rauchn ... ?! Das musst's alles dann drunter ... und das ist eigentlich, warum auch ... Und dann von oben: Gemma, du hast jetzt sechs Stunden Zeit, du musst das in sechs Stunden machen! Und das nächste Mal seid's nur zu zweit und du musst die Arbeit auch in den sechs Stunden fertig kriegen.*

Damit einher gehen die Berichte von manchen der interviewten Betriebsrätinnen und -räte, dass die hohe Arbeitsbelastung an sich dazu verwendet wird, um die Beschäftigten einzuschüchtern. Dies wird möglich, indem ein Nichterfüllen des laut Plan vorgesehenen Arbeitspensums als individuelles Versagen dargestellt wird und dadurch sanktionierbar ist.

**IV:** *Wir können wir uns das vorstellen, diese Versuche zu erdrücken?*

**BR:** *Ich kann's nur, was ich gehört habe von der anderen Filiale, wo sie war und sie hat die Leute eingeschüchtert: Wennst des* *ned machst, dann schmeiß ich dich hinaus. Oder: Wenn'st mit deiner Arbeit nicht fertig bist, musst dich abmelden und in deiner Freizeit da bleiben. Du darfst keine Pause machen, und das ... Sie hat es probiert, aber sie ist bei mir nicht durchgekommen.*

Andererseits macht es der Anspruch, die gestiegene Arbeitsmenge innerhalb einer vorgeschriebenen Arbeitszeit zu bewältigen, auch für die unmittelbar Vorgesetzten immer schwieriger, die Rechte der Angestellten nicht zu verletzen, ohne dabei dem Betrieb zu schaden.

**BR:** *Na ja, also Abteilungsleiterin ist so, schauen, dass jeder Ding hat, dass alles gemacht ist und das. Und als Betriebsrätin musst aber auch schauen, dass du die Rechte von den Angestellten nicht verletzt und das alles. Das ist sehr schwer zu vereinbaren.*

Die Interviewten haben dabei unterschiedliche Strategien entwickelt, wie mit dem erhöhten Druck umgegangen wird. Eine Möglichkeit der Beschäftigten, den hohen Arbeitsaufwand zu bewältigen, geschieht in Form von selbstorganisierten Besprechungen außerhalb der Arbeitszeit. Es wird somit unbezahlte Mehrarbeit vor Dienstbeginn geleistet, um die Arbeitsanforderungen bewältigen zu können.

**IV:** *Wie viel Vorlaufzeit habt ihr vom Arbeitsbeginn bis die Filiale aufsperrt?*

**BR:** *Eine Stunde, da muss alles drin sein. Das was der Kunde nicht sieht ... das ist von halb sieben bis halb acht, dass da ...*

**IV:** *Da ist schon mal ein erster Stresspegel ... Wann sind Sie wirklich in der Filiale?*

**BR:** *Ich persönlich bin dreiviertel sechs – sechs, aber anfangen um halb sieben. Weil da treffen wir uns in der Früh noch alle, dann gehen wir einen Kaffee trinken miteinander oder reden wir: Der macht das, du machst das, du machst das ... Aber das ist aber auf freiwilliger Basis, also, wenn wir fünf vor halb sieben da sind, macht's auch nix.*

Es handelt sich bei diesen unbezahlten Besprechungen aber nicht um eine Anweisung der Marktleitung oder der Geschäftsführung, sondern sie finden aus Eigeninteresse statt, da sonst der Druck des kommenden Arbeitstages nicht bewältigbar scheint.

Andere Strategien sind etwa Selbstmotivation, indem man sich sagt, dass es nicht mehr schlimmer werden kann und nur der nun erreichte Level gehalten werden muss. Oder aber es werden Abstriche im Privatleben vorgenommen. Etwa indem im eigenen Haushalt weniger erledigt wird, um diese Zeit zur Erholung und Regeneration für den nächsten Arbeitstag zu nützen.

**BR:** *Aber zeitweise, wenn man Inventur vorbereiten tut, und wochenlang nur dranhängt am Vorbereiten und dort und da, da wird es schon eng. Dann hast du so viel Ware zu übernehmen, palettenweise da draußen, die Warenanlieferung voll. Da kriegt man die Krise, teilweise. Aber was willst du tun? So ist es. Du musst irgendwie fertig werden damit, schauen, dass du daheim Luft kriegst. Da sage ich dann, ist die Wäsche heute nicht gewaschen und das nicht gemacht, und fertig. Dann musst du ein bisschen kürzertreten. – Geht nicht anders.*

Allgemein wird von den interviewten Betriebsratsmitgliedern das Gefühl vermittelt, dass alle Probleme in der Filiale von den Beschäftigten selbst gelöst werden müssen. Von der Geschäftsleitung ist dabei keine Unterstützung zu erwarten und es scheint, als würde das auch gar nicht als ihre Leitungsaufgabe wahrgenommen.

**BR:** *Also es ist am besten, man löst die Probleme selber. Also ich hab vorher beim [Tochterunternehmen A1] gearbeitet ... ob der jetzt beim [Tochterunternehmen A1] ist oder [beim Tochterunternehmen B1]... Sie hören dir zu, aber wenn's ein Problem gibt, ist es besser, du löst es selber.*

Als zentrales Druckmittel erleben die Betriebsratsmitglieder hierbei die Arbeitsmarktsituation. Die chronische Arbeitslosigkeit wird als Machtmittel der Unternehmen wahrgenommen.

**BR:** *Früher war das nicht so extrem wie jetzt und ich, wie gesagt, ich vermute, dass die Oberen halt so sagen: Wenn's dir nicht* *passt, dann kannst halt gehen, dann hab ich wen anderen. Weil früher bist – ich kann mich nur erinnern wie ich so 20 Jahre alt war – da hast du dir die Firmen aussuchen können. Heute sucht die Firma dich aus! [...] Wie ist es dazu kommen, ja ... Ich weiß es wirklich nicht. Weil früher hat's nicht – ich weiß nicht – hat's nicht so viel Menschen gegeben. Ich habe keine Ahnung, glaube ich auch nicht, aber früher bist du da raus gegangen z.B.: beim [Tochterunternehmen B1] raus gegangen und beim [Tochterunternehmen A2] rein gegangen, hast dich vorgestellt, hast einen Job gehabt. Ist ja wurscht, was das jetzt für eine Branche war. Es ist ja nicht nur im Handel so, es ist ja allgemein.*

Verschärft wird die Situation aber auch noch einmal durch die Konzentration der potentiellen Arbeitgeber/innen. Der Verlust des Arbeitsplatzes in einem Tochterunternehmen schließt oftmals eine Anstellung in anderen Substrukturen des Konzerns aus. Für die Arbeitnehmer/innen hat dies eine enorme Einschränkung der potentiellen Arbeitgeber/innen zur Folge.

**GS:** *Es ist ca. ein halbes Jahr her. Da hat eine gesagt, sie hat bei [Tochterunternehmen A3] angefangen, auf einmal wird mein Probemonat nicht verlängert, ich weiß nicht, was los ist. Sag ich „wo haben Sie denn beim [Konzernname A] sonst gearbeitet", „Ja ich war einmal bei der [Tochterunternehmen A1] und dort hat man mich gekündigt". „Sonst war nix?" „Nein, sonst war nix."*

In diesem Zusammenhang wurde in den Interviews auch die Existenz einer „schwarzen Liste" thematisiert. Es wird vermutet, dass über dieses inoffizielle Dokument auch über Konzerngrenzen hinweg ein Austausch über ehemalige Beschäftigte stattfindet.

**GS:** *[Tochterunternehmen A4], [Tochterunternehmen A2], was auch immer. Wurscht, es gibt nur noch zwei. Und die beuteln sich gegenseitig, und dann hast du natürlich auch, wos für den kleinen Verkäufer und die Betriebsräte schwierig ist, du hast jetzt keine Konkurrenten mehr im Lebensmittelmarkt. Also im Lebensmittelbereich, Branche. Weil wenn du jetzt dort rausfliegst, also jetzt bei [dem Konzern B] rausfliegst, gehst [zum*

*Konzern A], dann gibts dort die schwarze Liste. Was offiziell nicht bestätigt wird, aber es ist realistisch und du kannst nirgends mehr wo rein. Du kommst nirgends rein.*

**IV:** *Was ist die schwarze Liste?*

**GS:** *Also wenn ich schon mal beim [Tochterunternehmen A4] gearbeitet hab, werd ich nicht mehr beim [Tochterunternehmen A1] anfangen können oder beim [Tochterunternehmen A2]. Weil dann steh ich dort, vor allem, wenn ich gekündigt wurde.*

Ob diese schwarze Liste tatsächlich existiert, kann von uns nicht bestätigt werden. Allerdings hat alleine der Umstand, dass es diese Liste gerüchteweise gibt, eine einschüchternde Wirkung auf die Beschäftigten.

#### 3.2.2.2 Die Arbeitszeitfrage auf betrieblicher Ebene

Wir wollen uns nun einer anderen von den Betriebsräten als zentral beschriebenen Problemlage in den Arbeitsverhältnissen zuwenden.

In der Arbeitszeitfrage erscheinen auf betrieblicher Ebene zwei unterschiedliche Themen zentral.

Dies sind zum einen die geleisteten Mehr- bzw. Überstunden und ihre Vergütung.

Um Geld zu sparen, wird im Handel immer mehr dazu übergegangen, diese Stunden nicht auszubezahlen, sondern die Beschäftigten müssen sich Zeitausgleich nehmen. Das bedeutet für diese aber die Einbuße von Lohnteilen, mit denen von den Belegschaften in manchen Bereichen fix gerechnet wurde, um die Lebenserhaltungskosten zu tragen. Verbunden mit einer Neuregelung des Prämiensystems, das wir weiter unten besprechen werden, kann diese Umstellung des Umgangs mit Mehr- und Überstunden erhebliche finanzielle Einbußen bedeuten.

**IV:** *Wird das dann als Überstunden bezahlt?*

**BR:** *Ja. Wir sind eine der wenigen glücklichen Firmen, die noch Überstunden bezahlen. Aber auch nur im Fuhrpark, im Lager ist es auch eher, dass man Zeitausgleich macht. […] das ist* *auch von uns, von den Fahrern erwünscht; ein jeder will Überstunden machen, das ist ja nicht so, dass ich heute, wenn ich Überstunden mache, alles dem Finanzminister schenke, es bleibt ja etwas übrig auch, unterm Strich. Auch wenn es nicht viel ist, und was man auch nicht vergessen darf, was auch in der Volksmeinung immer ein wenig ... ist, je mehr ich arbeite, je mehr ich verdiene, desto mehr zahle ich auch in die Pensionsversicherung ein. [...] Meine Lebenserhaltungskosten werden ja nicht weniger. Das Problem haben wir ja auch in der Firma gehabt. Unser voriger Fuhrparkleiter, da hast du arbeiten können bis zum Umfallen, einmal ganz beinhart gesagt. Und dann hat es geheißen, runter mit den Stunden, es gibt nicht mehr so viele Stunden, dafür mehr Leute. Klar, Prämiensystem, weniger Überstunden, weniger Touren, weniger Prämie. Unterm Strich weniger Geld. [...] Jetzt habe ich keine Überstunden mehr, nicht mehr so viel Prämie, jetzt gehen mir 600-700 Euro ab in der Lohntüte. Jetzt habe ich einen Knick.*

Die Firmenstrategie, Überstunden nur noch über Zeitausgleich abzubauen, wird aber als Folge des Personalmangels zunehmend schwieriger. Dadurch kommt es zu Anhäufungen von Stunden, die über einen langen Zeitraum aufgebaut werden, und die interviewten Betriebsratsmitglieder vermuten, dass es immer wieder zu Unregelmäßigkeiten in der tatsächlichen Ausbezahlung bzw. Abgeltung durch Zeitausgleich kommt.

**BR:** *Das ist genau das, wo du sagen kannst, ok, man weiß ja selber auch, wovon man redet, und die Zeiten sind um, wo ich sage, jede Filiale schleppt zwei, drei Mitarbeiter mit zur Reserve. Wenn alle da sind, dann schicke ich halt einen in den Urlaub. Schicken unter Anführungszeichen. Die Zeiten sind vorbei. Weil, du kannst heute nicht einmal mehr Plusstunden abbauen. Das ist schon, die Monate sind schon sehr wenige im Jahr, wo das möglich ist. Daher kommt das böse Blut vom Handel: Dass die Plusstunden nicht ausgezahlt werden, sondern die werden aufgebaut. Und irgendwann sagen sie so: Schnitt, und jetzt auszahlen und was nicht ausgezahlt wird ... habt's nicht von mir. Aber diese Sachen gibt es, und gegen die* *ist man relativ machtlos. Ich muss aber sagen, nicht weil ich jetzt bei der [Tochterunternehmen A1] arbeite, aber trotzdem, wenn ich mir einen Mitbewerber anschaue, [...] haben die die Probleme genauso, wenn nicht noch ärger, weil wir irgendwo in der glücklichen Lage sind, erstens einmal haben wir das große Versprechen vom Vorstand: es ist jede Stunde zu bezahlen; also, wenn es da mit einem Marktleiter oder Marktleiterin einmal arge Probleme gab, diesbezüglich, und dass ein Mitarbeiter klagen würde, schaut er sicher ein, weil der Vorstand steht zu seinem Wort und sagt ok, das ist zu zahlen. Stellt natürlich nach außen hin wieder gut da, die Firma, was so im Hinterstübchen passiert, ist wieder etwas anderes.*

Aber auch die interviewten Gewerkschaftssekretärinnen und -sekretäre berichten von Unregelmäßigkeiten in der Bezahlung von Überstunden.

**RS:** *Meistens gehts um Arbeitszeit, die was nicht eingehalten wird, Überstunden, die nicht gezahlt worden sind. Also das ist dann meist, oder auf dem letzten Drücker, wo du wirklich sagst, ok jetzt hast bald die Verfallsfrist beendet und da musst du irgendwas tun.*

Das im oben stehenden Zitat deutlich werdende Misstrauen der Betriebsratsmitglieder gründet unter anderem auf dem zweiten zentralen Problem in der betrieblichen Arbeitszeitfrage. In den Interviews wurde häufig auf eklatante Probleme bezüglich der Arbeitszeitaufzeichnung und der korrekten Entgeltberechnung hingewiesen. In Erweiterung der zum Thema Arbeitszeit beschriebenen großen Bedeutung, die den Personalkosten bei der Unternehmenskonkurrenz zukommt, wird hier auch von unlauteren und illegalen Methoden berichtet.

**RS:** *Wir haben denen wirklich klipp und klar gesagt, wir haben bei diesen Kontrollen dieser Arbeitszeitaufzeichnungen die wildesten Dinge erlebt, da sind Stunden durchgelackt worden und von 60 auf 50 ausgebessert worden, in den Arbeitszeitaufzeichnungen ist 73 gestanden, und im Computer sind dann nur mehr 50 aufgeschienen ...*

Dies führt etwa dazu, dass mehrere Interviewte privat eine zweite Zeitaufzeichnung führen, um ein Mittel der Kontrolle zur Verfügung zu haben, mit dem man die Zeitaufzeichnungen der Firma auf ihre Richtigkeit hin prüfen kann. Eine Kampagne der GPA-djp im Frühjahr 2010 griff dieses Problem auf und verteilte in einer Aktionswoche Arbeitszeitkalender an die Handelsangestellten. In diesen sind die wichtigsten kollektivvertraglichen Arbeitszeitregelungen angeführt und in der Mitte findet sich ein Arbeitszeitkalender, in den die Angestellten für jeden Tag des Jahres Arbeitszeit und Pausen eintragen können, um eine private Kontrollmöglichkeit der betrieblichen Zeitaufzeichnung zu haben. Denn es kommt nach wie vor zu Situationen, in denen die von den Beschäftigten geführten Stundenlisten von der Marktleitung nicht vollständig übernommen werden. Diese Missstände treten zumeist erst durch gemeinsame Kontrollen von Betriebsräten und Gewerkschaften zutage.

**RS:** *Um was ist es gegangen? Ah die Betriebsrätin war neu gewählt. Ich hab mit ihr so wie mit jeder anderen einzelnen Betriebsrätin auch Anfangsarbeit gemacht und sie hat gesagt: „Du da gibts irgendwas bei den Arbeitsaufzeichnungen, das kann nicht stimmen, es kann nicht eine Mitarbeiterin, die 30 Stunden da ist und die mehr als 30 Stunden da ist, auf einmal Minusstunden haben. Das geht nicht, also irgendwie passt da was nicht. Und mit'm Durchrechnungszeitraum passt was nicht". Und dann haben wir uns das angeschaut, und sind drauf gekommen, dass sie die Leute die Urlaube, den Krankenstand, den Feiertag einarbeiten lassen. Ja, und das geht nicht.*

Es handelt sich hierbei um eine Problemlage, die von vielen der interviewten Betriebsratsmitglieder und Regionalsekretäre/-sekretärinnen angesprochen wurde. Dabei sind die Arbeitszeitaufzeichnung und Fragen wie der Durchrechnungszeitraum Aspekte der Arbeitsbeziehungen, die umfassend im ArbVG und den entsprechenden Kollektivverträgen geregelt sind. Wir haben es hier also mit einer Situation zu tun, in der gesetzliche, makropolitische Regelungen und zusätzliche Vereinbarungen auf Branchenebene von der Kapitalseite im Betrieb ausgehöhlt bzw.

missachtet werden. Dabei stellt sich die Frage nach den tatsächlichen Kontrollmöglichkeiten der Betriebsräte als Grundlage für das Beharren auf die Einhaltung der rechtlichen Regelungen. Diese sind dabei zumeist auf die Beschäftigten angewiesen, denen Unregelmäßigkeiten in der eigenen Aufzeichnung auffallen und die dann die Betriebsratsmitglieder darauf aufmerksam machen. Sind Fehler in der Aufzeichnung bekannt, gilt es dann noch immer, diese nicht nur zu beanstanden, sondern auch gegenüber der Geschäftsleitung die Auszahlung durchzusetzen.

#### 3.2.2.3 Arbeitsorganisation/Prämien

In immer mehr Branchen ist es üblich, dass erfolgs- oder zeitabhängige Prämien fixe Entgeltbestandteile darstellen oder durch All-in-Verträge[24] Überstunden pauschal abgegolten werden. In den von uns untersuchten Bereichen des Handels trifft das auch zu, allerdings weniger für die Beschäftigten in den Märkten, als für die Fahrer/innen und Marktleiter/innen.

Bei den Marktleiterinnen und Marktleitern berichten die Interviewten Verschlechterungen im Anstellungsverhältnis insbesondere im Zuge von Betriebsübernahmen. Konkret drückten sich diese in der Einführung von All-in-Verträgen aus. Dabei gab es für die übernommenen Marktleiter/innen keine wirkliche Wahlmöglichkeit. Entweder wurden die neuen – schlechteren – Vertragsbedingungen akzeptiert oder es kam zur Kündigung. Die All-in-Verträge selbst bedeuteten nicht nur eine finanzielle Verschlechterung, da zum Beispiel Überstunden nur noch im Vertrag selbst pauschal abgegolten wurden. In der Praxis erhöhte sich auch der Arbeitsstundenaufwand beträchtlich.

**BR:** *Nein, es wurde freigestellt. Uns wurde das damals so dargestellt. Sie bekommen einen neuen Vertrag, bei dem das Gehalt nicht eingeschränkt wurde. Dann war es genau so, aber es wurden neue Bedingungen für den Erhalt ausgehandelt, also es hat damals auf einmal gegeben, dass es mehr Stunden gegeben hat, die automatisch dazugekommen sind. Da muss*

[24] Bei All-in-Arbeitsverträgen (oder auch All-inclusive-Verträge genannt) deckt ein Gesamtgehalt pauschal alle Arbeitszeiten (Mehrstunden, Überstunden) ab. Auch Aufwandsentschädigungen (z.B. Kilometergeld) können enthalten sein.

*ich ehrlich sagen, da wurden einige von uns wirklich hereingelegt, die haben einen All-in-Vertrag bekommen. Also da muss ich Ihnen schon sagen, mit einem All-in-Vertrag, da kann ich für mich sprechen, da war ich schon bis zu 70 Stunden beschäftigt. Ohne Überstunden – die waren pauschal abgegolten.*

Allgemein wird es in den Betrieben immer häufiger Praxis, dass Überstunden zurückgefahren werden und stattdessen ein Anreizsystem mit Prämienzahlungen eingeführt wird. Dabei wird versucht, die Arbeitszeit intensiver zu nutzen, indem ein schnelleres Arbeiten über Prämien induziert wird. Gleichzeitig wird damit die Lohngestaltung dahingehend verändert, dass nicht mehr die Überstunden bezahlt werden, sondern die Verdichtung und Intensivierung der Tätigkeiten. Das bedeutet eine Intensivierung der Arbeit und das Leistungsdenken wird verstärkt.

In dem von uns untersuchten Unternehmen wurde ebenfalls ein Prämiensystem eingeführt, das die Be- und Entladezeiten beschleunigen sollte. Für die Fahrer/innen der großen Handelsketten stellen Prämien einen wichtigen Teil des Entgelts dar. Die Fahrzeit darf von Gesetzes wegen nicht prämiert werden, allerdings die Be- und Entladezeiten.

**BR:** *Da hab ich eine vorgegebene Zeit, je mehr Behälter ich dort abladen muss, umso mehr Zeit habe ich vorgegeben, und je weniger oder je kürzer ich dort arbeite, umso mehr Prämie verdiene ich. Das heißt pro eingesparter Minute habe ich eine Prämie von 11 Cent.*

In den Interviews wird betont, dass es manchmal zu Problemen durch Fehler im EDV-System kommt, da der Be- und Entlade-Ablauf zu einem relevanten Teil von den verschiedenen EDV-Systemen abhängig ist, auf welche die Fahrer/innen selbst keinen Einfluss haben. Diese Fehler führen dazu, dass die gesamte Zeitplanung durcheinander geraten kann. Diese strikte Planungstätigkeit auch durch EDV-Systeme wird auf der einen Seite als problematisch eingeschätzt, da das daraus resultierende sehr enge Zeitkorsett kaum Spielräume offen lässt und Schwierigkeiten im EDV-System sich negativ auf die Fahrer/innenprämien auswirken können. Andererseits wird in den Interviews auch erwähnt, dass der Arbeitsablauf dadurch zumeist stärker strukturiert ist.

**BR:** *Natürlich habe ich ein Problem, wenn in der Firma irgendein Problem mit der EDV ist. Sprich, dass die Bestellung nicht rechtzeitig hinunter kommt ins Lager, oder dass wir einen Totalabsturz haben, was ja auch hin und wieder vorkommt, und bis das alles wieder zum Laufen kommt, dauert es natürlich eine gewisse Zeit. Natürlich, die Zeit geht mir dann ab, ganz klar. Das ist alles so straff organisiert und berechnet, dass ich, wenn ich heute eine Stunde später herauskomme, dann eine Stunde später bei der Kundschaft bin.*

An dem Prämiensystem wird in den Interviews noch mehr Kritik geäußert. Diese zielt einerseits darauf ab, dass die Prämien nicht ausreichend erhöht werden im Vergleich zu sonst steigenden Lebenshaltungskosten. Darüber hinaus wird kritisiert, dass die Relation zwischen dem, was die Fahrer/innen durch eine Verdichtung ihrer Arbeitszeit dem Unternehmen sparen, und der Höhe der Prämie nicht passt.

**BR:** *Also ich weiß, wie viele Stunden ich der Firma quasi an Arbeitszeit erspare, und wie viel Prämie ich dafür bekomme, was ja in der Relation schon lange nicht mehr zusammenpasst; über das hat man ja auch noch nie diskutiert, dass man eigentlich die letzten 20 Jahre im Prinzip immer dieselbe Prämie hat.*

Es wird weiters beklagt, dass das Prämiensystem früher sehr intransparent und schwer nachzuvollziehen war. Das hat sich mittlerweile verbessert. Am Beispiel des folgenden Zitats wird aber deutlich, dass sich durch eine transparentere Gestaltung des Prämiensystems eine stärkere Verinnerlichung desselben vollzogen hat. Die gesteigerte Transparenz dieser neuen Managementformen und ihre bessere Berechenbarkeit hat also im Endeffekt die Selbststeuerung der Arbeiter/innen erhöht und zu einer Verinnerlichung des Leistungsgedankens geführt. Damit einher geht allerdings ein Verlust der eigenen Autonomie, abseits vom Gewinnmaximierungsgedanken.

**BR:** *Da habe ich noch Zeit gehabt, dass ich auf eine Autobahnraststelle oder zu einem Gasthaus gefahren bin und einen Kaffee getrunken habe. ... Aber ich sage, rein aus dem Gedankengut heraus, dass ich nicht weiß, welche Faktoren da für meine Prämie zusammenspielen, habe ich mir einfach die Zeit genommen. Oder wir haben uns zwei, drei Chauffeure getroffen, auf einem Parkplatz, zufällig, und da haben wir halt einmal eine halbe Stunde, dreiviertel Stunde getratscht. Hat keinen Menschen interessiert, war wurscht. Heute nehme ich mir die Zeit nicht mehr.*

Mit der in den Interviews geäußerten Kritik an dem Prämiensystem wird auch auf den schon angesprochenen erhöhten Arbeitsdruck hingewiesen. Durch die ständige Optimierung von Arbeitsabläufen kommt es zu einer enormen Verdichtung der Arbeitstage, und der Druck von möglichst kurzen Lieferzeiten wird auf die einzelnen Beschäftigten abgewälzt.

Seitens der Gewerkschaftssekretäre/-sekretärinnen wird ebenfalls auf die Prämiensysteme hingewiesen. Dabei wird auf die im Handel üblichen niedrigen Grundgehälter verwiesen und die Bedeutung, die dadurch die Prämien für die Beschäftigten erhalten.

**GS:** *Oder eben auch Prämiensysteme, unsere Leute, unsere Gehaltsansätze sind so nieder, dass für die Leute zum Teil das Erreichen der Jahresprämie wichtiger ist als ob es 2% Gehaltserhöhung gibt im Handel. Das sind zum Teil wirklich Probleme, mit denen wir kämpfen.*

Die zur Anwendung kommenden Prämiensysteme zeigen sehr deutlich, wie seitens der Unternehmensleitungen nach verschiedensten Wegen gesucht wird, um die Arbeitseffizienz zu steigern, ohne dabei ausreichend Rücksicht auf die Auswirkungen für die Beschäftigten zu nehmen.

### 3.2.3 Probleme der Betriebsrätinnen/-räte im Betrieb

Wenn wir uns nun von den allgemeinen Problemen im Lebensmitteleinzelhandel der Position von Betriebsratsmitgliedern im Betrieb zuwenden, finden sich diese meist in einer Position der Schwäche wieder. Aus dieser Position heraus werden unterschiedliche Strategien deutlich, mit denen die Betriebsratsmitglieder versuchen den Problemlagen zu begegnen. Im Folgenden werden wir uns einerseits mit dieser geschwächten Position der Betriebsräte und andererseits mit ihren Problemlösestrategien und deren Wirkung auseinandersetzen.

#### 3.2.3.1 Subalternität des Betriebsratskollegiums im Betrieb

Der Begriff Subalternität soll uns helfen, die Schwäche der Betriebsräte im Konzern besser fassen zu können und klarer zu artikulieren, was diese Schwäche beinhaltet. Von subaltern spricht man, wenn eine Gruppe im Verhältnis zu einer anderen Gruppe weniger machtvoll ist, wenig Einfluss auf die Entscheidungen und die innerbetriebliche Organisation hat und die eigenen Interessen gegenüber der anderen Gruppe nicht durchsetzen kann. (Vgl. Neubert 2001: 84) Das heißt nicht, dass aus dieser subalternen Position heraus nichts erreicht werden kann. Das Erreichen der Ziele ist aber immer vom Entgegenkommen und Einlenken der „herrschenden“ Gruppe abhängig, ansonsten steht die subalterne Gruppe den Problemen ohnmächtig gegenüber.

**BR:** *Das sind Punkte, die man lernen muss. Was nichts nützt sind Drohungen. Das ist etwas, das würde bei uns einfach nichts bringen. Dass ich sage, ok, dann streiken wir halt, oder irgendwas, weil das würde einfach auch nichts bringen. Das ist was, da würden Sie wahrscheinlich eher auf stur gehen. Oder wenn man frech reingeht. Das ist z.B. das, ich hätte am Anfang das gehabt, dass ich ab und zu ein bisschen, wenn ich angefressen war, dass ich patzig reagiert habe: das gewöhnt man sich ab. Man lernt schnell, dass man durchschnaufen geht, einmal nichts sagt, und erst einen Tag später reingeht, und dann aber mit Argumenten reingeht.*

Diese Subalternität der Betriebsräte drückt sich in den Interviews an vielen verschiedenen Aspekten und Problemlagen aus.

Im Folgenden gehen wir auf drei verschiedene Probleme ein. Anschließend beleuchten wir vier verschiedene Aspekte der Subalternität näher.

## Die Personalfrage

Besonders deutlich wird die Position der Schwäche von Betriebsräten an der bereits diskutierten Personalfrage. Die Betriebsräte haben über einen langen Zeitraum hinweg den Einfluss auf Personalfragen sukzessive verloren.

**BR:** *Das einzige, wo wir sagen, wo eigentlich die Hände gebunden sind, ist Personalmangel. Da können wir nichts machen. Da kann – überhaupt – unser Hauptbetriebsrat auch nix machen. Weil der ist ein Anliegen von der Gebietsleitung – wenn der nein sagt, dann können wir genau so wenig machen. [...] Na! Da hat weder der Betriebsrat noch die Gewerkschaft einen Einfluss. Wenn der nein sagt, heißts nein!*

Besonders brennend wird dieses Problem, wenn es um die Frage geht, wie viel Personal pro Filiale notwendig ist, um die anfallende Arbeit zu erledigen. Diese Frage wird von der Geschäftsleitung vor allem auf der budgetären Ebene angegangen und diskutiert. Dieser scheinbar gegebenen Objektivität von ökonomischen Vorgaben können die Betriebsräte nichts entgegensetzen.

**IV:** *Und wer entscheidet über mehr Personal? Und wär das eine Forderung?*

**BR:** *Das entscheidet der Regionaldirektor, das haben wir schon gemacht, aber dadurch, dass wir weniger Umsatz machen, ist da nix drin und in jeder Abteilung werden schon jetzt die Kosten des Personals um 30% überzogen.*

Erschwert wird ein Vorgehen gegen budgetär begründeten Personalabbau dadurch, dass Vorgaben zentralisiert getroffen und durch die Weitergabe in den Konzernhierarchien, entpersonalisiert erscheinen, wenn sie zuletzt im Betrieb ankommen. Die Interviewten beschreiben diesen Prozess so, dass es für sie und die Beschäftigten oft erscheint, als wären diese Vorgaben naturgegeben „vom Himmel gefallen“, und nicht strukturell bedingt oder von Menschen gestaltet und beeinflusst. Besonders problematisch für die interviewten Betriebsratsmitglieder ist dabei, dass Entscheidungen, die das Budget, aber auch das Personal betreffen, immer öfter an anderen Orten, manchmal auch in anderen Ländern getroffen werden. Die Entscheidungsstrukturen und handelnden Personen entziehen sich dadurch den direkten Zugriffsmöglichkeiten der Betriebsräte/-rätinnen und der Belegschaft vor Ort.

**BR:** *Das sind Vorgaben, ich meine, das kriegt der Direktor von [der Hauptzentrale], der gibt es weiter, weiter, weiter, das sind alles Vorgaben, da kann kein Mitarbeiter eingreifen.*

Aus ihrer Position der Schwäche heraus haben die Interviewten verschiedene Strategien entwickelt, um zu versuchen eine weitere Reduktion des Personalschlüssels zu verhindern bzw. zu mildern.

Eine oftmals angewandte Möglichkeit ist, auf den „Good will“ der direkten Vorgesetzten zu setzen. Es wird versucht an die Empathie und Einsicht zu appellieren, dass der anfallende Arbeitsumfang mit dem bestehenden Personalschlüssel nicht mehr bewältigbar ist.

**BR:** *Nein, wenn einer z.B. weggeht von der Firma oder was – es wird ja nicht gleich nachbesetzt. [...] Wir kämpfen da jetzt seit Anfang Jänner, weil seit Jänner haben sie mir versprochen, ich krieg wen und seitdem kämpfen wir. Aber jetzt, gestern, war unsere Gebietsleiterin da und die hat dann Gott sei Dank das Eingesehen gehabt. Sag ich, es sind die Urlaubszeiten, was ist, wenn einer krank ist?! Es geht nimma mehr so!*

Ob diese Strategie erfolgreich ist, hängt aber ganz davon ab, ob die vorgesetzte Person ein Einsehen in die Unmöglichkeit der Anforderungen hat und empathisch mit den Beschäftigten an diese Frage herangeht. Hinzu kommt, dass der Job und die Karriere der direkten Vorgesetzten meist vom Erreichen der Budgetvorgaben abhängt und diese einen Stopp des weiteren Personalabbaus gegenüber der Konzernleitung vertreten müssten.

**RS:** *[...] wo die Konzernleitung sagt, am nächsten Quartalsende müssen es 60 Leute weniger sein, also Kopfzahl um ein Drittel reduziert. Kannst du tun, was du willst. Wenn die Geschäftsleitung das nicht tut, dann ist der nächste Geschäftsführer da, der zieht das beinhart durch, so einfach ist das in Wahrheit bei den multinationalen Konzernen.*

Es hängt aber auch davon ab, ob der/die Vorgesetzte überhaupt noch selbst Einfluss auf die Personalsituation hat. Mit der Zentralisierung der Personalagenden gehen den einzelnen Betriebsrätinnen und Betriebsräten oftmals auch die direkten Ansprechpersonen im Betrieb verloren, die tatsächlich Entscheidungen treffen können.

Die Betriebsrätinnen und Betriebsräte berichten daher, dass diese Strategie meist nicht sehr erfolgreich ist und die Vorgaben jedes Jahr enger und enger werden. Denn selbst wenn die Vorgaben für ein Jahr erreicht werden, heißt das nicht, dass im nächsten Jahr alles in Ordnung ist. Es heißt vielmehr, dass die Vorgaben im Jahr darauf noch enger werden und dann möglicherweise mit noch weniger Personal noch bessere Zahlen erreicht werden müssen. Dieses Vorgehen erscheint den Betriebsratsmitgliedern absurd und gegen jede Logik. Gerade deshalb aber wird immer wieder gehofft, dass irgendwann der Punkt erreicht ist, wo von Seiten der Geschäftsleitung eingesehen wird, dass eine weitere Reduktion des Personals nicht mehr geht. Die Praxiserfahrungen zeigen genau das Gegenteil:

**IV:** *Wie eng sind denn diese Zielvorgaben, die von der nächsten Ebene kommen?*

**BR:** *(Prusten) Na ...*

**IV:** *Also wie viel Gestaltungsspielraum hat man als ...*

**BR:** *Na, da hast fast gar keinen Gestaltungs- ... das ist fast nix. Und es wird jedes Jahr schlimmer, nicht ...*

**IV:** *Also die drehen die Schrauben und ihr müsst's dann schauen ... Und was ist, wenn's einfach nicht mehr geht? Also, wenn das einfach diese Vorgaben, einfach jenseits jeglicher Realität sind?*

**BR:** *Tja, das frag ich mich dann selber. Keine Ahnung, wie das dann jemals weitergehen soll, weil das nächste Jahresbudget wird schlimm ausschauen.*

**IV:** *Weil? Schon was gespürt?*

**BR:** *Na ja, weil ma jetzt dann schon gespart haben ... na ja: Sparen, sparen, [...] Glaubst, nächstes Jahr werden's sagen: Da habt's ein paar Mille, gebt das aus! Na geh ... das sind Wunschträume ...*

Eine etwas andere Strategie, die oftmals zum Einsatz kommt, wenn Apelle nicht funktionieren oder ausreichen, um ein Einlenken der Vorgesetzten zu bewirken, ist das Androhen kollektiver Verweigerung von Überstunden.

**BR:** *Das hat mit dem Gebietsleiter zu tun. Und wenn der – wir sagen immer – Sparmeister ist, dann gibt's kein Personal. Dann müssen wir kämpfen drum. Müssen wir dann alle zusammen halten und sagen, nein, wir machen keine Überstunden mehr. [...] Die Rädlsführerin bin halt ich dann. Weil ich doch die erste bin, die da bleiben muss oder soll ... bis ich dann sag, nein, so geht's nicht mehr weiter. [...] Wie ich mich wehre? Ich geh ins Büro hinein und hau ihm auf den Tisch! Entschuldigens, dass ich das so sag. Ich sag, so geht's nimma mehr weiter. Wir machen ganz einfach keine Überstunden mehr. [...] Dann ... lasst er sich erweichen und schaut, dass wir jemanden kriegen. Aber es ist auch nicht so einfach.*

Der Erfolg dieser Strategie ist wieder stark abhängig von oben bereits angeführten Faktoren, wie die Entscheidungskompetenzen der direkten Vorgesetzten, ihrer Eingebundenheit in Konzernhierarchien und der Umgang damit, etc. Andererseits ist es eine Strategie, die auf die Organisierung der Beschäftigten vor Ort baut und versucht, mit der Belegschaft gemeinsam Druck aufzubauen, um an der Situation etwas zu verändern. Es bedarf dafür aber nicht nur einer oder mehrerer Personen vor Ort, die diese Organisierung der Angestellten betreiben, sondern auch Personen, die dann die Verhandlung mit den Vorgesetzten führen. Filialstrukturen erschweren dies, da meist kein Betriebsratsmitglied vor Ort ist, was sowohl die Frage der Organisierung als auch die Frage der punktuellen Verhandlungsführung erschwert. Darauf kommen wir später noch zurück.

Im Allgemeinen ist das angestrebte Ergebnis in beiden Fällen ähnlich – die Empathie und Einsicht (wenn auch unter Druck) des Vorgesetzten für die Situation der Beschäftigten. Und wenn dies nicht eintritt, stehen die Betriebsräte/-rätinnen ohnmächtig der Situation gegenüber.

Eine weitere Strategie der Mitglieder des Betriebsrats ist es, den betriebswirtschaftlichen, ökonomischen Begründungsdiskurs der Vorgesetzten aufzugreifen und mit Sachargumenten zu begründen, warum ein weiterer Personalabbau dem Konzern schaden würde.

**BR:** *Ich meine, wir versuchen dann immer in unterschiedlichen Bereichen in der Schulungsabteilung oder bei Gesprächen auf bestimmte Entwicklungen hinzuweisen, weil diese Reduzierung der Mitarbeiter in den Filialen, ja, ich meine für andere bedeutet es sicher eine größere Arbeitsbelastung, oft auch mehr Stress, wenn jemand krank wird, ich habe nicht mehr das Personal, dass ich jonglieren kann. Es muss jeder mehr Stunden machen. Wir können sie nicht zwingen, wir können nur in verschiedenen Bereichen auf Auswirkungen, da schaue ich eben auf gesundheitliche Auswirkungen, weil die kann ich vielleicht wieder aufgrund der Ausfallzeiten belegen, hinweisen.*

Neben gesundheitlichen Argumenten, aus denen direkte ökonomische Kennzahlen abgeleitet werden können, werden vor allem Argumente, die das Kundenservice betreffen, ins Feld geführt. Hier handelt es sich um Argumente, dass unter Stress arbeitende Angestellte keine Zeit für die Kundschaft haben bzw. dieser das Gefühl geben, lästig zu sein. Es wird auch immer wieder erwähnt, dass für einen qualitätsvollen Kundenkontakt eine gewisse Qualifizierung Voraussetzung ist, diese aber auch dementsprechend besser bezahlt werden muss. Deutlich wird dies zum Beispiel in der Feinkostabteilung. Es ist jener Bereich im Lebensmittelhandel, der ständigen Kontakt mit Kundinnen und Kunden erfordert und entsprechendes Service bieten muss, gleichzeitig aber dem gleichen Druck ausgesetzt ist wie der Rest der Filiale. Die Betriebsratsmitglieder berichten, dass es in diesem Bereich schwierig ist, Personal zu finden und dieses auch zu halten, was die Situation in der Feinkost noch verschärft.

Alle drei angeführten Strategien sind aber allesamt subaltern. Ob sie erfolgreich sind, liegt nur begrenzt im Einflussbereich der Betriebsratsmitglieder, sondern ist zu einem großen Teil von externen Faktoren abhängig. Es können keine Machtpotentiale aktiviert werden, die die Arbeitgeber/innen so unter Druck setzen, dass etwas an der Personalpolitik geändert werden muss.

### Kündigungen

Eine andere Problemlage, die mit der Personalfrage eng verknüpft ist, und der gegenüber sich die interviewten Betriebsräte/-rätinnen auch oftmals ohnmächtig fühlen, sind Kündigungen. Wobei man hier natürlich unterscheiden muss, aus welchem Grund eine Kündigung ausgesprochen wird.

Je nachdem sehen die Betriebsräte/-rätinnen unterschiedliche Möglichkeiten. Handelt es sich um Kündigungen, bei denen es zu sozialen Widrigkeiten kommt oder das ArbVG verletzt wird, können diese oftmals noch durch rechtliche Schritte verhindert bzw. rückgängig gemacht werden.

Kündigungen und budgetär bedingten Personalabbau an sich zu verhindern schaffen sie aber zumeist nicht. Besonders wenn die Kündigungen einmal ausgesprochen sind, gibt es im bisherigen Handlungsrepertoire abseits des Rechtsweges keine Strategien, um diese rückgängig zu machen. Da es aber gerade bei budgetär bedingten Kündigungen nur wenig rechtliche Handlungsmöglichkeiten gibt, kann den engen Budgetvorgaben und damit verbundenen Kündigungen meist nichts entgegengesetzt werden. Die Mitglieder des Betriebsrats bemühen sich daher Kündigungen bereits im Vorfeld zu verhindern. Dafür ist es notwendig, Kündigungsabsichten vorherzusehen (vgl. Kapitel 3.2.3.2).

Haben die Betriebsratsmitglieder einmal Kenntnis über geplante Kündigungen erlangt, versuchen sie diese auf bilateraler Ebene mit den Vorgesetzten zu besprechen und so zu verhindern. Dabei erleben sie, dass das Einsetzen von aggressivem Auftreten und Versuche, mit den Vorgesetzten einen persönlichen Konflikt einzugehen, die Situation zumeist nur noch verschärfen und Kündigungen nicht verhindern. Viele setzten daher auf Diplomatie und/oder suchen selbst nach Möglichkeiten, wo innerhalb der engen Budgetvorgaben eingespart werden kann, ohne Personal abzubauen, um diese im Gespräch als Lösungsansätze präsentieren zu können.

**BR:** *Wenn da heißt: Du musst jetzt dann € 300.000 sparen ... Musst jetzt einmal anfangen zum Rechnen, wo spare ich sie. Nicht?! [...] Na, es ist nicht immer einfach. Weil ich seh ... sie muss das erfüllen, die Hauschefin [und ich] will aber meine Leute auch nicht verlieren, klar! So wie entscheiden's?!*

**IV:** *Was ist da so ihre Praxiserfahrung, wie macht man so was, wie geht man mit dieser Situation um?*

**BR:** *Kompromisse! Kompromisse eingehen. [....] Na, dann streich ma halt irgendetwas anderes ... bevor wir einen Kopf streichen. [...] Da schlag ich ihr vor: Probier ma's nicht da vielleicht, dass wir irgendetwas kürzen? Dafür lassen wir die. [...]*

**IV:** *Wo haben Sie denn da eingespart, wenn...? Sie haben's ja glaub ich...*

**BR:** *Bei diesen Zulagen und das alles. Da müssen wir jetzt halt ein bisschen Stunden kürzen. [...] Wenn sie länger in der Nacht da sind und alles, nicht ... die Kassiererinnen ... da haben wir müssen sehr viel sparen. Jetzt muss ich den Dienstplan natürlich so gestalten, dass weniger Zeitgutschriften ausgezahlt werden ...*

**IV:** *Also sprich, die Zeitgutschriften wurden nicht gecancelt, aber man versucht die Arbeitseinteilung so zu machen, dass sie gar nicht erst anfallen...*

**BR:** *... weniger werden, ja.*

Diese Strategien haben zahlreiche Betriebsräte/-rätinnen bisweilen erfolgreich umsetzen können und dadurch viele Kündigungen verhindert. Der Erfolg eines solchen Vorgehens ist aber wieder ganz von der Kooperationsbereitschaft und dem Entgegenkommen der Vorgesetzten abhängig. Für die Beschäftigten bedeutet es in den meisten Fällen zwar eine kurzfristige Jobsicherheit, aber mit gleichzeitigem finanziellem Verlust, indem z.B. eben das Ausbezahlen von Zuschlägen vermieden wird und dadurch Einkommensverluste entstehen.

Es handelt sich dabei außerdem wieder um eine subalterne Strategie, die die Entscheidungen, sprich die Budgetvorgaben des Konzerns an sich nicht bekämpft, sondern vielmehr in diesem vorgegebenen Rahmen nach Möglichkeiten sucht, Kündigungen zu verhindern.

Ganz im Gegenteil zu diesem angepassten Vorgehen berichten zahlreiche Interviewte von einem ziemlich aggressiven Vorgehen der Firmenleitung bei Kündigungen. Oftmals wird die Kündigung von mehreren Personen durchgeführt, um die Mitarbeiter/innen einzuschüchtern. Immer wieder erleben die Betriebsratsmitglieder, dass abgewartet wird, bis der Betriebsrat/die Betriebsrätin gerade nicht erreichbar ist. Also etwa schon nach Hause gegangen oder auf Sitzungen außer Haus ist und auch telefonisch nur schwer zu erreichen. Dann werden die Mitarbeiter/innen unter Druck gesetzt, die Kündigung ohne Beratung mit dem Betriebsrat zu unterschreiben. Die Betriebsrätinnen/-räte erleben diesen aggressiven Kurs der Geschäftsleitung als ein sehr bewusstes Vorgehen, um das Betriebsratskollegium im Betrieb mehr und mehr zu umgehen und zu marginalisieren.

Die empfundene Machtlosigkeit bei Kündigungen herrscht in allen interviewten Betriebsratskörperschaften – egal, wie aktiv diese ist und wie hoch der Organisationsgrad im Betrieb ist. Was jedoch immer wieder als gut funktionierend beschrieben wird, ist das Ausverhandeln von Sozialplänen, also die sozialverträglichere Verwaltung der Kündigungen. Es handelt sich hierbei um ein klassisches Beispiel für Co-Management. Die Betriebsräte werden aktiv von der Firmenleitung mit einbezogen, die dadurch die Legitimität ihres Vorgehens steigern kann. In der Verhandlungssituation besteht für die Betriebsräte zumeist das Gefühl, dass man etwas erreichen kann. Etwa soziale

Härtefälle zu verhindern oder der Kündigung durch finanzielle Ausgleiche die vorläufige Existenzbedrohung zu nehmen. Gleichzeitig wird aber erlebt, dass die Beschäftigten sich vom Betriebsratskollegium mehr erwarten würden als das Ausverhandeln von Sozialplänen bzw. mit den Ergebnissen der Verhandlung an sich oftmals unzufrieden sind. Die Beteiligung an den Sozialplanverhandlungen kommt so sehr schnell dem Eingeständnis der eigenen Schwäche gleich.

### Verlängerung der Öffnungszeiten

Ganz anders gelagert ist das Problembewusstsein, wenn es um die Frage der verlängerten Öffnungszeiten geht. Die Betriebsrätinnen/-räte sehen darin ein gesamtgesellschaftliches Problem, das sie auf betrieblicher Ebene nicht lösen können, sondern das zu den Aufgaben der Gewerkschaft zählt.

**BR:** *Ich mein gegen die Öffnungszeiten, ja ... werden wir eh über kurz oder lang nichts machen können.*

Für die Beschäftigten im Betrieb selber wirken sich längere Öffnungszeiten zumeist durch schlechtere Dienstpläne aus. Anstatt der Ausweitung der Öffnungszeiten mit einer Erhöhung des Personalschlüssels zu begegnen, wird Personal weiter abgebaut. Das heißt, es müssen mit weniger Personal längere Öffnungszeiten abgedeckt werden.

Die Lösung dieses Problems wurde, wie bereits besprochen, von der Firmenleitung zuerst wieder auf den Rücken der Angestellten abgewälzt. Um dieses Problem anzugehen, wurde die Lösungssuche gemeinsam mit der Gewerkschaft auf eine österreichweite Ebene verschoben.

**BR:** *Die Pausen mit diesen verlängerten Öffnungszeiten, was ist passiert – wir haben ja nicht mehr Mitarbeiter, im Gegenteil, es werden immer weniger, und den muss ich da aber jetzt beschäftigen und der kann aber über die tägliche Arbeitszeit nicht hinaus. Jetzt dehne ich die Pausen aus, also habe ich Mittagspause zwei Stunden, drei Stunden, vier Stunden. Ja, das war eigentlich eh ein langer Prozess, und ist auch über den Zentralbetriebsrat gespielt worden, weil wir es sonst* *nicht geschafft hätten, da haben wir es jetzt österreichweit in allen Niederlassungen, und da war natürlich der [Gewerkschaftssekretär] und Zentralbetriebsrat und Vorstand, da waren sie alle gefordert.*

Dadurch konnte in Verhandlungen mit der Konzernleitung eine Lösung gefunden werden, die solche Extremlösungen einschränkt. Es handelt sich aber auch dabei um bloßes Mildern und Schwächen der Auswirkungen der verlängerten Öffnungszeiten, nicht aber um ein Verhindern und Bekämpfen.

Für die Betriebsratsmitglieder stellt sich die Frage der Öffnungszeiten an sich viel allgemeiner. Nämlich warum eine Ausweitung der Öffnungszeiten gesellschaftlich notwendig sein soll bzw. nicht verhindert werden kann. Dies sehen sie als zentrale Herausforderung für Gewerkschaften. Dabei wird immer wieder erwähnt, dass Gewerkschaften gegen die Ausweitung der Öffnungszeiten bisher nichts unternommen haben bzw. nicht die Stärke besitzen, diese auch in Zukunft zu verhindern.

**BR:** *Schaun Sie, gegen die Öffnungszeiten wird kein Betriebsrat irgendetwas machen können. Weder der Herr XY, noch der Herr – weiß ich nicht – noch ich. Weil wenn die einmal sagen: Wir machen auf. Was wollens denn machen!? Wie war's denn mit dem 8. Dezember?! Pahh ... nur Probe ... und jetzt ist es selbstverständlich.*

**IV:** *... da ist normal ...*

**BR:** *Wo ist denn da die Gewerkschaft? Hmm?! Drum sag ich ja: Wo ist sie dann da?!*

**IV:** *Und abseits ...*

**BR:** *Samstag haben wir um 17 Uhr zugesperrt ... jetzt haben wir bis 18 Uhr ... Wo ist denn die Gewerkschaft?! Hmm. [...] Drum sag ich ja: Die sind bestimmt nicht schlecht oder was, aber in Wirklichkeit ist nicht viel dahinter ... Weil sonst hätten wir noch am Samstag um 12 Uhr zu! Wie wir's immer gehabt haben. Wir sind alle nicht verhungert, man glaubt es kaum! Ich lebe auch noch ... obwohl am Samstag zu war um 12 Uhr.*

## Repression gegenüber Betriebsratsmitgliedern

Die subalterne Position der Betriebsratsmitglieder im Umgang mit den drei zuvor aufgezeigten Problemlagen geht einher mit dem gezielten, strategischen Vorgehen der Geschäftsleitung, Betriebsratsmitgliedern ihre Arbeit zu erschweren und sie innerhalb des Betriebs zu marginalisieren. Die Betriebsratsmitglieder brauchen sehr viel Energie, Zeit und Durchhaltevermögen, um diesen Angriffen auf ihre Position und ihre Person zu begegnen bzw. eine Verschlechterung abzuwehren und sich innerhalb des Konzerns zu etablieren. Exemplarisch greifen wir im Folgenden verschiedene Ebenen heraus, wo die Bekämpfung des Betriebsratskollegiums durch den Konzern deutlich wird.

Die Angriffe erfolgen auf vielfältige Art und Weise, manchmal verdeckt, andere Male offensiver. Dies fängt zum Beispiel schon damit an, dass nicht freigestellte Betriebsratsmitglieder im Allgemeinen schlechtere Arbeitsbedingungen bekommen als ihre Kolleginnen und Kollegen.

**BR:** *Du engagierst dich und keiner hat eine Freude damit. Ich meine, das haben sie bei mir nicht gehabt, und das hat keiner. Dir werden einfach Steine in den Weg gelegt. Du kriegst nicht die bessere Arbeitsbedingung, weil du Betriebsrat bist. Du kriegst die schlechtere. Du kriegst die schlechtere Stundeneinteilung, du kriegst sicher mehr Arbeit. Du kämpfst von Anfang an. Aber du musst dich einfach platzieren.*

Aber einfache Betriebsratsmitglieder müssen nicht nur in ihrem normalen Arbeitsalltag meist mehr kämpfen, sondern vor allem dann, wenn sie in ihrer Funktion als Betriebsrat/-rätin aktiv werden möchten und bereit sind, nicht jedes Problem über die Vorsitzende/den Vorsitzenden des Betriebsrats zu spielen. Als Betriebsrat/-rätin ernst genommen und respektiert zu werden ist also etwas, das sich jede Person aufs Neue erkämpfen muss. Manchen fällt dies aufgrund ihrer Persönlichkeit und ihres Auftretens leichter als anderen, es ist aber nichts, das durch die Funktion im Betriebsrat automatisch gegeben ist. Die Betriebsratsvorsitzenden erleben es als eine ihrer zentralen Aufgaben, aber auch großen Herausforderungen, die Betriebsratskolleginnen und

-kollegen in diesem Kampf, sich zu positionieren, zu unterstützen. Diese Unterstützung erfolgt zum einen durch ein Coaching der Betriebsratskolleginnen und -kollegen. Dabei geht es nicht nur darum, ihnen Mut zu machen, sondern auch Tipps zu geben, wie man gewisse Dinge einfacher erreicht, wie man sich gegenüber der Geschäftsführung am besten verhält, welche Abläufe eingehalten werden sollten etc. Zum anderen unterstützen die Betriebsratsvorsitzenden ihre Betriebsratskollegen/-kolleginnen mittels Vorgesprächen, die sie mit den firmeninternen Ansprechpersonen (Filialleiter/innen, Geschäftsleitung,…) der einfachen Betriebsratsmitglieder führen, um diesen den Weg zu bereiten.

**BR:** *Wobei ich da auch wieder im Vorfeld, damit das funktioniert, mit dem Gebietsleiter geredet habe, ihm klargemacht habe, die Betriebsrätin in der Filiale hat jetzt, die darf das, und er hat sie zu akzeptieren. Das ist alles so viel Vorarbeit, dass die das zulassen.*

Es ist eines der vielen Hindernisse, die der Körperschaft in den Weg gelegt werden und eine kollektive Aufgabenverteilung und Zusammenarbeit im Kollegium erschweren.

Die Versuche, Betriebsratsmitglieder innerhalb des Betriebes zu marginalisieren, beziehen sich aber auch auf die Unterminierung ihrer Position bei den Beschäftigten. Die Interviewten berichten immer wieder von Situationen, wo die Geschäftsleitung gegenüber den Beschäftigten mit der Parole auftritt „Für was brauchen wir da den Betriebsrat hineinzuziehen? Das machen wir beide uns so viel einfacher aus“. Oder aber den Angestellten offen mit Konsequenzen droht, wenn sie Betriebsratsmitglieder zu Gesprächen hinzuziehen oder über Problemlagen informieren.

**BR:** *Wenn der Mitarbeiter will, dass man dabei ist, dass es da keine Konsequenzen gibt, dass da keine Drohungen sind, es gibt ja immer diese versteckten Drohungen, wenn du den Betriebsrat anrufst, und und. Ich meine, das hat sicher ein jeder.*

Die Auswirkungen dieser Arbeitgeberstrategien auf das Verhältnis zwischen Betriebsratskollegium und Mitarbeiter/innen sowie die Strategien, mit denen Betriebsrätinnen und -räte darauf reagieren, werden im nächsten Kapitel näher beleuchtet.

Eine andere Strategie wird sichtbar, wenn gegenüber den Mitarbeiterinnen und Mitarbeitern in Frage gestellt wird, ob Betriebsratsmitglieder tatsächlich noch das gleiche Arbeitspensum wie sie leisten, weil sie aufgrund ihrer Betriebsratstätigkeit Zusatzaufgaben abseits des normalen Arbeitsablaufs wahrnehmen. Es wird eine Atmosphäre geschaffen, in der nicht anerkannt wird, dass Betriebsratsmitglieder andere Arbeit leisten, die den Beschäftigten zugute kommt, sondern vielmehr die Betriebsratsmitglieder als Drückeberger/innen dargestellt werden, die weniger arbeiten. Hier kommen Betriebsräte/-rätinnen rasch unter Druck sich zu rechtfertigen und den Kolleginnen und Kollegen zu beweisen, dass sie ihre Arbeit im Betrieb nicht vernachlässigen.

**BR:** *Das hat damit nix zu tun gehabt, ich hab ja hinterher immer meine Arbeit gemacht – ich hab mich nie auf den Status berufen und gesagt, dies tue ich jetzt nicht, denn ich bin Betriebsrat und ich nehme auch nicht an, jemand anderes von uns. Also die Leute, die in den Filialen arbeiten, haben sicher immer ihre Arbeit geleistet.*

Das heißt in der Praxis, dass sie neben der „normalen“ Arbeit im Betrieb zusätzlich noch ihre Betriebsratsarbeit erfüllen, was zu einer weiteren Belastung und Stress führt.

Eine ganz andere, sehr diffizile Ebene der Repression betrifft Situationen, in denen die Interviewten direkt oder indirekt vor die Wahl gestellt werden, sich zwischen einer Karriere im Betrieb oder der Tätigkeit als Betriebsrat/-rätin zu entscheiden. Wenn etwa die Abwesenheit von Abteilungs- oder Filialleitern/-leiterinnen im Rahmen ihrer Betriebsratstätigkeit von der Geschäftsleitung genutzt wird, um ihre Arbeit als Angestellte im Betrieb schlecht zu machen bzw. schlecht zu bewerten. Dies geschieht etwa, indem Kontrollbesuche dann angesetzt werden, wenn das Betriebsratsmitglied nicht im Betrieb ist bzw. an einer Betriebsratssitzung teilnimmt.

**BR:** *Mir ist das so passiert, wenn eine Betriebsratssitzung angesetzt war, dann ist der Gebietsleiter immer in meine Filiale gekommen Inspektion machen und hat dann natürlich einen*

*Bericht geschrieben, bis ich halt dann gesagt hab, dann fahr ich eben nimmer, dann ist er halt auch gekommen, aber dann konnte er nicht viel machen, denn dann habe ich natürlich immer gleich Stellung nehmen können.*

**IV:** *Gleichzeitig heißt das, dass Sie dann nicht an den Betriebsratstreffen teilnehmen konnten?*

**BR:** *Ja.*

**IV:** *Das heißt, er hat die Kontrolle gleichzeitig angesetzt, wenn die Betriebsratssitzungen angesetzt waren?*

**BR:** *Richtig ja – das ist ja nicht angesetzt, sondern er kommt ja im Geheimen, damit man nicht vorbereitet ist darauf. Wir wissen zwar, er kommt einmal in der Woche wahrscheinlich – das wurde dann immerhin so angesetzt, dass ich nicht da bin.*

**IV:** *Was passiert bei diesen Kontrollen?*

**BR:** *Na ja, er inspiziert die ganze Filiale und zeigt dann Mängel auf und die hält er in einem Bericht fest, und diesen Bericht bekommt dann auch die Firmenleitung und dann heißt es natürlich, der X geht spazieren und in der Filiale schaut es aus.*

Aber auch der Personalmangel führt dazu, dass Betriebsratsmitglieder immer wieder nicht an den Betriebsratssitzungen teilnehmen, weil sie ihren Ausfall in der Filiale der Kollegenschaft nicht auch noch zumuten möchten. So kann man über den bewusst betriebenen Personalabbau indirekt die Zusammenarbeit des Betriebsratsgremiums weiter erschweren.

Die interviewten Betriebsratsmitglieder erleben die Angriffe der Geschäftsleitung sehr bewusst und sind sich ihrer subalternen Position gewahr. Sie sind daher ständig auf der Hut, weil sie davon ausgehen, zu jeder Zeit Angriffen ausgesetzt zu sein. Das führt dazu, dass sie auch dann, wenn sie scheinbar Erfolge erzielen, diese oftmals hinterfragen: Ist es tatsächlich ein Erfolg, oder übersehen wir etwas? Welche „hidden agenda" der Geschäftsleitung übersehen wir?

Sie befinden sich in einer kontinuierlichen Position der Unsicherheit.

**BR:** *Ich habe das Gefühl. Ich meine, ich bin sehr vorsichtig, weil wenn sich etwas bessert, dann hinterfrage ich immer, mache ich etwas schlecht, oder haben sie es zu leicht mit mir? Warum erzählen sie mir jetzt alles schon im Vorhinein? Auf der anderen Seite, wenn ich dann mit den Kollegen darüber rede, nein, wir haben eine Veränderung, es wird besser, das Ganze kriegt, man wird akzeptierter. Aber trotzdem hinterfragt man es immer.*

**IV:** *Die Frage, die sich für Sie dann stellt: Warum akzeptieren sie Sie mehr?*

**BR:** *Ja, die stelle ich mir dann laufend, weiß ich nicht.*

## Betriebsratsmitglieder in der Wahrnehmung der Beschäftigten

Doch die Betriebsratsmitglieder sind sich nicht nur ihrer eigenen schwachen Position im Betrieb bewusst. Die Interviewten berichten, dass Betriebsratsmitglieder auch von den Beschäftigten als schwach und ohne große Schutzfunktion erlebt werden. Sehr offensichtlich wird die eigene Schwäche für Betriebsratsmitglieder den Beschäftigten gegenüber, wenn es um Kündigungen geht, die im Vorhinein nicht verhindert werden konnten.

**BR:** *Ja zum Beispiel bei Kündigungen, da kommen die auch, aber man kann nicht viel machen und die Leute sind angefressen auf einen und dass man die nicht mehr in Schutz nehmen kann.*

Die Interviewten erleben eine ungeheure Angst vor dem Jobverlust im Handel. Dass ein/e Beschäftigte/r bei der einen Firma kündigt und sofort bei mehreren anderen Firmen anfangen kann bzw. im Handel einen neuen Arbeitsplatz mit demselben Stundenumfang findet, stufen sie als sehr unwahrscheinlich ein. Gerade deshalb ist, ihrer Ansicht nach, der Erhalt des eigenen Jobs eine ganz zentrale Erwartung an die Betriebsratsmitglieder. Können die Interviewten bei Kündigungen dann nichts unternehmen, scheitern sie in einem der für die Beschäftigten wichtigsten Bereiche.

Wobei die Mitglieder des Betriebsrats immer wieder darauf verweisen, dass die Beschäftigten zumeist von ihren Erfolgen nichts wissen. Kann etwa eine Kündigung im Vorhinein durch den Einsatz des Betriebsrates verhindert werden, geschieht dies zu einem Zeitpunkt, an dem die/der Betroffene noch keine Kenntnis davon hat. Wird die Kündigung verhindert, erfährt diese/r es meistens nicht. Ein Grund dafür ist auch, dass die Betriebsrätinnen/-räte sich meistens dazu entschließen, der Person nichts darüber zu sagen, damit sie nicht verunsichert und verängstigt wird.

Gleichzeitig erleben sie, dass dadurch für die Beschäftigten der Eindruck entsteht, dass einerseits mit dem eigenen Job alles in Ordnung ist und andererseits aber die Betriebsratskörperschaft nichts für die Beschäftigten tut.

**BR:** *Ja. Und für mich ist das, mir könnte man wahrscheinlich vorwerfen, ich verkaufe mich zu wenig, ja. Ich müsste mich sicher in den Augen anderer vielleicht besser, stärker verkaufen, nach außen. Aber ich für meine Person brauche das nicht, und für meine Arbeit ist das ausreichend, weil wenn ich mich in den Medien oder sonst wo wirksam verkaufe, dann hilft mir das in meiner Tätigkeit nicht wirklich. [...] Ja, es ist nur das Problem, ich selber brauche es nicht, aber die Mitarbeiter sehen das ja wirklich anders. Die schauen auf so was. Wie sie, wo ist wer zu finden, das zeigt auch Stärke.*

**IV:** *Beziehungsweise ist es auch schwierig, wenn Sie Entlassungen und so, oder Kündigungen im Vorhinein verhindern, kann man ja nicht hingehen und sagen, du, ich habe gerade verhindert, dass du gekündigt wirst. Also wenn Sie Ihre Erfolge den Mitarbeitern nicht wirklich mitteilen können.*

**BR:** *Ja, es sind viele Sachen, die du nicht mitteilen kannst, und das, wie auch, ich kann es ja nicht, ich weiß nicht wie glücklich der Mitarbeiter wäre, wenn er das wüsste.*

Oder wenn Betriebsräte/-rätinnen größere Kündigungswellen durch das Aufzeigen budgetärer Alternativen verhindern, erleben die Beschäftigten meist nur, dass sie aufgrund von Zuschlagskürzung oder dem Wegfallen von Überstunden weniger verdienen.

Auf diese Weise wird nur das Versagen der Betriebsratsmitglieder öffentlich, nicht aber ihre Erfolge.

Eine andere Schwäche der Betriebsratsmitglieder wird sichtbar, wenn die Geschäftsleitung versucht, die Beschäftigten und den Betriebsrat gegeneinander auszuspielen. Etwa wenn den Beschäftigten mit Konsequenzen gedroht wird, sollten sie den Betriebsrat einschalten. Dieser Drohung wird meist von Seiten der Betriebsrätinnen/-räte nicht offensiv begegnet. Vielmehr haben die Interviewten unterschiedliche Strategien entwickelt, die das Gefahrenpotential der Drohung anerkennen bzw. ernst nehmen, und versuchen einerseits, die Mitarbeiter/innen zu schützen, und andererseits trotzdem etwas zu erreichen. Eine Möglichkeit hierfür ist es, nach Wegen zu suchen, die es ihnen ermöglichen, Probleme im Betrieb allgemein anzusprechen, ohne diese an der konkreten Problemlage eines/einer Beschäftigten aufzuhängen. Meldet jemand zum Beispiel Unregelmäßigkeiten in der Stundenaufzeichnung, kann vom Betriebsratskollegium eine allgemeine Prüfung veranlasst werden, in der die Unregelmäßigkeiten „zufällig“ entdeckt und beanstandet werden.

Eine andere Möglichkeit ist es, die Mitarbeiter/innen auf ein Gespräch mit ihrer/ihrem Vorgesetzten vorzubereiten, diesem/dieser gegenüber aber so zu tun, als hätte der/die Mitarbeiter/in nicht mit dem Betriebsrat gesprochen und so den Schein aufrecht zu erhalten und die Beschäftigten vor Repressionen zu schützen.

**BR:** *Oder halt einfach auch dem Mitarbeiter den Tipp zu geben, ok, lieber Mitarbeiter, rede zuerst selber mit dem Marktleiter, ich würde das und das machen, wenn du nicht weiterkommst, dann meldest du dich noch einmal, dann reden wir gemeinsam. Weil es halt oft so ist, dass sich natürlich Vorgesetzte eher auf den Schlips getreten vorkommen, wenn du als Betriebsrat auftrittst und sagst: Du, deine Mitarbeiterin hat ein Problem, oder: ich habe gehört, das und das Problem ist gerade bei dir in der Filiale. […] Es ist leider noch immer so, dass sehr viele [Vorgesetzte] im Betriebsrat, ich behaupte immer wieder, ihren Feind sehen, dass wenn ein Mitarbeiter den Betriebsrat anruft, dass es dann heißt, ja warum hast du denn dort angerufen, oder warum hast du uns dort verschergelt* *oder so, das kommt trotzdem noch immer. Obwohl es blöd ist, weil wenn du nachher einen Marktleiter oder einen Gebietsleiter zur Rede stellst, heißt es immer: ich habe eh kein Problem, wenn die dich anreden, weil es ist ja eh deine Arbeit. Aber du weißt genau, dass es in Wirklichkeit nicht so ist. Du bist da sehr der ... deswegen versuchen wir sehr viele Sachen so zu regeln, dass die Mitarbeiter nicht direkt; dass er nicht seine Anonymität verliert.*

Diese Strategien ermöglichen es den Betriebsratsmitgliedern, aus einer subalternen Position heraus die Mitarbeiter/innen zu unterstützen. Gleichzeitig bestätigen sie damit aber ihre eigene Schwäche und signalisieren den Beschäftigten, dass sie nicht die Macht haben, sie offen schützen zu können.

Damit die Betriebsratsmitglieder aber überhaupt etwas für die Mitarbeiter/innen tun können, müssen sie von deren Problemlagen erfahren. Voraussetzung dafür ist, dass diese genug Vertrauen aufgebaut haben, um sich an den Betriebsrat zu wenden. Die oftmals gegebene Filialstruktur erschwert den Aufbau von Vertrauensverhältnissen erheblich.

Der Kontakt zur Belegschaft ergibt sich daher oft nur sehr zufällig bzw. dann, wenn die Situation schon sehr problematisch und bedrohlich für die einzelne Person geworden ist. Die Kontaktaufnahme selbst wird in der Filialstruktur meist von den Betroffenen telefonisch hergestellt. Diese müssen also eine sehr aktive, bewusste Handlung setzen und, wie die Interviewten vermuten, einige Hemmschwellen überwinden, bevor sie zum Hörer greifen.

Problematisch für die Filialstruktur ist auch, dass es länger dauert, bis man zu den Beschäftigten als Betriebsrat/-rätin ein Vertrauensverhältnis aufbauen kann. Dafür muss man wieder über längere Zeit vor Ort sein und sich beweisen. Das geht aber rein strukturell nicht. Betriebsratsmitglieder, die einen einzigen Betriebsstandort betreuen, tun sich damit erheblich leichter. Für sie ist es auch einfacher, Betriebsversammlungen zu organisieren. Für Körperschaften, die eine Filialstruktur betreuen, ist dies eine ungeheure logistische und organisatorische Herausforderung. Aber selbst Betriebsratsmitglieder aus Körperschaften mit nur einem Standort berichten, dass das Abhalten von

Betriebsversammlungen schwer ist und die eigene Schwäche vor Augen führt. Sind die Versammlungszeiten etwa so angesetzt, dass sie in die Öffnungszeiten des Betriebs fallen, müssen sie davon ausgehen, dass der Großteil der Beschäftigten nicht daran teilnimmt bzw. die Versammlung verlässt, sobald die Arbeitszeit beginnt.

**BR:** *Ich habe Betriebsversammlungen gemacht und habe gesagt, bei längeren Öffnungszeiten bleiben eure Zeiten gleich. Und alles was drüber geht, sind Überstunden. Ich habe die Versammlung so angesetzt, das die nicht aufsperren konnten. Wenn die um 8 aufsperren wollten, hab ich 7:30 bis 8:30 angesetzt. Es sind dann Leute um 7:30 gekommen und sind um 7:55 aufgestanden und haben gesagt, jetzt müssen wir aufstehen, wir müssen gehen. Da bin ich dann allein da gestanden.*

Aber nicht nur die Beschäftigten fürchten sich vor der Reaktion ihrer Vorgesetzten, wenn sie an etwas wie einer Betriebsversammlung (vor allem während der Öffnungszeiten) teilnehmen. Betriebsratsmitglieder selbst berichten immer wieder davon, dass sie zum Beispiel nicht an Bildungsangeboten während der Dienstzeit teilnehmen, aus Sorge wie die Vorgesetzten darauf reagieren könnten bzw. welche Folgen dies hätte. Interessanterweise konnte aber niemand von tatsächlichen Konsequenzen berichten, die eintraten, als man seinen Anspruch auf Bildungsfreistellung geltend gemacht hat. Diese Berichte machen deutlich, wie subtil die Repression wirkt und wie tief sie im Denken der Betriebsratsmitglieder verankert ist, dass sie nämlich sogar dann vorauseilenden Gehorsam erzeugt, wenn noch nie Konsequenzen erlebt wurden.

**BR:** *Ich habe schon gemerkt, dass die Angst war, das der Geschäftsführung mitzuteilen, dass wir drei Tage ein Seminar machen. Das war eigentlich das Problem für ihn. Weil das nie war.*

**IV:** *Wie hat die Geschäftsleitung darauf reagiert?*

**BR:** *(flüstert) Es ist ihnen wurscht gewesen.*

**IV:** *Es war ihnen wurscht?*

**BR:** *(flüstert) Na sicher. (Kurze Pause) Ich brauche nur rechnen, wenn alle Betriebsräte eine Bildungsfreistellung in Anspruch nehmen, was sie ja im Endeffekt nicht wirklich tun, weil du musst sie ja dauernd zwingen, quasi zwingen, das kostet sie weit mehr.*

### Das Fehlen autonom-kollektiver Kommunikationsräume

Ein weiterer Aspekt der Subalternität von Betriebsratskollegien sind die fehlenden autonomen, kollektiven Kommunikationsräume auf verschiedenen Ebenen, im Betriebsratskollegium, mit den Beschäftigten, aber auch mit anderen Betriebsratskollegien.

In den Interviews wird deutlich, dass es oftmals nicht nur schwierig ist, dass die Betriebsratsmitglieder von den Problemen der Angestellten erfahren, sondern ihnen oftmals auch Kommunikationsräume fehlen, in denen sie die Belegschaft über ihre Arbeit informieren können, über Entwicklungen im Konzern sowie über das Vorhaben des Betriebsrats. Es gibt wenige Möglichkeiten, um Problemlagen mit den Angestellten zu diskutieren und abzuklären, ob diese hinter den Betriebsratsmitgliedern und ihrem Vorgehen stehen.

Betriebsversammlungen finden nur sehr selten statt und wenn, dann meist nur unter großen Anstrengungen. Allgemein wird das Problem erlebt, die Beschäftigten zur Teilnahme zu motivieren. Während der Arbeitszeit haben sie Angst zu kommen und ihre Freizeit möchten sie oftmals nicht dafür zur Verfügung stellen. Ähnliches wird auch erlebt, wenn die Betriebsratskollegien versuchen, gemeinsame Aktivitäten der Belegschaft außerhalb des Betriebs, in der Freizeit zu organisieren.

**BR:** *Haben wir früher auch öfters gemacht, wir haben z.B. einen Ausflug gemacht auf dem Donaudampfschiff in die Wachau und retour; einmal waren wir bowlen, und, aber jetzt ist eigentlich gar nichts, die letzten eineinhalb Jahre eigentlich überhaupt nichts. [...] Es nehmen aber auch immer weniger daran teil, ich muss sagen, das Interesse ist nicht da. [...]*

**IV:** *Warum?*

**BR:** *Weil sich keiner die Zeit nehmen will, dass er sagt am Wochenende, wo er mit seiner Familie die Zeit verbringen will, dass er dann auch noch mit dem Betriebsrat, mit der Firma unterwegs ist. Der geht eh erst um 6 am Abend hier raus, dann soll er am Sonntag auch noch kommen – da hast du gar kein Wochenende. So gesehen, nicht, kein privates Wochenende.*

Von einigen Interviewten wird dies als Ausdruck des Erschöpfungszustands der Angestellten gedeutet, die in ihrer Freizeit keinen wie auch immer gearteten Kontakt zur Erwerbsarbeit haben wollen.

Damit reduzieren sich die Gelegenheiten, wo Betriebsrätinnen und Betriebsräte mit den Beschäftigten ins Gespräch, in einen Austausch kommen könnten, weiter. Verschärft wird dieser Verlust auch dadurch, dass die Interviewten immer weniger Möglichkeiten für den informellen Austausch mit den Angestellten während der Arbeitszeit sehen. Filialstrukturen verunmöglichen diesen Austausch ganz besonders, aber auch für Betriebsrätinnen/-räte mit nur einem Standort macht es die Arbeitsorganisation innerhalb des Betriebs immer schwieriger, Räume und Zeit zu finden, in der sie sich mit den Beschäftigten austauschen können und so auf sehr informellem, kollegialem Weg von deren Problemen zu hören, bzw. diese zu diskutieren.

Für die Kommunikation und den Austausch innerhalb des Betriebsratskollegiums sind vor allem Filialstrukturen ein großes Problem. Wie bereits aufgezeigt, müssen die Betriebsräte mit offenen Strategien der Geschäftsleitung umgehen, mit denen versucht wird, die Teilnahme einzelner Betriebsratsmitglieder an den Sitzungen zu verhindern oder zu erschweren. Davon abgesehen beschreiben sich Betriebsratsmitglieder in Filialstrukturen in einem Zwiespalt.

Einerseits ist die Sitzungsfrequenz für viele eine große Herausforderung, weil sie eine zusätzliche Arbeitsbelastung darstellt, oftmals eine weite Anreise voraussetzt und nicht in den Arbeitsalltag integriert werden kann. Insofern werden die Sitzungen als zusätzliche Belastung erlebt, die nicht zu oft stattfinden darf. Andererseits werden die Sitzungen als wichtig erlebt und es wird darauf verwiesen, dass es eigentlich mehr Sitzungen bedürfte, um in einen wirklichen Austausch zu kommen bzw. strategische Diskussionen zu führen.

Auch die interviewten Betriebsratsvorsitzenden erleben die Kommunikation in den Sitzungen als große Herausforderung, da es viel Information gibt, die einfach weitergegeben werden muss. Für Diskussionen und Austausch bleibt da oft (fast) keine Zeit.

**BR:** *[...] weil mit den paar Sitzungen im Jahr, das ist schwierig, weil du sollst informieren, du sollst berichten, und ich kann aber nicht 6 Stunden, ja, ich kann schon 6 Stunden lang nur berichten, und eigentlich kommt kein anderer zu Wort.*

Es wird in den Interviews auch von Versuchen erzählt, neue Kommunikations- und Informationstechnologien zu nützen. Dies wird als Möglichkeit des kontinuierlichen Austauschs zwischen den verschiedenen Ebenen und über räumliche Entfernung hinweg empfunden. In dem untersuchten Konzern werden diese (Online-)Räume bzw. Infrastruktur von der Konzernleitung zur Verfügung gestellt. Damit sind diese aber nicht mehr autonom, sondern können jederzeit entzogen bzw. verhindert werden, was auch geschieht.

**BR:** *Vom Zentralbetriebsrat haben wir in unserem PC [einen] Ordner da quasi zur Verfügung gestellt [bekommen], dass wir zugreifen können. Nur komischerweise funktioniert das schon wieder nicht. [Der Zentralbetriebsrat] ist 14 Tage auf Urlaub, und wir können nicht zugreifen. Da hat [der Konzern] schon wieder irgendetwas geändert. [...] Wir haben die [Zugangs-]Berechtigung gehabt, und auf einmal ist sie weg.*

Eine andere Ebene ist die Kommunikation, der Austausch mit anderen Betriebsratskollegien und Gewerkschaftssekretärinnen und -sekretären. Für die Interviewten ist hier vor allem der Austausch mit anderen Betriebsratskollegien derselben Branche von großem Interesse. Es wird angenommen, dass die Kollegien innerhalb derselben Branche mit ähnlichen Herausforderungen und Problemen kämpfen und hier ein Erfahrungsaustausch und ein gemeinsames Vorgehen die eigene Arbeit im Betrieb unterstützen könnte. Ein solcher Austausch innerhalb der Branche findet aber wenn, dann nur auf informellem Wege statt, indem sich zufällig zwei Betriebsratsmitglieder kennen oder zwei Gremien bewusst Kontakt zu einander aufbauen. Einige Interviewte würden sich eine Organisierung dieses Austauschs bzw. das Bereitstellen von branchenweiten Kommunikationsräumen durch die Gewerkschaft wünschen.

**BR:** *Na ja, hat er [der Gewerkschaftssekretär] gesagt, es hält euch ja eh keiner ab, dass ihr euch trefft untereinander. Sage ich, du musst wo angrennt sein. Das ist nicht meine Aufgabe, dass ich das organisiere, dass ich die anrufe jetzt, dass wir uns sehen, uns treffen.*

Von Gewerkschaftsseite gibt es das Angebot der Bezirksbetriebsratsarbeitsgruppen. Diese sind allerdings nicht nach Branche, sondern nach Bezirk organisiert. Nicht allen Interviewten ist deren Bestehen bekannt und einige kritisieren an der branchenübergreifenden Zusammensetzung die von ihnen wahrgenommenen unterschiedlichen Ausgangslagen und Herausforderungen, die eine gegenseitige Unterstützung ihrer Meinung nach erschweren.

Im Austausch mit Betriebsräten und -rätinnen aus derselben Branche haben die Interviewten erlebt, dass man ohne viel Vorinformation und Erklärungen der eigenen Lage diskutieren kann, da die Anderen ein Grundwissen über die Situation im Handel haben und man „eine Sprache" spricht. In den Interviews wird darauf hingewiesen, dass dies in Bezirksbetriebsratsarbeitsgruppen nicht gegeben ist und zuerst einmal notwendige Grundinformationen ausgetauscht werden müssten, bevor man eine strategische Diskussion führen könnte.

Für andere Betriebsratsmitglieder wieder ist die Teilnahme an überbetrieblichen Kommunikations- und Austauschräumen (egal in welcher Form) alleine aufgrund ihrer beschränkten Zeitressourcen bzw. der bereits vorhandenen Überlastung keine Option. Es gibt aber auch Betriebsrätinnen und Betriebsräte, die sich von einem Austausch mit anderen Betriebsräten außerhalb des eigenen Betriebs für die eigene Arbeit nichts versprechen und daher kein Interesse daran haben.

## Kollektiver Widerstand ist keine Option

Angesichts der individuell wahrgenommenen Schwäche der Betriebsratsmitglieder und ihrer subalternen Position innerhalb des Betriebs ist es wenig überraschend, dass in den Interviews kollektiver Widerstand keine Option darstellt. Zentrales Argument der Interviewten, warum es für sie keine Option ist, ist zumeist der Verweis darauf, dass sie nicht sicher sind bzw. keine Gewissheit haben, dass die Belegschaft im Konfliktfall hinter dem Betriebsratskollegium steht und bei Protestaktionen oder offen ausgetragenen Konflikten den Widerstand aufrechterhalten bzw. durchhalten würde. Denn nicht nur die Beschäftigten erleben die Betriebsräte/-rätinnen als schwach. Auch die Betriebsratsmitglieder erleben die Belegschaft in einer unterdrückten Position, die von der Angst beherrscht ist, den eigenen Arbeitsplatz zu verlieren. Dies führen sie auch auf deren schwache Position innerhalb der Gesellschaft zurück.

**IV:** *Glauben Sie, das ist nur so eine Idee, gäbe es bei den Angestellten auch die Bereitschaft sich dagegen zu wehren? Was auch immer Protestaktionen sein könnten ...*

**BR:** *Das ist (lacht) Das ist ein schwieriges Thema. Wenn ich in einem Aufenthaltsraum mit den Mitarbeitern diskutiere und sie vielleicht von gewissen Sachen überzeugen kann, dann sind sie alle dabei. Ich weiß aber genau, wenn ich nach drei Monaten hinkomme und sage, so jetzt geht ihr mit, dass ich wahrscheinlich alleine dort stehe.*

**IV:** *Weil sie alle ...*

**BR:** *Ich habe Angst um meinen Arbeitsplatz ... Das ist ein Standardsatz, den höre ich schon zehn Jahre.*

Die Reaktion der Betriebsrätinnen/-räte auf diese Angst der Belegschaft ist zumeist eine individuelle Schutzfunktion, indem sie versuchen, die Kolleginnen und Kollegen so wenig wie möglich zu beunruhigen und ihnen wenn möglich nichts über verhinderte Kündigungen mitteilen. Andererseits wird in den Interviews immer wieder von individuellen Widerstandsformen berichtet, mit denen die Arbeitnehmer/innen gegen die Belastung kämpfen.

**BR:** ... *Krankenstände, die sie vorher ankündigen, weil sie die Arbeit nicht mehr freut.*

Dadurch, dass es aber keine gemeinsame Idee von Widerstand gibt, ist jeglicher Versuch sehr vereinzelt und damit auch leicht angreifbar bzw. zu unterbinden. Individueller Widerstand zieht oft Repressalien und Kündigungen von Einzelpersonen nach sich, denen die Betriebsrätin/der Betriebsrat wiederum wenig entgegenzusetzen hat.

### 3.2.3.2 Antizipation in der Bürokratie

Wie wir bisher gesehen haben, haben die Betriebsratsmitglieder Strategien entwickelt, wie sie trotz ihrer subalternen Position innerhalb des Betriebs etwas für die Beschäftigten erreichen können bzw. wie sie zumindest Verschlechterungen verhindern oder verzögern können. Zentral dafür ist es, sich in die Betriebsbürokratie zu begeben und innerhalb dieser Strukturen Handlungen und Ereignisse vorweg zu nehmen, zu antizipieren.

Etwa wenn sie versuchen müssen, Kündigungen zu verhindern, bevor sie ausgesprochen werden. Das heißt, rechtzeitig zu erfahren, wenn Kündigungen geplant sind und dann noch genügend Zeit zur Verfügung zu haben, um auf diplomatischem Wege gegen diese vorzugehen. Eine Möglichkeit dazu haben sie, indem sie lernen, die Jahresbudgets richtig zu deuten und etwa herauszulesen, ob an der einen oder anderen Stelle Kosten budgetiert sind, die die Abfertigung älterer Mitarbeiter/innen abdecken würden. Dieser Indikator ermöglicht es ihnen, relativ langfristig vorher schon Kontakt zur Geschäftsleitung aufzunehmen bzw. nach Budgetalternativen zu suchen, die statt der Personalkosten eingespart werden könnten.

Eine andere Möglichkeit ist es, mit den Mitarbeiterinnen und Mitarbeitern so engen Kontakt aufzubauen, dass sie sich melden, sobald sie das Gefühl haben, auf der „Abschussliste" zu stehen. Dafür ist es notwendig, kontinuierlichen, sehr engen Kontakt mit den Beschäftigten zu halten. Außerdem bedeutet es, dass die Angestellten sehr hellhörig sein und die Betriebsräte/-rätinnen bei den leisesten Verdachtsmomenten einschalten müssen. Es kann also sein, dass Betriebsratsmitglieder oftmals aktiv werden, wo gar kein tatsächlicher Anlass gegeben ist. Es entsteht dadurch eine weitere Arbeitsbelastung, die abcr notwendig ist, um die Fälle, die tatsächlich eine Bedrohung darstellen, erkennen zu können.

Eine dritte Möglichkeit besteht darin, mit den verschiedenen Abteilungen und Vorgesetzten einen ständigen Informationsfluss aufrecht zu erhalten. Die Betriebsrätinnen und Betriebsräte haben dabei das Gefühl, ständig hinterfragen zu müssen, warum sie eine Information erhalten haben und welche Ziele die Betriebsleitung damit verfolgt.

Die Antizipation geht aber über das frühzeitige Erkennen von Problemen weit hinaus. Es geht soweit, dass es Betriebsrätinnen und Betriebsräte als ihre Aufgabe ansehen, Probleme vorwegzunehmen, bevor sie überhaupt noch zu Problemen geworden sind. Dafür ist es notwendig, dass sie mit den Arbeitsabläufen, Strukturen und der betrieblichen Bürokratie so vertraut sind, dass mögliche Widersprüche und daraus resultierende Probleme erkannt und bearbeitet werden, bevor sie sich zuspitzen können.

**BR:** *Es ist auch bei mir so, dass du oft sagst, du gehst da wegen Sachen hinein, wo du dir denkst, wo du im Vorhinein siehst, ok, das könnte auf uns zukommen.*

**IV:** *Das Problem schon zu lösen, bevor es das Problem gibt.*

**BR:** *Genau, bevor es wirklich ein Problem wird.*

Bei Firmenstrategien, die vom Management langfristig geplant werden, erleben die Interviewten immer wieder, dass es aufgrund von Antizipationsleistungen des Zentralbetriebsratskollegiums und Betriebsratsvorsitzenden möglich ist, frühzeitig zu intervenieren und auf die einen oder anderen Pläne Einfluss zu nehmen.

**IV:** *Was kann da der [Konzern B] Zentralbetriebsrat bewirken? Hat er da noch Einwirkmöglichkeiten auf so etwas; wenn es von der Zentrale diktiert wird, kann man ... ?*

**BR:** *Wenn man es im Vorfeld erfährt, ja. Es gibt sehr wohl Punkte, z.B. haben wir vor ein paar Jahren eine Sammelprämie gekriegt für unsere Lagermitarbeiter, wo wir von Anfang an* *mit eingebunden waren. Es gibt aber natürlich auch in so einem großen Konzern wie bei uns oft Sachen, die du kriegst, und du wirst vor vollendete Tatsachen gestellt, und sie haben es rechtlich abgeprüft, wo auch nicht einmal ein Zentral-Betriebsrat sagen kann, „he, halt, das interessiert uns nicht", weil sie es einfach rechtlich abgesichert haben. Es gibt sehr wohl, wenn du es bald genug erfährst, sicher Veto-Sachen genauso, wo sie trotzdem [machen].*

Die Antizipationsleistung der Betriebsratsmitglieder in der Firmenbürokratie erfordert es, dass sie de facto „ihre Ohren überall haben müssen" – bei den Vorgesetzten in den Abteilungen/Filialen, in der Konzernzentrale bzw. den verschiedenen Abteilungen der Bürokratie; und bei den Mitarbeiterinnen und Mitarbeitern. Damit dies möglich wird, müsste die einzelne Betriebsrätin/der einzelne Betriebsrat eigentlich immer und überall vor Ort bzw. erreichbar sein. Nur so wäre es möglich, immer am Laufenden zu sein, Informationen nebenbei, quasi zwischen Tür und Angel zu erfahren und schnellstmöglich darauf zu reagieren.

**BR:** *Unser Chef ist einer, den triffst du überall. Den triffst du im Lager, den triffst du da hinten und da hinten. Die meisten Gespräche haben wir gar nicht bei ihm im Büro, sondern haben wir in der Kantine, die haben wir da irgendwo, die haben wir mitten am Gang, weil er einfach überall präsent ist. Hängt aber, natürlich wenn ich jetzt einen Termin habe mit ihm, mache ich mir einen aus, ich gehe hinein und wir haben einen konstruktiven Termin.*

Diese Präsenz ist natürlich für ein Betriebsratskollegium an einem Standort leichter zu bewältigen als für Betriebsräte, die eine Filialstruktur betreuen müssen. Die Betriebsratsvorsitzenden in Filialstrukturen haben hier den Vorteil, dass sie in der Zentrale vor Ort sind und so informelle Informationskanäle aufbauen können, die den einfachen Betriebsratsmitgliedern in den Filialen nicht zur Verfügung stehen. Der gesamte Betriebsrat steht aber vor der Herausforderung, Kontakt zu den zahlreichen Beschäftigten über die Distanz aufzubauen und aufrecht zu erhalten.

### 3.2.4 Probleme im Betriebsratskollegium

Eine zentrale Herausforderung für die interviewten Betriebsrätinnen und Betriebsräte ist der Aufbau und die Aufrechterhaltung eines arbeitsfähigen Betriebsratskollegiums. Wir greifen in diesem Zusammenhang zwei Problemlagen heraus, die in den Interviews als Schlüsselfragen identifiziert werden konnten und für die Frage von Praxis, aber auch Machtpotentialen zentral erscheinen. Diese sind:

- Organisierung des Betriebsratskollegiums
- Funktionsübernahme/Generationsübergabe

#### 3.2.4.1 Organisierung des Betriebsrats

Ob ein Betriebsratskollegium eine Filialstruktur abdecken muss oder nur einen einzigen Standort, hat sich in den Interviews als das zentrale Unterscheidungsmerkmal in der Organisierung der Kollegien herauskristallisiert. Wenn das Betriebsratskollegium für einen Standort gewählt wurde, hat es den Vorteil, dass alle Mitglieder an einem Ort arbeiten und sich so relativ schnell und unkompliziert austauschen können bzw. viele Fragen und Herausforderungen auf eher informellem Wege zwischen den Sitzungen besprochen werden können und so anlassbezogen reagiert werden kann. Auch kann der Kontakt zu den Angestellten rascher aufgebaut werden, bzw. sind die Betriebsratsmitglieder ständig im Betrieb präsent und so meistens für die Angestellten erreichbar.

Einige Herausforderungen, die sich Kollegien in Filialstrukturen stellen, ergeben sich mit einem Standort also alleine aufgrund der räumlichen und damit auch zeitlichen Nähe einfach nicht.

Die Überwindung der räumlichen und zeitlichen Distanz ist für Betriebsratskollegien, die eine Filialstruktur vertreten, hingegen eine der zentralen Herausforderungen.

Die Interviewten unterscheiden hier zwei Ebenen in der Arbeit von Betriebsratsmitgliedern innerhalb des Kollegiums. Einerseits jene der betrieblichen Arbeit in den Filialen, und andererseits jene der Arbeit in der Firmenzentrale. Hier wird erlebt, dass diese verschiedenen räumlichen Situationen unterschiedliche Betriebsratsarbeit bedingen und eine spezifische Arbeitsteilung befördern.

Die Interviewten sehen für Betriebsratsmitglieder in den Filialen den Vorteil, dass sie in ständigem Kontakt mit den Beschäftigten „ihrer“ Filiale stehen. Indem sie für ihre direkten Kolleginnen und Kollegen leicht erreichbar sind, werden sie oft zu sehr konkreten, individuellen Problemen hinzugezogen. Wenn in einer Filiale kein Betriebsratsmitglied arbeitet, ist die Kontaktaufnahme für die einzelnen Beschäftigten zum Betriebsratskollegium mit viel mehr Initiative und Aktivität verbunden. Die Dauer der Tätigkeit im Betriebsratskollegium kann die Hindernisse im Beziehungsaufbau zu den Beschäftigten teilweise kompensieren. Denn die Interviewten erleben, dass, je länger sie nun schon im Betriebsratskollegium tätig sind, desto mehr Menschen sich an sie wenden.

Die Arbeit von Betriebsratsmitgliedern in der Filiale konzentriert sich somit stark auf beständige „Reparaturarbeiten“ und Problemlösungen der kurzen Wege mit den direkten Vorgesetzten in der Filiale. Sie sind mit vielen zwischenmenschlichen Konflikten konfrontiert und unterstützen die Beschäftigten oftmals auch bei persönlichen, privaten Problemen. Von dem Großteil der Interviewten wird berichtet, dass alle Probleme, die über diese punktuellen Problemlösungen in der „eigenen“ Filiale hinausgehen (zum Beispiel rechtliche Fragen, Probleme der Belegschaft in anderen Filialen etc.), rasch an die Vorsitzenden in der Zentrale delegiert werden.

**BR:** *[...] es ist halt schwierig, wenn du in Wien ein Problem hast, musst du halt immer in der Zentrale in [Niederösterreich] anrufen und dort sagen: Hallo, das ist mein Problem, und bis dann irgendwas geschieht, ist dann vielleicht schon was geschehen, denn wir Betriebsräte in den Filialen sind ... sicher können sie mich anrufen, aber ich kann ihnen nicht wirklich hundertprozentig raten, was sie jetzt tun sollen, ich kann nur sagen, zögern Sie es so lange wie möglich hinaus und unterschreiben Sie nichts. Sonst kann ich ihnen auch nichts sagen. Sie müssen erst wirklich den Betriebsrat in der Zentrale kontaktieren, dass der ihnen dann wirklich helfen kann.*

Das bedeutet in der Praxis eine Häufung und Bündelung der Probleme und der Arbeit bei den Betriebsratsvorsitzenden in der Zentrale. Auf diese erste zentrale Herausforderung werden wir später noch näher eingehen.

Die Betriebsratsmitglieder in den Filialen haben den prinzipiellen Vorteil (ähnlich wie Betriebsratskollegien mit nur einem Standort), ständig vor Ort zu sein. Dadurch scheint es leichter, die Beschäftigten in der Filiale zu organisieren und ein gemeinsames Vorgehen (etwa bei Verweigerung von Überstunden) abzusprechen. Auch kann das einzelne Betriebsratsmitglied in der Filiale direkte Ansprechpartner/in der Vorgesetzten für konkrete Probleme in der Filiale sein bzw. Sprachrohr der Belegschaft in täglichen Konflikten oder bei koordiniertem, gemeinsamem Widerstand. Wieder gilt im Umkehrschluss: gibt es kein Betriebsratsmitglied in der Filiale, fehlt eine Person, die diese Funktion ausübt bzw. diese Organisierungsaufgabe übernimmt. Manchmal übernehmen dies engagierte Beschäftigte, sie haben dann aber meist keinen Kontakt zum Betriebsratskollegium und es entsteht somit kein über die Filiale hinausgehendes, gemeinsames Vorgehen. Immer wieder berichten Betriebsratsmitglieder aber auch, dass sie gerade aus so einer Situation heraus beschlossen haben, für den Betriebsrat zu kandidieren, oder so die/der Vorsitzende auf sie aufmerksam wurde und sie eingeladen hat zu kandidieren.

Eine zentrale Herausforderung für Filialstrukturen ist also die Organisierung der Beschäftigten, die Unterstützung in den täglichen Konflikten und das Koordinieren von kollektivem Widerstand. Wenn die/der Betriebsratsvorsitzende die Betreuung all dieser Filialen als ihre/seine Aufgabe übernimmt, berichten diese, dass sich mehr als ein Besuch pro Filiale pro Jahr nicht wirklich ausgeht und es aufgrund der vielen Teilzeitangestellten und der langen Öffnungszeiten passieren kann, dass sie eine Kollegin/einen Kollegen mehrere Jahre lang bei keinem ihrer Besuche antreffen. Hat das Kollegium also den Anspruch, mehr zu tun als einmal im Jahr in jeder Filiale präsent zu sein, ist dies von der/dem Vorsitzenden alleine nicht bewältigbar.

Die andere Ebene der Betriebsratsarbeit umfasst jene Betriebsrätinnen und -räte, die in der Zentrale arbeiten und somit am gleichen Ort wie das Management sind. Das ist vor allem die/der Betriebsratsvorsitzende sowie Betriebsratsmitglieder, die an Arbeitsplätzen in der Zentrale arbeiten (z.B. eine Bürotätigkeit ausüben) und somit räumlich nahe am Management arbeiten. Von den interviewten Betriebsratsmitgliedern wird berichtet, dass es bisher eine ziemlich klare Arbeitsteilung zwischen der/dem Vorsitzenden und dem übrigen Kollegium gab. Die Arbeitsteilung findet sich tendenziell sowohl in Kollegien mit nur einem Standort als auch in solchen mit Filialen. In letzteren wird die spezifische Arbeitsteilung aber noch einmal durch die verschiedenen räumlichen Situationen und die öfter gegebene Freistellung der/des Vorsitzenden befördert. Diese sind zentrale Ansprechpersonen in rechtlichen Fragen und allgemein für alle Probleme, die nicht direkt in der Filiale geklärt werden können, bzw. sind sie, wenn kein Betriebsratsmitglied in der Filiale arbeitet, ebenfalls mit sehr lokalen Problemen in der Filiale konfrontiert. Allgemein wird auch die Verantwortung für die strategische Ausrichtung des Betriebsratskollegiums und die Koordination desselben bei den Vorsitzenden verortet. Eine ihrer weiteren zentralen Aufgaben sind die Verhandlungen mit dem mittleren und oberen Management.

Die Interviewten berichten, dass der Arbeitsaufwand der Vorsitzenden immer größer wird und nur noch schwer alleine bewältigbar ist. Besonders neue Informationstechnologien haben die Tätigkeiten der Vorsitzenden stark verändert. So ist etwa die Informations- und Antragsflut durch E-Mails enorm gestiegen, gleichzeitig ist dies aber auch eine Möglichkeit des kontinuierlicheren Austauschs und der Informationsweitergabe.

Die interviewten Betriebsratsvorsitzenden mit Filialstrukturen bemühen sich daher, den Arbeitsaufwand zwischen den Betriebsratsmitgliedern gleichmäßig zu verteilen und eine stärkere Arbeitsteilung zu organisieren. Dafür splitten sie die unterschiedlichen Teilbereiche wie Filialen, Fuhrpark usw. in eigene handlungsfähige Bereiche auf und versuchen stärker und in kürzerem Rhythmus Treffen der Betriebsratsmitglieder in diesen Bereichen zu organisieren, auf denen geklärt wird, was vor Ort geregelt werden kann und was in eine übergeordnete Instanz abgegeben werden muss. Dabei stellen sie fest, dass es einige Teilbereiche im Konzern gibt, die sich besser autonom organisieren können und andere, denen das nicht so möglich ist. Dies hat sehr viel mit der Arbeitsplatzrealität zu tun. Ein Betriebsratsmitglied an der Kasse ist zwar vor Ort in der Filiale, kann aber eher schwer ständig erreichbar sein oder schnell einmal ein Betriebsratsgespräch durchführen. Anders ist die Situation bei Fahrern/Fahrerinnen oder Lagerarbeitern/Lagerarbeiterinnen. Sie haben kontinuierlichere räumliche und zeitliche Arbeitsabläufe und mehr Kontrolle über den eigenen Arbeitsrhythmus. Darüber hinaus sind bei ihnen durch die spezifischen Arbeitsabläufe stärkere persönliche Kontakte mit den Beschäftigten gegeben.

Den Bemühungen einer dezentralen Organisierung der Betriebsratskollegien stehen allerdings viele Hindernisse im Weg. Das können zum Beispiel ganz praktische Probleme sein. Dass etwa die Betriebsratsvorsitzenden sehr viel Zeit für einzelne Telefonate mit den Beschäftigten aufbringen müssen. Selbst wenn sie also einen Weg finden, dass zum Beispiel ein Kassierer prinzipiell während seiner Arbeitszeit erreichbar ist, so kann er nicht einfach eine dreiviertel Stunde von der Kassa fernbleiben. Auch für andere nicht freigestellte Betriebsratsmitglieder ist alleine dieser Zeitfaktor ein Problem.

Der Zeitfaktor ist auch für einen anderen Versuch, die Arbeit im Kollegium breiter zu verteilen, zentral. Wie bereits weiter oben angeführt, kann der Anspruch, mehr zu tun, als einmal im Jahr in jeder Filiale präsent zu sein, nicht alleine von der/dem Vorsitzenden bewältigt werden und braucht eine breitere Aufgaben- bzw. Gebietsverteilung zwischen den einzelnen Betriebsratsmitgliedern. In den interviewten Betriebsratskollegien mit Filialstruktur wurde dies erkannt und immer wieder versucht, eine breitere Betreuung der Filialen durch das gesamte Kollegium zu organisieren. Dabei scheitern diese Versuche immer wieder, vor allem an der zur Verfügung stehenden Zeit der nicht freigestellten Betriebsratsmitglieder.

**BV:** *Es ist normalerweise schon, dass ich mindestens einen Tag in der Woche draußen in den Filialen bin. Das ist eigentlich mein Ziel, dass ich sage mindestens einen Tag in der Woche bin ich draußen. Das ist ein wirkliches Minimum für mich. Es anders abzudecken: Wir hätten das einmal vorgehabt, unsere ganzen Kollegen eben dieses Gremium aufzuteilen: […] Wir haben sehr viele Filial-Betriebsräte und wollten eigentlich diesen Filial-Betriebsräten jedem ein Gebiet zuteilen. Was sich am Papier wunderschön anhört, aber wenn ich schon nicht gut dazukomme, hinauszufahren, ist es bei denen noch* *schwieriger. Wir suchen gerade einen Weg, wie man es wirklich in der besten Variante macht zu sagen, ok, für das Gebiet XY ist jetzt der Herr Z zuständig, aber wie gesagt, Papier ist geduldig, und so bleiben sie trotzdem zum Großteil mir.“*

Ein weiteres Problem in der Frage der dezentralen Betriebsratsorganisation ist auch der kontinuierliche Informationsaustausch im Betriebsratskollegium. Diesen erachten die Interviewten als zentrale Voraussetzung, damit die Arbeit im Kollegium breit verteilt werden kann und jedes Mitglied ausreichend über die aktuellsten Entwicklungen informiert ist, um die übernommenen Aufgaben selbstständig zu bewältigen. Alleine durch die räumliche Distanz in einer Filialstruktur ist dieser Informationsaustausch sehr zeitintensiv und passiert nicht automatisch, sondern braucht bewusst aufgebaute Strukturen und Abläufe. Den Vorsitzenden, bei denen alle Informationen zusammenlaufen, fällt hier eine Schlüsselrolle zu, die zu erfüllen eine Herausforderung darstellen kann. Ein anderer Versuch, kontinuierlichen Informationsaustausch und Arbeitsteilung zu organisieren und zu unterstützen, sind die bereits angeführten vermehrten Treffen mit den verschiedenen Betriebsratsgruppen, die die Verantwortung für einen Teilbereich übernommen haben.

**BV:** *Normal versucht man mindestens viermal im Jahr, fünfmal im Jahr eine Sitzung zu machen, und zusätzlich eine, weil es gibt ja Ersatz-Betriebsräte auch, das ist dann die doppelte Anzahl. Von diesen mindestens fünf Sitzungen wollte ich das ein bisschen splitten. Ich habe bei diesen Sitzungen verschiedene Bereiche, wo die Personen tätig sind. Ich habe Lagerbereich, Fuhrparkbereich, ich habe [den Wurst- und Feinkostbereich], Filialen, Büro, und eigentlich Außendienstmitarbeiter auch. Wir haben geschaut, dass wir in der Körperschaft von jedem Bereich einen Betriebsrat haben, der die Mitarbeiter so quasi vertritt, weil er in deren Branche ist. Mein erstes Angehen war dann große Sitzungstermine, einzelne Gruppenarbeiten, Arbeitsgruppen, Termine zu fixieren. […] und es geht mir auch darum, es ist ja mehr Zufriedenheit bei einem Betriebsrat, wenn er etwas auch für sich erledigen kann. Ich meine, ich schau auch, dass ich da verteile, wem kann ich einen Auftrag* *geben, das gleich selber in die Hand zu nehmen. Da brauche ich einfach diese Arbeitsgruppen, dass ich sehe, wie ist der Stand bei jedem, wo braucht der Unterstützung, was nehme ich ihm ab und was kann er eigentlich vor Ort gleich machen, indem er sich abspricht.*

Um dem im oben stehenden Interviewausschnitt deutlich werdenden Anspruch gerecht zu werden, bedarf es einer Zusammensetzung des Betriebsratskollegiums, in der die verschiedenen Arbeitsbereiche abgedeckt sind. Das heißt, diese Zusammensetzung muss vor der Wahl berücksichtigt werden und erschwert es möglicherweise, Kandidatinnen und Kandidaten zu finden, die dieser Zusammensetzung entsprechen und gleichzeitig motiviert sind, im Betriebsratskollegium mitzuarbeiten und sich zentral um die Vertretung ihres Arbeitsbereichs zu kümmern.

Hier sei darauf verwiesen, dass es in manchen der interviewten Betriebsratskollegien auch Versuche gibt, in der Zusammensetzung des Kollegiums darauf zu achten, dass die Mitglieder die unterschiedlichen Angestelltengruppen vertreten. Zum Beispiel die bewussten Versuche der Einbindung von Migrantinnen/Migranten:

**BR:** *Wir haben auch schon versucht, dadurch dass wir sehr viele ausländische Mitarbeiter haben, ich sage jetzt nicht weiß ich was für welche, einfach viele ausländische Mitarbeiter haben, einen ausländischen Betriebsrat, also einen Ausländer als Mitarbeitervertreter hineinzubringen; [...] weil es auch einfach wichtig ist, dass er den Leuten das ausdeutschen kann, was wir meinen.*

Die „Anwerbung" von neuen Betriebsratsmitgliedern scheint sich also tendenziell in Richtung einer Segmentierung (nach Arbeitsbereich, Herkunft, Geschlecht,…) zu verschieben und kann als Versuch gedeutet werden, sicherzustellen, dass alle Beschäftigten durch das Betriebsratskollegium vertreten werden. Dabei müssen die Interviewten aber auch erleben, dass es diese Segmentierung erschwert, motivierte und fähige Menschen für das Betriebsratskollegium zu finden; d.h. dass dadurch andere Kriterien, die für die Zusammensetzung des Kollegiums auch wichtig sind, vernachlässigt werden müssen.

Doch zurück zur Organisation einer breiteren Arbeitsteilung. Dafür bedarf es aus Sicht der interviewten Betriebsratsvorsitzenden einer/eines Vorsitzenden, die/der die Dezentralisierung der Arbeitsteilung unterstützt und die einzelnen Betriebsratsmitglieder dabei begleitet, ohne dass die Aufgaben erst recht wieder zentral erledigt werden. Es bedarf aber ebenso der Möglichkeit, diese hohe Frequenz der Treffen aufrecht zu erhalten. Wie bereits im vorigen Kapitel diskutiert, gibt es die unterschiedlichsten Gründe (Strategien der Arbeitgeber/innen, Personalmangel in der Filiale etc.), warum es in so großflächigen Filialstrukturen schon schwierig ist, dass die Betriebsratsmitglieder an der normalen Anzahl von Sitzungen teilnehmen. Die Erhöhung der Sitzungszahl macht dies nicht einfacher.

Eine andere Voraussetzung, dass eine solche Arbeitsteilung gelingt, ist neben der Bereitschaft der einzelnen Betriebsratsmitglieder, diese Aufgaben und den damit einhergehenden Zeitaufwand zu übernehmen, auch über Arbeitsumstände zu verfügen, in denen sie die Zeit finden, diese Aufgaben zu erfüllen.

Zusammenfassend kann festgehalten werden, dass die interviewten Betriebsrätinnen und -räte erleben, wie sie mit der bisherigen Praxis an die Grenzen ihrer Handlungsfähigkeit und auch an ihre Kapazitätsgrenze stoßen. Die in diesem Kapitel beschriebenen Experimente und damit verbundenen Probleme der Neuorganisierung können als Versuche verstanden werden, innerhalb einer bestehenden Praxis neue Strukturen der Zusammenarbeit und Strukturierung innerhalb des Betriebsratskollegiums zu finden und zu etablieren. Ein zentraler Aspekt hierbei ist die Auseinandersetzung mit der bisherigen Praxis. Konkret fassbar wird dies am Beispiel der Generationenübergabe bzw. der Betriebsrats-Funktionsübernahme.

#### 3.2.4.2 Generationenübergabe/Betriebsrats-Funktionsübernahme

Der Thematisierung von Aspekten der Funktionsübernahme bzw. der Neuzusammensetzung von Betriebsratskollegien wurde in den Interviews von den Betriebsratsmitgliedern relativ viel Zeit eingeräumt. Darin wurde deutlich, dass diese sehr unterschiedlich stattfinden können und deren Ausgestaltung sehr dem Zufall, persönlichen Animositäten und individuellen Interessenslagen überlassen bleiben. Die subjektiven Erfahrungen mit Betriebsratsmitgliedern vor der eigenen Kandidatur sind bei den Interviewten sehr unterschiedlich und haben sie in verschiedenster Weise beeinflusst bzw. ihr eigenes Selbstverständnis als Betriebsrat geprägt. Im Positiven als Vorbild, wie im Negativen als abgelehnte Referenzfolie für das eigene Handeln.

Einige Interviewte führten die Untätigkeit von ehemaligen Betriebsratsmitgliedern bzw. die Unzufriedenheit mit ihrer Arbeit als Motivation für die eigene Kandidatur an. Häufig angeführte Vorwürfe sind, dass es sich, ihrem Empfinden nach, die ehemaligen Betriebsräte/-rätinnen in ihrer Position gemütlich gemacht haben, sie als Ausrede benützten, um weniger zu arbeiten oder lieber in Gewerkschaftsgremien saßen, als sich um die Probleme und Anliegen der Beschäftigten im Betrieb zu kümmern. Aber auch die paternalistische, hierarchische Führung von Betriebsratskollegien, wo die gesamte Handlungsmacht in der Hand des Vorsitzenden[25] gebündelt war, wird immer wieder als Vorwurf angeführt.

Andere Betriebsräte und Betriebsrätinnen wiederum berichten von der guten Arbeit des vorherigen Betriebsrats, aufgrund dessen sie für den Betriebsrat kandidiert haben. Hier wird vor allem profundes Rechtswissen als Kompetenz, die bewundert wird, angeführt.

Andere wieder wurden aktiv von den Betriebsratsvorsitzenden angeworben. Bei manchen geschah dies auch einfach nur, um das Bestehen des Kollegiums aufrecht zu erhalten, wobei manche hier sogar von der Geschäftsführung überzeugt wurden, da ansonsten kein Betriebsrat zustande gekommen wäre.

Es gibt also sehr unterschiedliche Beweggründe und Zufälle, warum die Interviewten für das Betriebsratskollegium kandidiert haben. In den Interviews wurde deutlich, dass in einem weiteren Schritt auch die Ausgestaltung der Praxis sowie die Aktivität des Kollegiums sehr den Personen und ihren Kompetenzen überlassen bleibt. Oftmals wurde verabsäumt Strukturen aufzubauen, die

[25] Die ehemaligen Vorsitzenden in allen Betriebsratskollegien, die wir interviewt haben, waren Männer.

es ermöglicht hätten, das Wissen und die Erfahrung der scheidenden Betriebsratsmitglieder an die neuen weiterzugeben, bzw. sich gemeinsam in der bestehenden Praxis zurechtzufinden. Insofern gibt es zahlreiche Betriebsratskollegien, die sich mit jeder neuen Periode bzw. mit jeder Neuzusammensetzung aufs Neue im sozialen Raum des Austrokorporatismus zurechtfinden müssen. Die interviewten Gewerkschaftssekretärinnen/-sekretäre sprechen dabei auch die Zeitspanne an, die es benötigt, bis ein neu gewähltes Betriebsratskollegium sich orientiert hat, eine eigene Arbeitsweise entwickelt und im Betrieb wirkmächtig werden kann.

**RS:** *Und jeder neue Betriebsrat, das ist einfach so, braucht mindestens eine Funktionsperiode, um etabliert zu sein. Kommt natürlich auf die Größe des Betriebes an. [...]*

**IV:** *Und wird das häufiger? Dass Betriebsräte wechseln, weil zum Beispiel der Druck heute zum Beispiel im Handel höher wird? [...]*

**RS:** *Na, na weil sie dann die Hoffnung haben, dass es in der zweiten Periode besser wird. Wenn es in der dritten Periode nicht besser wird, dann schmeißen sie das Handtuch. [...] Wenn, dann wird man sowieso nur aus Idealismus Betriebsrat und wenn man das dann ist, dann versucht man`s zumindest eine zweite Periode. Und natürlich sind wir [die Gewerkschaft] auch da und sagen, „du pass auf, die erste Periode ist die Lernzeit, ja, in der zweiten Periode kannst anfangen zum Aufbauen, in der dritten kannst nachher durchstarten". Aber das ist so, vor allem bei nicht freigestellten Betriebsräten. Und im Handel haben wir fast keine Freigestellten mehr oder weniger.*

Nimmt man die Erfahrungen, die in diesem Zitat ausgedrückt werden, als Richtwert, können wir davon ausgehen, dass die ersten Jahre als Lernzeit dienen, um sich innerhalb des Kollegiums zusammenzufinden, die Konzernbürokratie kennenzulernen und erste Erfahrungen im Umgang mit dieser zu sammeln. Dies wird in den nächsten Jahren konkreter vorangetrieben und ausdifferenziert, um spätestens in der dritten Periode eine stabile Grundlage für die eigene Arbeit zu haben.

Nur ein paar wenige Betriebsratsmitglieder berichteten von Generationsübergaben, bei denen es eine Übergangsperiode gab, in der junge/neue Betriebsratsmitglieder in die Betriebsratskultur eingeführt wurden und Basiskompetenzen innerhalb des Gremiums entwickeln konnten, während sie gleichzeitig die Möglichkeit hatten, das Bestehende zu reflektieren und konstruktive Veränderungen in der Ausgestaltung der eigenen Arbeit entwickelten.

Für die Gewerkschaftssekretärinnen/-sekretäre bedeutet dies, dass sie immer wieder aufs Neue eine Zusammenarbeit mit den Betriebsratskollegien aufbauen müssen. Hierbei wird in den Interviews deutlich, dass zuerst einiges an Zeit aufgewandt werden muss, um eine Beziehung zu den Betriebsratsmitgliedern (insbesondere den Vorsitzenden) herzustellen. Dies wird als Grundlage angesehen, um eine Zusammenarbeit zu etablieren und als Gewerkschaft mit Betriebsrätinnen und Betriebsräten gemeinsam aktiv werden zu können.

**RS:** *Ja, also ich muss wirklich zum Vorsitzenden des Betriebsrats einen guten Draht finden, muss einmal versuchen den zu überzeugen, dass ich ihm nichts Böses will und dass ich ihn unterstützen möchte. Muss dann nochmal schauen, dass ich in die Körperschaft reinkomm, und muss dann schauen, dass ich dort einmal zu mindestens ein, zwei Sitzungen komm und dann kann ich anfangen, mich auf die Filialen zu konzentrieren und auf die Leute. [...]*

**IV:** *Also klingt nicht so, als hätte man das in einer Woche erledigt.*

**RS:** *Nein, nein (lacht).*

**IV:** *Könnte man so sagen, dass so die erste Periode auch Sie brauchen, um wirklich einen Kontakt aufzubauen oder geht das ein bissl schneller?*

**RS:** *Es geht bei mir ein bissl schneller, aber es kommt auf die Person draufan. Also ich hab jetzt da die unterschiedlichsten Personen. Bei den einen ist es ratzfatz gegangen, also da wars innerhalb kürzester Zeit, wo wir wirklich angefangen* *haben zu arbeiten, miteinander ein Konzept aufgebaut haben. Und es gibt Betriebsräte, da hab ich nach einer Funktionsperiode noch nicht den Draht dazu.*

Es wird also deutlich, dass die Kontinuität eines Betriebsratskollegiums sehr an Personen hängt und weniger an etablierten Strukturen innerhalb des Kollegiums. Denn in Situationen, in denen sich ein Großteil der Personen ändert, muss augenscheinlich auch der Betriebsrat und seine Arbeitsweise neu aufgebaut werden. Dabei kann einige Zeit vergehen und dieser Aufbauprozess bindet nicht nur einen Teil der Arbeitszeit der neuen Betriebsratsmitglieder, sondern auch jene der betreuenden Regionalsekretäre und -sekretärinnen.

Das Betriebsratskollegium befindet sich dabei in einer Situation, in der es mit sehr unterschiedlichen Anforderungen und Erwartungen der Beschäftigten, Arbeitgeber/innen und Gewerkschaften konfrontiert ist.

### 3.2.5 Betriebsratsmitglieder zwischen Gewerkschaft und Betrieb

Die Praxis der Betriebsratsmitglieder kann, wie bereits besprochen, in ein Beziehungsgeflecht verortet werden, innerhalb dessen sie mit sehr vielen und sehr unterschiedlichen Interessen, Strukturen und Erwartungen konfrontiert sind.

Einerseits sind sie die gewählten Interessensvertreter/innen der Arbeitnehmer/innen. Das Erfüllen dieser Aufgabe führt zu klaren Interessensgegensätzen gegenüber den Arbeitgeberinnen und Arbeitgebern. Andererseits sind die Betriebsräte/-rätinnen gesetzlich dem Betriebswohl verpflichtet und haben an der Sicherheit der Arbeitsplätze und damit am Fortbestand des Betriebs ein Interesse. Sie müssen somit in der einen oder anderen Weise auch mit der Arbeitgeber/innenseite zusammenarbeiten.

Und dann sind da auch noch Gewerkschaften, die ebenfalls Erwartungen an Betriebsratsmitglieder haben und auf deren Unterstützung Betriebsrätinnen und Betriebsräte immer wieder angewiesen sind.

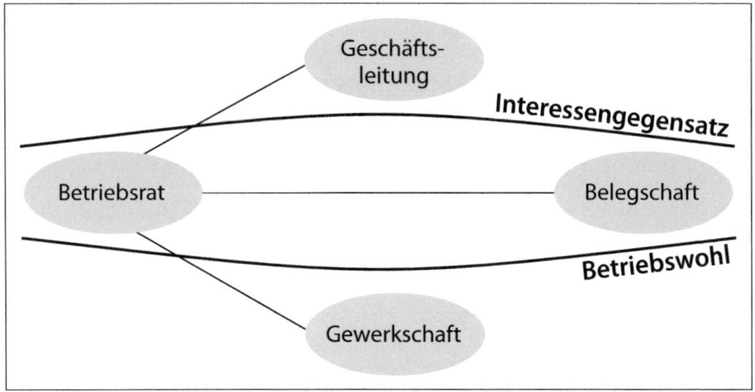


Abbildung 5: Der Betriebsrat zwischen Interessensgegensatz und Betriebswohl (Tietel 2008: 27)

Dieses Spannungsfeld stellt auch für die interviewten Betriebsratsmitglieder im Lebensmitteleinzelhandel eine große Herausforderung dar. Den von ihnen als zentral angesprochenen Problemlagen in diesem Balanceakt der betrieblichen Interessensvertretung widmet sich dieses Kapitel.

### 3.2.5.1 Die Selbstverortung

Ein zentrales und häufig angesprochenes Moment in den Interviews war die Erfahrung, dass man als Betriebsratsmitglied immer zwischen allen Fronten steht, und das sowohl in der Funktion als Betriebsrätin/-rat, die/der die Interessensvertretung und das Wohl des Betriebs berücksichtigen muss, als auch aus ganz individueller Perspektive, dass man immer Arbeitnehmer/in und Betriebsratsmitglied gleichzeitig ist.

**BR:** *Denn der Betriebsrat steht doch meiner Meinung nach zwischen den Fronten, muss auf der einen Seite das Personal vertreten und aber doch für die Firma arbeiten. Das ist mir ja irgendwo auch immer so gegangen.*

Hierbei besteht ein gewisser Unterschied zu den Einschätzungen der interviewten Gewerkschaftssekretärinnen und -sekretäre, die eine viel größere Nähe der Betriebsratsmitglieder zur Gewerkschaft annehmen. Allerdings berichten auch diese, dass sich eine bislang erlebte, fast schon automatische Anbindung von Betriebsräten an die Gewerkschaft, ihrem Empfinden nach, zunehmend im Schwinden befindet.

Auf diesen Aspekt werden wir noch näher eingehen. Doch zuerst wollen wir unseren Blick auf die unterschiedlichen Sichtweisen von den jeweiligen Positionen richten. Wie gesagt verorten die interviewten Betriebsratsmitglieder die Gewerkschaft zumeist als eine Akteurin, die aufgrund der weiter entfernten Position zur Betriebsleitung Stärke zeigen kann oder könnte. Sich selbst erleben einige Betriebsratsmitglieder vielmehr in einer Mittlerposition zwischen Betriebsleitung und Beschäftigten und in Bezug auf ihre Durchsetzungsfähigkeit als viel schwächer als Gewerkschaften. Aus dieser Positionierung auf betrieblicher Ebene heraus sehen die Betriebsratsmitglieder nur beschränkte Möglichkeiten der Interessensvertretung.

**1. BR:** *Es ist das Machtmittel der Gewerkschafter hinterher. Wenn da der Gewerkschaftsvorsitzende anruft, dass man dann doch den Schalter zurückklappt. Denn der Betriebsrat steht doch meiner Meinung nach zwischen den Fronten.*

**2. BR:** *Nur der Betriebsrat ist ja viel gegenwärtiger und mit dem kann die Geschäftsleitung und andersrum ja jederzeit Kontakt haben [...]. Das ist doch eine andere Verhandlungsbasis. Da ist doch mit der Gewerkschaft mehr Abstand zu den übergesetzten Funktionen und der Gewerkschaft.*

Auch die interviewten Gewerkschaftssekretäre/-sekretärinnen erleben, dass sie als Betriebsexterne ein gewisses Drohpotential verkörpern, das die Betriebsratsmitglieder mitunter auch ganz bewusst einsetzen, um Forderungen im Betrieb durchzusetzen.

**RS:** *Mir ist das wurscht. Wenn die Leute das kriegen, was der Betriebsrat sagt, das ist positiv für meine Leute, ist mir das egal. Und wenn ich der böse Mann bin, der im Fenster steht, Hauptsache, die Leute haben das gekriegt, was der Betriebsrat denkt, das ist ok.*

Allerdings berichten die Gewerkschaftssekretäre/-sekretärinnen in den Interviews von einer ganz anderen Wahrnehmung, was die Wirkmächtigkeit und Durchsetzungsfähigkeit von Betriebsräten betrifft. Für sie sind es nämlich vor allem die Betriebsratsmitglieder vor Ort, die Druck aufbauen und die Interessen ihrer Belegschaften am besten vertreten können. Sie sehen die Betriebsräte als die Gewerkschaftsvertreter im Betrieb, die am nächsten an den Interessen und Problemen der Beschäftigten sind und daher am wirkungsvollsten agieren können. Auch wird von Gewerkschaftssekretären/-sekretärinnen immer wieder kritisch vermerkt, dass die Betriebsrätinnen und Betriebsräte die Macht der Gewerkschaften völlig falsch einschätzen und sich zu viel von dieser erwarten.

**RS:** *Manche meinen, wir bräuchten nur am Tisch hauen, und die Sache ist schon gelaufen. Manche verkennen den Begriff der Solidarität völlig.*

Mit Blick auf die direkten Vorgesetzten erleben sich die interviewten Betriebsratsmitglieder immer wieder als Vermittlungsinstanz zu den Beschäftigten. Sie sehen, dass auch die Vorgesetzten immer weniger Spielraum haben und nehmen diese deshalb auch oft in Schutz.

**BR:** *Ich find das eigentlich nicht schlecht, weil ich hab Einblick in beiderlei Sachen. [...] Ich sehe das dann aus unterschiedlichen Perspektiven, das Ganze. Weil die Geschäftsleitung wird immer hergestellt als: Wowowo, die gibt uns nix und nimmt uns weg ... und was weiß der Teufel. Ist nicht so! Die Geschäftsleitung muss sich auch nach der Decken strecken. Ober unserer Chefin gibt es auch noch wen. Also ...*

Die Betriebsratsmitglieder können also ins Zentrum eines Beziehungsgeflechts verortet werden, in dem sie als eine Art Scharnier fungieren. Sie haben aufgrund ihrer Funktion mit allen Akteuren zu tun und bekommen Einblick in die unterschiedlichen Sichtweisen. In den Interviews wurde deutlich, dass sie sich zwischen allen Stühlen sitzend erleben und daher die eigene Durchsetzungsfähigkeit viel geringer einschätzen als die der Gewerkschaft.

### 3.2.5.2 Das schwierige Arbeiten zwischen Betriebs- und Gewerkschaftsstrukturen

Aus dieser Position einer selbst wahrgenommenen relativen Schwäche stehen die einzelne Betriebsrätin, der einzelne Betriebsrat vor der Herausforderung, sowohl in Richtung Betriebsleitung, Belegschaften und Gewerkschaften handlungsfähig zu sein. Sie müssen ihr Handeln so konzipieren, dass sie innerhalb dieses Dreiecks eine eigene Arbeitsweise aufbauen, die es erlaubt, zu allen drei Akteursgruppen den Kontakt aufrecht zu erhalten.

In Bezug auf den Konzern, dem sich der Betriebsrat auf keinem Fall entziehen kann, erleben die Interviewten, dass die zunehmende Größe des Konzerns dazu beigetragen hat, dass immer mehr Entscheidungen zentral bestimmt und getroffen werden. Durch diese Entwicklung sehen sich auch die Betriebsratsmitglieder gezwungen, die interne Organisation zu zentralisieren.

**BR:** *Und das hängt glaube ich wirklich mit der Größe [des Konzerns B] mittlerweile zusammen, dass, umso größer ein Unternehmen wird, desto enger werden Spielräume, desto weniger Freiheit hast du. Auch, dass du weniger Freiheit hast selber, als Betriebsrat. Desto mehr versuchst du zu zentralisieren, speziell mit dem Zentralbetriebsrat. Wo du sagst, du versuchst sehr viele Sachen österreichweit durchzusetzen, obwohl es eigentlich oft von der Hauptzentrale schon eine Anforderung wird.*

Sie versuchen ihre eigene Handlungsweise diesen neuen Konzernstrukturen anzupassen.

Richtung Gewerkschaft und die Zusammenarbeit mit dieser konstatieren die interviewten Betriebsrätinnen und -räte, insbesondere jene, die die Funktion von Vorsitzenden haben, zumeist ebenfalls eine Zentralisierung der Kommunikation, die dann oft über die/den Vorsitzende/n läuft. Es hat sich also ein gewisser „Amtsweg" etabliert, innerhalb dessen das einfache Betriebsratsmitglied mit dem/der Vorsitzenden spricht, diese/r wiederum trägt das Problem, wenn es nicht von ihr/ihm zu lösen ist, weiter zum Zentralbetriebsratskollegium oder tritt direkt in Kontakt mit der Gewerkschaft.

Die einfachen Mitglieder, vor allem jene in den Filialen, haben in der Praxis also zumeist keinen direkten Kontakt zur Gewerkschaft.

Auffällig ist, dass diese eingeübte Praxis durch die neue Organisationsstruktur der GPA-djp offensichtlich nicht mehr so gut funktioniert. Durch die Umstellung der GPA-djp auf Regionalbetreuung anstatt betriebszentrierter oder branchenzentrierter Betreuung scheinen für einige Betriebsratsmitglieder die alten Kommunikationskanäle „verstopft" und neue Zuständigkeiten unklar verteilt.

**1. BR:** *Ich erzähle doch da nicht neuerdings jeden Regionalsekretären den Aufbau vom [Konzern B] – da brauch ich einen Ansprechpartner. Was soll alles andere?*

**2. BR:** *Früher war der Sekretär mit eingebunden und die Firma hat den gekannt und der ging mit, wenn was war. Heute habe ich vier oder fünf Sekretäre – wie soll der ein Verhältnis zur Personalabteilung aufbauen?*

Dabei haben die Interviewten das Gefühl, dass die unterschiedlichen Regionalstellen innerhalb der GPA-djp unzureichend kommunizieren und sich zu wenig aufeinander abstimmen, bzw. keine zentrale Stelle vorhanden ist, die den Gesamtüberblick behält und Informationen (wie die Identifizierung der zuständigen Sekretärinnen/Sekretäre) zur Verfügung stellt. Eine Hürde dabei ist auch, dass die Betriebsratsmitglieder in den Filialen ihre Betreuer/innen oftmals nicht kennen, und so fällt es den Vorsitzenden schwer, die unterschiedlichen Personen zu identifizieren, die für die Mitglieder ihres Kollegiums zuständig wären.

Eine informelle Lösung des Strukturdilemmas an den tatsächlichen Gewerkschaftsstrukturen vorbei ist, dass das jeweilige Betriebsratsmitglied eine/n Regionalsekretär/in „seines/ihres Vertrauens" kontaktiert, auch wenn diese/r offiziell gar nicht für den Konzern bzw. diesen Betriebsrat zuständig ist.

Es wird also deutlich, dass Betriebsratskollegien unter einem starken Druck stehen, ihre Arbeit sowohl an die betrieblichen Strukturen als auch an die Gewerkschaftsstrukturen anzupassen. Immer wieder wurde gesagt, dass dies den Aufbau einer an den eigenen Bedürfnissen der Betriebsratsmitglieder orientierten Arbeitsweise erschwert.

#### 3.2.5.3 Die Identifikation mit der Gewerkschaft

Im Folgenden wollen wir uns dem Verhältnis von Betriebsräten und der Gewerkschaft zuwenden. Wir berücksichtigen dabei auch die Aussagen von Regional- und Gewerkschaftssekretären/-sekretärinnen, da man dabei durchaus unterschiedliche Positionen beobachten kann.

Wir unterteilen den Abschnitt zur Frage der Identifikation mit Gewerkschaften in vier unterschiedliche Bereiche:

1. Operative Ebene
2. Gesamtgesellschaftliche Ebene
3. Ebene der Organisierung im Betrieb
4. Ideelle Ebene

1. Wenn man die **operative Ebene** betrachtet, also die Ebene, auf der klar wird, welche Bedeutung Gewerkschaft für die betriebsrätliche Arbeit hat, können zwei Trends beobachtet werden. Zum einen gibt es eine klare Konzentration auf spezifische Praxisformen, nämlich auf Verrechtlichung und auf die Funktion der Gewerkschaft und der Regionalsekretäre als „Backoffice" der Betriebsratsmitglieder. Zum anderen ist auf betrieblicher Ebene die Identifikation von und mit Gewerkschaften hauptsächlich getragen durch die „personifizierte Gewerkschaft" in Form des Regionalsekretärs/der Regionalsekretärin.

**BR:** *Ja [ich bin Gewerkschaftsmitglied]. Aber erst seit ich Betriebsrat bin. Weil, ich sage, wo gehe ich hin, als Betriebsrat, wenn ich Rückhalt brauche: Ob ich ihn kriege oder nicht, ist wieder etwas anderes, das steht wieder auf einem anderen Blatt, aber wenn ich heute eine Information brauche, dann rufe ich meinen Sekretär an und sage: Du, das und das Problem habe ich, wie schaut's aus – und ich hab eine Lösung. Oder ich hab zumindest einmal Rechtssicherheit. Mehr kann ich eh nicht haben, dann ist mir schon geholfen.*

Der zentrale Beweggrund für eine Gewerkschaftsmitgliedschaft der interviewten Betriebsratsmitglieder stellt also das Angebot einer Rechtsauskunft und die potentielle inhaltliche Unterstützung durch die Gewerkschaft dar. Damit ist die Beziehung zwischen Betriebsräten und Gewerkschaft tatsächlich sehr stark auf Servicefunktionen fokussiert und wenig auf politische Aspekte. Dabei wird von Betriebsratsmitgliedern auch artikuliert, dass dieses Serviceangebot zu stark auf einige Aspekte konzentriert ist.

**BR:** *[...] da findest du nichts. Ich probiere es wirklich oft, einmal eine Gesprächsbasis mit jemandem zu haben, der mir Vorschläge macht, wie organisiere ich meinen Filialbetrieb. [... ] also unterstützen tut sie [die Gewerkschaft] mich nicht. Überhaupt nicht. Sage ich ganz ehrlich. Das wird sich nicht ändern. Das wird sich nicht im Bildungsprogramm ändern.*

Die Gewerkschaftsmitgliedschaft von Betriebsrätinnen und -räten an sich sagt also noch wenig über deren Identifikation mit Gewerkschaft oder das eigene Verständnis als Betriebsrätin/-rat aus. In den Interviews mit den Regionalsekretärinnen und -sekretären wurde auf jeden Fall deutlich, dass sehr viele Ressourcen und Arbeitszeit in diese Serviceangebote investiert werden und diese zurzeit eine ihrer zentralsten Arbeitsaufgaben sind. Dabei artikulieren sie, dass sich in den letzten Jahren die Intensität und der Arbeitsaufwand der Betreuung erhöht hat. Sie bemerken auch, dass die funktionalistische Bindung von Betriebsräten an die Gewerkschaft das Problem in sich birgt, dass Betriebsräte diese Serviceleistungen wie Rechtsberatung auch von der Arbeiterkammer angeboten bekommen und so ein indirekter Konkurrenzkampf zur Arbeiterkammer entstehen kann.

**RS:** *Was ich einfach merke ist, dass die Betriebsräte auf einem Markt, der sich entwickelt, wir sind nicht mehr die einzigen und die Monopolisten, das hat nämlich die AK Rechtsvertretung gemacht und so, merke ich schon, dass die Betriebsräte hergehen und sich am Markt umschauen: wo kann ich denn Unterstützung haben, ohne möglichst viel Verpflichtung einzugehen. Bei der AK der Berater kommt, berät und geht wieder. Wenn der Gewerkschaftssekretär kommt, sagt er: Ok, jetzt war ich da, und das nächste Mal reden wir dann darüber, wie viel Mitglieder hast du im Betrieb. Das ist eher die unan-*

*genehme Diskussion, die sie nicht so gerne haben – und da merke ich halt schon, dass es eher, diese Beziehung Interessenvertretung/Support eine eher geschäftsmäßige wird und keine politische mehr.*

Auf die Frage, was Betriebsratsmitglieder mit Gewerkschaft verbinden, kamen zumeist zwei Antworten.

**IV:** *Ich wollte nur fragen: Wen oder was würden Sie direkt mit Gewerkschaft verbinden? [...]*

**BR:** *Das Spontanste war jetzt: Was ich damit verbinde, ist noch immer ein Kollektivvertrag. Als Wichtigstes. Wen?... Meinen früheren Gewerkschaftssekretär.*

**IV:** *Den früheren?*

**BR:** *Ja. Aber, ja, eigentlich, sagen wir generell den Gewerkschaftssekretär. Das ist so eher das. Ja. Aber ich würde nie auf einen Katzian [Vorsitzender GPA ab 2005] kommen oder [Name eines Wirtschaftsbereichssekretärs] oder von irgendwen. Eigentlich unmittelbar die Leute, mit denen man zusammenarbeitet.*

Dies sehen auch die interviewten Regionalsekretärinnen/-sekretäre so. Sie begründen dies vor allem mit der Tatsache, dass sie zumeist der einzige bzw. engste und intensivste Kontakt sind, den Betriebsratsmitglieder zur Organisation Gewerkschaft haben.

**RS:** *Für viele Betriebsräte und Mitglieder bin ich die Gewerkschaft. Die erleben ja nur mich.*

**RS:** *Ich bin die personifizierte Gewerkschaft im Betrieb oder beim Mitglied.*

Dieses personifizierte Gewerkschaftsverständnis von sowohl Betriebsratsmitgliedern als auch Regionalsekretären/-sekretärinnen drückt sich insbesondere im Beziehungsaufbau zwischen den beiden Akteuren aus. Beide betonen die Bedeutung der Beziehung zwischen Regionalsekretären/-sekretärinnen und Betriebsratsmitgliedern für deren Einstellung zu Gewerkschaft. Insbesondere die interviewten Regionalsekretärinnen und -sekretäre verweisen auf das Potential, das sie in einer guten Beziehung zu den Betriebsräten und Betriebsrätinnen für deren Einstellung zur Gewerkschaft sehen.

**RS:** *Ich kann sicher sagen, dass meine Betriebsräte große Haberer sind von mir. Und dementsprechend reden wir Sachen ganz locker und da gibt es jetzt keine Sachen, die ... also wenn es da irgendeine Geschichte beim ÖGB gibt, dann reden wir darüber.*

In diesen Beziehungsaufbau wird von den Regionalsekretärinnen/-sekretären daher viel Energie und Zeit investiert. Hier wird ein implizites Verständnis ihres Auftrags als Regionalsekretäre/-sekretärinnen deutlich: Bindeglied zwischen Gewerkschaft und Betriebsräten zu sein und zu versuchen, diese an die Gewerkschaft zu binden.

2. Auf einer **gesamtgesellschaftlichen Ebene** wird Gewerkschaft von einigen interviewten Betriebsratsmitgliedern vor allem mit politischen Parteien und einem starken Eigeninteresse in Verbindung gebracht. Von diesem Gewerkschaftsverständnis wollen sie sich in der Ausgestaltung der eigenen Rolle als Betriebsratsmitglied selbst oft stark abgrenzen, da es ihnen vor allem um Verbesserungen der direkten Arbeitsbedingungen ihrer Kolleginnen und Kollegen im Betrieb geht.

**BR:** *Ich bin nicht ein Betriebsrat, wie man sich ihn vorstellt, mit Gewerkschaft und Parteibuch, mit weiß ich was alles dazugehört. Ich will einfach für die Leute was tun und nicht für mich.*

Insbesondere wird in den Interviews eine Kritik an der gewerkschaftlichen Spitze deutlich. Diese wird als von der Basis abgehoben wahrgenommen.

**BR:** *Die Gewerkschaft für mich, ich tu mir wirklich schwer, man braucht sie. Nur, wie sie ganz oben, wie sie sich darstellt, sind sehr viele unzufrieden. [...] Wie sich gewerkschaftliche Arbeit entwickeln wird, da werde ich nicht viel dazu sagen können. Ich weiß es nicht, sage ich ganz ehrlich, das ist so abhängig von den Köpfen ganz oben, wie sich was entwickelt, manchmal denke ich mir, es entwickelt sich wirklich ein bisschen in die falsche Richtung.*

Auch Regionalsekretärinnen/-sekretäre berichten, wie sie oft erleben, dass die Gewerkschaft von Betriebsratsmitgliedern als Institution innerhalb des „Establishment" verstanden wird und nicht als ihre eigene politische Organisation.

**RS:** *Ich glaube auch, dass wir als Gewerkschaft selber als Organisation präsentieren und nicht mehr als politische Organisation zur gesellschaftlichen Veränderung.*

Andererseits wird von Betriebsratsmitgliedern immer wieder angeführt, wie wichtig es prinzipiell ist, eine Vertretung auf makropolitischer Ebene zu haben, die versucht, Einfluss auf die politischen Entscheidungen und Regulierungen zu nehmen. Dieses Bekenntnis schließt aber nicht die Kritik am Bestehenden aus.

**IV:** *Was wären für Sie die größten Stärken, die die Gewerkschaft hat, oder die sie anbieten kann?*

**BR:** *Fällt mir zurzeit überhaupt keine ein.*

**IV:** *Brauchen wir sie überhaupt?*

**BR:** *Ja. Aber ... Wer in Österreich keine Lobby hat, geht vor die Hunde. Ganz wurscht. Ganz wurscht, ob das jetzt parteipolitisch, sportvereinsmäßig, weiß der Kuckuck, wenn du behindert bist, du bist nicht organisiert, hast du keine Chance, da gehst du vor die Hunde. Außer du bist was weiß ich wo dabei, dass du weißt, ok., der redet für dich an der und der Stelle – und so sehe ich auch die Arbeitnehmervertretung. Wie soll ich mir helfen, wenn ich eine Lohnerhöhung kriege – wie soll ich eine Lohnerhöhung durchsetzen? Als normaler Mitarbeiter? In meinen Augen ein Ding der Unmöglichkeit. Speziell in heutigen Zeiten, da rede ich von den fetten Jahren vor 30, 40 Jahren gar nicht. Und sogar dort wäre es schwierig gewesen. Sympathie, Anti-Sympathie. Weiß der Kuckuck, was da alles reinspielt. Also, jeder Landwirt hat eine Interessensvertretung, ist wo dabei. Der Arbeiter braucht dringend, wie eh und je, eine – gerade jetzt. Zu dem stehe ich, da fährt der Zug drüber. Nur wie ich es verkaufe, ist etwas anderes. Und wer da vorne sitzt. Aber, wie will ich in der Regierung, bei der Politik als Arbeiter meine Interessen unterbringen; ich brau-*

*che ein Sprachrohr nach oben, ob jetzt das Sprachrohr das richtige ist, was da oben sitzt, ist wieder etwas anderes.*

3. Wenden wir uns nun der **Ebene der Organisierung im Betrieb** zu. Hier werden in den Interviews besonders viele Widersprüche artikuliert. Betriebsratsmitglieder äußern immer wieder den Wunsch, dass die Gewerkschaft doch stärker im Betrieb präsent sein sollte. An sich erfahren sie die Gewerkschaft von der eigenen betrieblichen Praxis abgekoppelt und als etwas „Externes". Von Seiten der Arbeitnehmer/innen erleben sie aber, dass sie in ihrer Funktion als Betriebsratsmitglied oftmals mit Gewerkschaft gleichgesetzt werden. Im selben Moment berichten sie, dass sich die Arbeitnehmer/innen selbst jedoch nicht als Teil der Gewerkschaft fühlen. Vielmehr erwarten diese sich zumeist, dass die Gewerkschaft bzw. der/die mit ihr gleichgesetzte Betriebsrat/-rätin, für sie bzw. ihre Interessen tätig werden.

Sowohl die interviewten Betriebsratsmitglieder, als auch die Regionalsekretärinnen und -sekretäre haben dabei das Gefühl, dass Gewerkschaft als Thema an sich sehr wenig im Betrieb präsent ist; das heißt in der Arbeitsrealität der Beschäftigten kaum eine Rolle spielt. Einige der Regionalsekretärinnen/-sekretäre konstatieren hierbei, dass die Betriebsräte und Betriebsrätinnen, ihrer Ansicht nach, nicht genug Werbung für die Idee von Gewerkschaft und die Unterstützung, die sie von der Gewerkschaft für die eigene Arbeit bekommen, machen.

**BR:** *Was ich mir wünsche, ganz banal, dass sie auf den Mitarbeiter zukommen. Ich muss immer noch zuerst Mitgliedsbeitrag bezahlen, dass ich eine Leistung bekomme. Ich habe es auch schon ein paar Mal gesagt. Warum probiert ihr es nicht und gebt zuerst einem Mitarbeiter eine Leistung und kassiert dann? Dann hat er schon einmal gesehen, ok., die können was, die haben kompetente Leute, die haben mir geholfen, und wenn mir geholfen wird ... das ist genauso wie beim Doktor. Wenn mir ein Doktor hilft, gehe ich wieder hin, ...*

Eine Organisierung der Belegschaft als zentrales Betätigungsfeld im Betrieb findet in keinem der interviewten Betriebsratskollegien statt.

**IV:** *Wie schaut es aus mit dem gewerkschaftlichen Organisationsgrad im Betrieb?*

**BR:** *Ganz schlecht. Also bei uns hier ganz schlecht.*

**IV:** *Werben sie auch aktiv?*

**BR:** *Nein, nein, sage ich ganz ehrlich.*

**IV:** *Ist es Ihnen schon einmal unabsichtlich passiert, dass Sie jemanden geworben haben?*

**BR:** *Nein, eigentlich kann ich mich nicht erinnern. Aber, nein, mit dem? Ich kann so schon nichts verkaufen, schon gar keine Gewerkschaftsmitgliedschaft. Wenn ich es probieren würde, ... oder die Diskussion auf Gewerkschaft ... Arbeiterkammerwahl im Haus, nur als Beispiel. Dafür, wie stark das Interesse für die Leute ist: Ich hoffe, ich sage jetzt keinen Blödsinn, wir haben jetzt glaube ich 2800 Leute auf der Liste gehabt, glaube schon, mit ein paar Filialen ... auf jeden Fall 200 sind gekommen. Habe ich somit die Frage beantwortet?*

Wenn es also um die Frage der Mitgliederwerbung im Betrieb geht, tut sich die Mehrheit der interviewten Betriebsratsmitglieder sichtlich schwer damit, unter ihren Kolleginnen und Kollegen im Betrieb aktiv für eine Gewerkschaftsmitgliedschaft zu werben. Als Hemmschwellen werden einerseits das Desinteresse der Kolleginnen und Kollegen und andererseits das Gefühl, etwas verkaufen zu müssen, angeführt. Im Vordergrund steht bei der Nicht-Werbung also das Unbehagen, wie ein/e Vertreter/in für ein Produkt werben zu müssen.

**BR:** *[...] dass ich jetzt sicher nicht die Überdrübergewerkschaftlerin bin, und man merkt es auch an unserer Mitgliederzahl.*

**IV:** *Also werben ist nicht so Ihr ...*

**BR:** *Nein. Weil ich behaupte, wenn ich etwas werben will, wäre ich Tupper-Vertreterin, da verdiene ich was dafür. Aber, das hat jetzt nicht etwas Negatives, sondern einfach weil ich sage, wenn es passt, und ich bin in einer Filiale, und wir reden normal, und die fragen mich etwas, dann frage ich sehr wohl, bist du Ge-*

*werkschaftsmitglied? Oder, willst du es werden? Aber dass ich jetzt wirklich sage, ich werbe da jetzt extrem auf Schwerpunkt, da behaupte ich, tut mir leid, aber das ist meine Arbeitszeit und meine Zeit, und die verbringe ich halt mit anderen Sachen.*

Auch die interviewten Regionalsekretärinnen und -sekretäre halten fest, dass die Betriebsräte/-rätinnen die Gewinnung von Mitgliedern eher als eine Arbeit für die Gewerkschaft sehen.

**RS:** *Ich hab oft das Gefühl, die Betriebsräte glauben, sie machen uns einen Gefallen, sie erkennen oft nicht den Mehrwert gewerkschaftlicher Organisation, auch für ihre Arbeit im Betrieb – das erkennen sie oft nicht mehr. Ich habe oft den Eindruck, dass sie herkommen und sagen, schau, da hast du deinen Mitgliedsantrag, damit du eine Ruhe gibst, und sehen aber eigentlich nicht die Möglichkeiten, die wir und sie durch Zugriff auf die Mitglieder auch haben.*

4. Die Bezugspunkte der vierten, **ideellen Ebene** stehen oftmals den Erfahrungen und Einschätzungen der drei zuvor diskutierten Ebenen gegenüber. Es handelt sich also, wie die Bezeichnung schon sagt, um Vorstellungen, was Gewerkschaft sein könnte oder sollte bzw. Annahmen darüber, wie Gewerkschaft einmal verstanden wurde. Deutlich wird diese Ebene auch in der Kritik, die an der derzeitigen Gewerkschaft geäußert wird.

Im folgenden Zitat etwa wird ein Anspruch deutlich, der eine breite Identifikation mit Gewerkschaft fordert, und gleichzeitig aber eine andere Realität beschreibt.

**BR:** *Naja, die Gewerkschaft, die Gewerkschaft sagt immer, wer ist die Gewerkschaft, die Gewerkschaft sind wir. Wer ist die Gewerkschaft? Das Haus? Die paar Leute? Das ist ja das, was die Leute nicht verstehen, die Mitarbeiter sagen, die Gewerkschaft soll was tun. Wer ist die Gewerkschaft? Die Gewerkschaft sagt, ihr seid die Gewerkschaft.*

Auch Regionalsekretäre/-sekretärinnen führen an, dass die politische gewerkschaftliche Organisierung immer schwieriger wird. Als zentrale Momente jeder Gewerkschaft werden dabei Verabredung und Solidarisierung, also Organisationsmachtpotentiale angeführt. Es gelingt aber nicht mehr, diese Potentiale ausreichend zu aktivieren.

**RS:** *Am Anfang jeder Gewerkschaft, jeder Interessendurchsetzung, stehen zwei Dinge: Verabredung und Solidarisierung. Und uns gelingen nicht einmal diese beiden Dinge zum Teil. Und daran mangelt es auch bei der Durchsetzungsfähigkeit. Wir haben oft keine Plattformen, wo die Leute draufkommen: He, wir haben eigentlich die gleichen Bedürfnisse und Ziele und eigentlich die gemeinsamen Vorstellungen, das ist ein irres Problem für uns. Weil die Leute bei der Größe dieser Betriebe unglaublich vereinzelt sind.*

Dabei wird oftmals in der Kritik am Bestehenden eine Vorstellung von Gewerkschaft deutlich, in der die Beziehung zwischen Betriebsräten und Gewerkschaft über die funktionalistische Brücke hinausgeht. Hierbei wird von den interviewten Betriebsrätinnen und -räten immer wieder kritisiert, dass diese funktionalistische Ausgestaltung und damit einhergehende Forderungen von Seiten der Gewerkschaft die Möglichkeiten der Zusammenarbeit stark einschränken.

**BR:** *Freiwillige Unterstützung von der Gewerkschaft überhaupt keine. Außer eine Flut von Schulungsangeboten, Wissen ist Macht. Meine Meinung ist, es ist nicht Wissen Macht, sondern Gewissen. [...] wenn ich heute ein Problem habe, melde ich mich und bitte um Auskunft. Aber dass heute – ist auch schwierig für die Gewerkschaft, wie wollen wir sie unterstützen. Die sehen, ich gehe zu keiner Schulung, weil ich mir kaum Zeit nehme.*

Auch wird kritisiert, dass es sehr schwierig ist, mit den betreuenden Sekretärinnen/Sekretären andere Wege zu bestreiten als klassische Serviceleistungen wie Rechtsberatung. Indem ihnen zumeist nur zwei Lösungsmöglichkeiten (1. Probleme intern auszuverhandeln oder 2. einzuklagen) aufgezeigt werden, entsteht bei einem Großteil der Betriebsrätinnen und Betriebsräte das Gefühl, zwei Standardprodukte „verkauft“ zu bekommen und auf der Suche nach alternativen Lösungswegen alleine gelassen zu werden.

**BR:** *Das hat nicht wirklich funktioniert, ich habe gespürt, das wird wieder auf mich abgewälzt. Du bist ja der Betriebsrat. Wir machen eine Betriebsvereinbarung, und wenn nicht, dann, ja sicher kann ich die Firma klagen.*

Das Verständnis von gewerkschaftlicher (Zusammen-)Arbeit, das über die funktionalistische Servicebeziehung hinausgeht, wird oftmals begleitet von der Forderung, dass Gewerkschaft wieder mehr im Betrieb vor Ort aktiv sein sollte.

In der Diskussion um die Verlängerung der Öffnungszeiten und bei der Reflexion der Kampfmaßnahmen gegen die Pensionsreform wiederum wird ein Verständnis von Gewerkschaft als politische Organisation deutlich, von der erwartet wird, dass sie sich in gesamtgesellschaftliche Fragen einmischt und die Interessen der Arbeiter/innen mit Kampfmaßnahmen vertritt, also als eine Kampforganisation handelt.

Zusammenfassend können wir festhalten, dass die Identifikation der Betriebsräte mit der Gewerkschaft auch für Gewerkschaftsmitglieder nicht selbstverständlich ist. Serviceleistungen und ein funktionalistischer Zugang prägen zurzeit die Beziehung zwischen Betriebsratsmitgliedern und Regionalsekretärinnen bzw. -sekretären, die auf operativer Ebene die personifizierte Gewerkschaft darstellen. Insofern wird auch die Mitgliederwerbung oftmals als aufgezwungenes Übel gesehen. Die Betriebsratsmitglieder fühlen sich häufig wie Händler, die ihren Kolleginnen und Kollegen eine Mitgliedschaft verkaufen sollen. Andererseits teilen viele der Interviewten ein ideelles Gewerkschaftsverständnis, das vor allem auf Organisationsmachtpotentialen beruht.

Der Auseinandersetzung mit der Identifikation oder Nichtidentifikation mit Gewerkschaft lagen implizite Annahmen der Arbeitsteilung zugrunde. Diesem Aspekt wollen wir uns abschließend noch etwas ausführlicher widmen.

#### 3.2.5.4 Arbeitsteilung und allgemeine Arbeitsüberforderung

Wie bereits in den vorigen Kapiteln ausführlich diskutiert, erleben sich Betriebsrätinnen und -räte oftmals zwischen allen Fronten stehend und müssen nicht nur in den Firmenstrukturen handlungsfähig sein, sondern sind auch konfrontiert mit Erwartungen und Arbeitsaufträgen der Gewerkschaft. Dabei wird deutlich, dass es sehr unterschiedliche Auffassungen über die Arbeitsteilung zwischen Betriebsratsmitgliedern und Regionalsekretären/-sekretärinnen gibt.

**BR:** *Der Gewerkschaftssekretär erwartet sicher, dass ich das mache. Weil, wenn den eine Mitarbeiterin anruft, dann ruft der mich an und sagt, kümmere dich um den Fall in der Filiale. Also, wer macht was?*

Andere Betriebsratsmitglieder drücken in den Interviews das Gefühl aus, dass sie von der Gewerkschaft gedrängt werden, immer mehr Aufgaben, die sie klassischerweise der Gewerkschaft zuordnen würden, zu übernehmen. Umgekehrt fühlen sie sich in ihren Wünschen und Erwartungen an die Gewerkschaft nicht ernst genommen und sehen keine Möglichkeit, Forderungen zu stellen.

**BR:** *Die wollen das natürlich gern, dass wir uns das umhängen. Dies noch und das noch selber machen. Aber meine Wünsche sind da rein und da raus gegangen. Das ist doch eine Einbahnstraße.*

Auch die Mitgliederwerbung wird oftmals als Zusatzaufgabe empfunden, die ihnen von der Gewerkschaft aufgezwungen wird und nicht als etwas, das ihre eigene Position innerhalb des Betriebs stärkt.

**BR:** *Ja, das ist für mich ein Riesenthema, weil es ist einfach eben wirklich dieser Ball: Wer ist Gewerkschaft? Wer macht was? Die Betriebsräte da drinnen werden zermalmt, finde ich. Wer soll Mitglieder werben? Ich soll werben. Ich meine, ich soll im Endeffekt alles machen. Unterstützung, ja, Folder haben wir, die kannst du dir mitnehmen, weiß nicht, irgendwas verteilen. Aber im Endeffekt soll es der Betriebsrat machen.*

Dabei drückt sich in den Interviews vor allem die Erwartung bzw. der Wunsch aus, dass die Betriebsrätinnen und Betriebsräte mehr in ihrer alltäglichen Praxis im Betrieb unterstützt werden und Gewerkschaft selbst mehr im Betrieb präsent ist.

**BR:** *Die [Gewerkschaft] machen es sich leicht und geben alles an die Betriebsräte. Sie müssten präsenter sein und mit den Betriebsräten mehr zusammen tun und wenn ich die nicht anrufe, die rufen mich nicht an. Das sind sicher keine Bittsteller. Die geben viel zu viel ab.*

Das Gefühl, von der Gewerkschaft alleine gelassen zu werden, wird weiter verstärkt, wenn Regionalsekretäre/-sekretärinnen Probleme und Aufgaben an sie delegieren. Manche der interviewten Betriebsratsmitglieder fühlen sich im Betrieb völlig im Stich gelassen und distanzieren sich in Folge weiter von der Gewerkschaft.

**BR:** *Aber das hab ich denen schon deutlicher gesagt als euch. Da hab ich die Lust an denen verloren. Die haben uns doch überhaupt nicht mehr geholfen. Ich habe doch vorher alles gemacht für die Leute [in der Gewerkschaft] und wenn man sie braucht ... das kann man doch total vergessen.*

Andererseits mussten wir in den Interviews feststellen, dass die Arbeitsüberforderung auf beiden Seiten zu finden ist und auch die Regionalsekretäre/-sekretärinnen von einer zunehmenden Arbeitsüberlastung berichten. Zentrales Moment dabei scheint die Intensität der Betreuungsarbeit der Betriebsratsmitglieder zu sein. So berichten die Regionalsekretärinnen und -sekretäre, dass sie früher viel mehr Betriebsräte betreut haben als heute. Trotzdem schaffen sie es heute nur noch schwer, die Betreuungsarbeit und den Kontakt aufrecht zu erhalten.

**RS:** *Ich habe früher über 100 Betriebsräte betreut [...] jetzt betreu ich 40 und ich schaff es nicht, den Kontakt zu denen zu halten und regelmäßig Connections zu denen zu haben.*

Es muss hier also entweder eine Zunahme und/oder eine Verlagerung der Aufgabengebiete gegeben haben oder das Ausmaß und die Intensität der Betreuungsarbeit hat sich verändert.

**1. RS:** *Weil sich mein Arbeitsgebiet so dermaßen verändert hat ...*

**2. RS:** *Man kann das in der Fülle und in der Intensität, in der das kommt, mit den Kräften, die man so dahinter aufbringen muss, nicht in ein Buch schreiben.*

Mit Blick auf die Erwartungen, die Betriebsratsmitglieder an sie haben, nennen die interviewten Regionalsekretärinnen und -sekretäre vor allem zwei Aspekte. Einerseits schnell möglichst umfassende und gute Auskunft und Information geben zu können und andererseits immer und überall erreichbar zu sein. Sie sehen sogar die Notwendigkeit, im Krankenstand oder am Wochenende und im Urlaub für die betreuten Betriebsräte und -rätinnen erreichbar zu sein.

Dies vor allem, da sie befürchten, dass, wenn einmal ein Notfall eintritt und sie nicht erreichbar sind, die Betriebsratsmitglieder nicht alleine damit fertig werden.

**RS:** *Also wenns dann brennt, wenn du nicht wirklich ständig Kontakt mit ihnen hast. Dann hast du das Problem.*

Wir können also in den Interviews eine Arbeitsüberlastung auf beiden Seiten feststellen, die in ihrer Dramatik noch dadurch verschärft wird, dass sich die Betriebsratsmitglieder oftmals im Stich gelassen fühlen, wo doch gleichzeitig die Regionalsekretärinnen und Regionalsekretäre bereits an der Grenze ihrer Leistungsfähigkeit arbeiten.

Wir müssen also festhalten, dass der funktionalistische Fokus der Beziehung zwischen Betriebsräten und Gewerkschaft den Wünschen und Bedürfnissen der Betriebsratsmitglieder nicht oder nur schwer Genüge tun kann, sie sich oftmals im Stich gelassen fühlen und gleichzeitig die Regionalsekretärinnen und Regionalsekretäre eine enorme Intensivierung der eigenen Arbeit erleben und in dieser Praxisform am oder über das Limit der eigenen Leistungsfähigkeit hinaus arbeiten.

# 4. Problemanalyse

Im Folgenden werden wir einige zentrale Aspekte der Problemlagen, die in den Interviews benannt wurden, noch einmal theoretisch bearbeiten. Denn eine dialektische Wissenschaft sieht Teilbereiche der beobachtbaren Realität nicht isoliert, sondern als Teil der gesellschaftlichen Verhältnisse. Wir nähern daher Theorie und Praxis einander an und setzen die zuvor beschriebenen Veränderungen und Problemlagen in Beziehung zu den eingangs getätigten theoretischen Überlegungen und einen größeren Kontext. Mit einer solchen Vorgehensweise ermöglicht uns Theorie Ordnung in das Chaos, wie sich soziale Realitäten häufig gegenüber dem Individuum darstellen, zu bringen. Theorie und Praxis einander anzunähern eröffnet uns einen Blick unter die Oberfläche und gibt die Möglichkeit, viele beobachtbare Phänomene zueinander in Beziehung zu setzen.

Dabei werden wir die im theoretischen Teil ausgearbeiteten Ansätze von Raum und Zeit im sozialen Raum des Austrokorporatismus sowie die Betrachtung von Bürokratie mit den empirisch erhobenen Erkenntnissen des vorigen Kapitels in Verbindung setzen. Bürokratie, so werden wir sehen, ist auf unterschiedliche Art und Weise ein zentraler Grund, warum Betriebsräte und Gewerkschaften im Kontext der Globalisierung an betrieblicher Durchsetzungsfähigkeit verlieren. Wir werden aufzeigen, wie die Einbettung der Betriebsräte in die betriebsinterne Bürokratie und die darauf aufbauenden Logiken zu einer verschärften Verschiebung von räumlichen/zeitlichen Mustern führt. Mit anderen Worten, wie „die Herrschaft des Büros“ und die adaptive Orientierung der Betriebsratsmitglieder an diesem bürokratischen Herrschaftskomplex die Entwicklung autonomer Handlungsweisen, die mehr räumliche und zeitliche Unabhängigkeit für die Betriebsratsmitglieder gewährleisten würden, verhindert.

In weiterer Folge werden wir uns der Praxis von Betriebsräten und Gewerkschaften zuwenden. Wir werden untersuchen, wie sich die Handlungsfokusse der Betriebsräte und -rätinnen verändern und sich die Interpretation von Recht verstärkt auf die betriebliche Ebene verlagert. Basierend auf den theoretischen Grundlagen des zweiten Kapitels gilt unsere Aufmerksamkeit dabei insbesondere der Positionierung der Betriebsratsmitglieder und ihrer daraus resultierenden Entscheidungen für oder gegen Handlungsoptionen. Wir werden sehen, wie die kulturelle Praxis unter den veränderten Bedingungen nicht mehr funktional im Sinne der Anforderungen und der Durchsetzungsfähigkeit ist.

Besonderes Augenmerk gilt im folgenden Kapitel dem Verhältnis von Betriebsratsmitgliedern und Gewerkschaften. Hier werden wir aufzeigen, wie Gewerkschaft selbst stark durch eine Verbürokratisierung geprägt ist und wie dieser Umstand zu einer Entfremdung zwischen Betriebsratsmitgliedern und der Gewerkschaft führt, aber auch die kollektive Durchsetzungsfähigkeit von Betriebsräten und Gewerkschaften schwächt. Es wird deutlich, dass die Ausgestaltung der Beziehung zwischen den beiden nahe an der kulturellen Praxis erfolgt und zu einer Vereinzelung der Fälle und Akteurinnen/Akteure beiträgt.

Wichtig für den folgenden Teil ist die im theoretischen Teil herausgearbeitete These, dass das Recht eine wichtige prozessuale Logik der Bürokratie ist. Sowohl Gewerkschaft und Betrieb setzen auf diese Logik. Betriebsratsmitglieder werden dadurch in ihrer Arbeitsweise eingeschränkt und können ihre Potentiale an Organisationsmacht und Produktionsmacht nur mehr sehr selten ausspielen.

Die Analyse zeigt, dass es dringend notwendig ist, einen Kulturwandel in den Gewerkschaften einzuleiten, mit dessen Hilfe das Verhältnis von Gewerkschaft und Betriebsrätinnen/-räten auf ein neues Fundament gestellt werden kann, ansonsten, so ist zu befürchten, wird der Kapitaloffensive mittel- und langfristig auf betrieblicher Ebene nicht offensiv begegnet werden können.

## 4.1 Betriebliche Bürokratie

Noch einmal zur Erinnerung, was im theoretischen Teil über Bürokratie geschrieben wurde: Wir verstehen Bürokratie nicht im engeren Sinne als Verwaltung, sondern als ein Herrschaftsverhältnis, welches unterschiedliche Formen annehmen kann. Kern von Bürokratie ist, über unterschiedliche Momente Kontrolle und Macht zu zentralisieren und in prozessierende Logiken zu transformieren. Dementsprechend nimmt die „Herrschaft des Büros“ in Betrieben unterschiedliche Formen an. Das bedeutet, dass Bürokratie auf unterschiedliche Arten auf subalterne Subjekte, wie Arbeiter/innen oder Betriebsratsmitglieder, wirkt, ihre Handlungsweisen formt, normiert und kontrolliert. Oft sind diese Herrschaftsverhältnisse nicht klar zu erkennen. Im Folgenden können zwei Arten der bürokratischen Herrschaftsausübung unterschieden werden. Einmal relativ klare Zwangsmomente, in denen in Form von Befehlen und Vorgaben zumeist ökonomisch begründete Veränderungen in der Arbeitsorganisation durchgeführt werden müssen. Eine andere, viel subtilere Form ist, wenn Betriebsbürokratien versuchen, über spezifisch gestaltete Anreizsysteme die Beschäftigten dazu zu animieren, ihre Arbeitsabläufe selbst zu optimieren. Die Betriebsbürokratie versucht in solchen Fällen, die Kreativität und Selbstorganisationsfähigkeit der Beschäftigten zu nutzen. Wir fassen diese Formen des bürokratischen Zugriffs als Selbststeuerung und Selbstoptimierung der Belegschaft auf. Hier wird nicht über Befehle operiert, sondern über Anreizsysteme, mit Versprechungen, die sich zumeist nur zum Teil erfüllen oder für die Beschäftigten zuvor nicht erkennbare nachteilige Nebenfolgen mit sich bringen. Beide Formen bürokratischer Herrschaftsausübung legitimieren sich über vermeintlich rationelle Argumentationsmuster: der Zwang oder der Befehl über die rationale Logik der ökonomischen Kennzahlen, die Selbststeuerung über die vermeintlich gesteigerte Selbstbestimmung der Beschäftigten im Produktionsprozess. In den Interviews wurde von Seiten der Betriebsratsmitglieder nur selten direkt über bürokratische Herrschaftsverhältnisse gesprochen. Wissenschaftliche Analysen müssen deshalb in einem ersten Schritt bürokratische Herrschaftsverhältnisse von ihren Effekten her analysieren. Bürokratie ist also ein Herrschaftsverhältnis, mit dessen Hilfe unterschiedliche Strategien der Verfestigung oder der Transformation von Herrschaft im Betrieb in Gang gesetzt werden können. Insbesondere ist dies in Zeiten der Globalisierung die Durchsetzung von raum-zeitlichen Rhythmen sowie die Desorganisierung von Möglichkeiten, sich gegen die Verdichtung und Verstetigung dieser neuen Rhythmen zu wehren.

### 4.1.1 Betriebsbürokratie und Arbeitsorganisation

#### 4.1.1.1 Selbststeuerung ohne Zwang

**BR:** *Klar, es gibt nichts Schöneres; man tut ja heute alles planen und budgetieren und was weiß ich ...*

Diese Aussage eines Betriebsratsmitglieds beschreibt sehr schön, wie in den letzten Jahren der bürokratische Zugriff auf die Arbeitsorganisation im Bereich Einzelhandel gesteigert wurde. Gefallen ist diese Aussage, während wir in einem Interview über die Arbeitsorganisation im Bereich des Fuhrparks eines großen Lebensmitteleinzelhandelskonzerns gesprochen haben. Der/die Interviewte schilderte uns, wie durch die Einführung neuer EDV-Systeme und die Einführung neuer Prämiensysteme die autonome Kontrolle der Arbeiter/innen über ihren Arbeitsalltag eingeschränkt wurde. Dabei ist sich der/die Interviewte zu Beginn nicht sicher, wie diese Veränderungen zu bewerten seien. Auf der einen Seite führte zum Beispiel ein neues Prämiensystem zu einer besseren Transparenz, wodurch es für die Fahrer/innen leichter ersichtlich und nachvollziehbarer wurde, wie sich ihr Lohn zusammensetzt. Andererseits konstatierte er/sie bei sich und den Kollegen und Kolleginnen aber auch eine gravierende Veränderung, die zu mehr Stress führte. Im neuen Prämiensystem wurde klar geregelt, wie sich ein schnelleres Arbeiten positiv auf die Höhe der Prämie auswirkt. Im Bereich Fuhrpark wurde nun verstärkt darauf gesetzt, die Be- und Entladezeiten zu verkürzen. Je schneller gearbeitet wurde, umso höher fiel die Prämie aus. Diese gesteigerte Transparenz führte auch dazu, dass sich die Fahrer/innen weniger Zeit nahmen, um etwa Pausen einzulegen.

**BR:** *Es wird natürlich vom Arbeitsablauf von der Firma her schon sehr viel getan, dass die Stehzeiten, die Wartezeiten fast auf null sind, sprich so klein wie möglich gehalten werden; also, ich bin heute organisiert da herinnen, ich habe im Prinzip nicht einmal Zeit eine Pause zu machen. Ich muss bewusst sagen: so, und jetzt mache ich eine Stunde Mittagspause. Was aber, sage ich einmal, nicht normal ist. Es arbeitet jeder, essen und trinken tue ich während dem Fahren. Ich bleibe nicht* *stehen. Ich sage, ich will am Abend eine Stunde früher daheim sein, da habe ich mehr davon, als dass ich eine Stunde unterwegs irgendwo blöd stehe und nichts tue und bei der Scheibe rausschaue. Aber vom Arbeitsablauf herinnen ist das so perfekt in der Zwischenzeit geplant und durchgearbeitet, dass das einfach von Anfang bis Ende abläuft, ohne dass ich ein Problem habe. [...] Das hat sich sicher geändert. Banales Beispiel: Früher haben wir genauso Prämien gehabt, wie ich angefangen habe. Nur, ich habe nicht gewusst, was da für Faktoren mitspielen. Ich habe nicht gewusst, wie schnell ich sein muss oder nicht, ich habe einfach am Monatsende gesehen, aha, da waren, sage ich einmal, 5000 Schilling Prämie. Aber wie sich die zusammensetzen, und ob ich jetzt heute angezahlt habe oder nicht, war mir wurscht. Da habe ich noch Zeit gehabt, dass ich auf eine Autobahnraststelle oder zu einem Gasthaus gefahren bin und einen Kaffee getrunken habe. [...] Aber ich sage, rein aus dem Gedankengut heraus, dass ich nicht weiß, welche Faktoren da für meine Prämie zusammenspielen, habe ich mir einfach die Zeit genommen. [...] Heute nehme ich mir die Zeit nicht mehr.*

An diesem Beispiel können Aspekte bürokratischer Kontrolle und Zugriffsmöglichkeiten auf die Subjekte sichtbar gemacht werden. Zum einen die sich verändernde Einbindung der Arbeiter/innen in die Produktionslogik. Oberstes Ziel der betrieblichen Bürokratie ist es, den Gewinn zu steigern.

Im Bereich der Produktion und Distribution werden deshalb die räumlichen und zeitlichen Muster so verändert, dass unterm Strich mehr für die Firma herauskommt. Früher war für die Fahrer/innen nicht klar erkenntlich, wie sich ihr Lohn zusammensetzt. Durch die Umstellung auf das neue Prämiensystem wurde die Zusammensetzung offensichtlicher. Dieser Punkt wurde schon angesprochen. Bürokratie steigert den Grad der Berechenbarkeit. Das verbucht der/die Interviewte auch auf der Habenseite. Das zweite Moment, das durch diesen Professionalisierungsschritt der betrieblichen Bürokratie erreicht wurde, vermerkt der/die Interviewte als negativ. Durch die neue Prämienarchitektur wurde der Druck gesteigert. Analytisch kann also gesagt werden, durch die Transparenz des neuen Systems konnte die Betriebsleitung gezielte Lenkungseffekte in der Arbeitsleistung durchsetzen, ohne dabei offenen Zwang auszuüben. Vielmehr wurde bei den Beschäftigten ein Prozess der Selbstoptimierung in Gang gesetzt, in dem sie zwar eine größere Belastung in Kauf nehmen, dafür aber auch mehr kurzfristige Kontrolle über ihren Lohn haben. Im Endeffekt wurde von der betrieblichen Bürokratie ein zufriedenstellendes Ergebnis erzielt. Ohne auf Zwang zu setzen, konnte eine Verdichtung der Arbeitszeit erreicht werden. Es ist dies ein sehr gutes Beispiel, wie durch veränderte bürokratische Kontrollmechanismen neue Normen der Arbeitsgeschwindigkeit durchgesetzt werden. Eine vermeintlich gesteigerte Kontrolle der Arbeiter/innen über die Zusammensetzung ihres Lohnes und die Erhöhung des Prämienanteils stellte sich in Wirklichkeit als ein gravierender Eingriff in die autonomen Gestaltungsmöglichkeiten ihres Arbeitsalltages heraus.

#### 4.1.1.2 Verdichtung der Arbeit durch Zwang

Ist die oben angeführte Strategie der Betriebsbürokratie gekennzeichnet durch die Abwesenheit von Zwang, also auf freiwilliger Basis durch Anreizsysteme befördert, die aus Sicht der Beschäftigten zu nicht vorausgesehenen Nebeneffekten führten, ist die zweite Form, die wir beobachten konnten, anders strukturiert. Hier handelt es sich um von der Betriebsbürokratie autoritär durchgesetzte Veränderungen mit einer stärkeren Betonung von Zwangselementen.

Diese tendenziell autoritären Strategien können in zwei Feldern beobachtet werden.

**1. Technische Erneuerungen**

Die Einführung neuer Technologien zur Steigerung betrieblicher Effizienz wird auf der einen Seite als Bereicherung gesehen, auf der anderen Seite aber auch als ein herrschaftlicher Zugriff auf die eigene Autonomie. Dazu zwei Beispiele. Betriebsratsmitglieder, die im Verwaltungsbereich tätig sind, schilderten uns die Ängste und Zweifel in Bezug auf die Einführung elektronischer Datenverarbeitung. In ihrem Empfinden stellten sich diese Einführungsphasen als ein Kampf dar. Ihre Befürchtung, dass damit die Arbeitsintensität steigen würde, stellte sich als richtig heraus. Sie konstatieren in ihrer betrieblichen, aber auch in ihrer betriebsrätlichen Tätigkeit eine Intensivierung, die zu einem erhöhten Zeitdruck führt. Ein zweites Beispiel ist die Einführung elektronischer Datenverarbeitungssysteme im Wareneingangsbereich und im Bereich der Warendistribution, auf die im oben angeführten Zitat schon hingewiesen wurde. Mit Hilfe der elektronischen Erfassungssysteme erhoffte sich die Betriebsbürokratie einen beschleunigten und reibungsloseren Ablauf der Warenan- und -ablieferung. Diese Hoffnung hatten auch die Lagerarbeiter/innen und Fahrer/innen, ganz im Sinne einer besseren Planbarkeit. Nachträglich stellte sich allerdings für die Arbeiter/innen heraus, dass durch die Einführung dieser neuen Systeme eine Verdichtung der Arbeitszeit passiert ist. Stehzeiten wurden verringert. Zusätzlich zur Steigerung der Leistung der Arbeiter/innen, vermittelt über das Selbststeuerung induzierende Prämiensystem, wurde durch bürokratisch-technologische Eingriffe in den Arbeitsprozess eine weitere Verdichtung geschaffen. Die Einschränkung der eigenen Autonomie im Arbeitsprozess, so einige Interviewpartner/innen, wird besonders deutlich, wenn es technische Probleme in diesen Systemen gibt. Das bringt nicht nur den Arbeitsablauf durcheinander, sondern erhöht auch noch den Druck an anderen Be- und Entladestationen, durch schnelleres Arbeiten den zeitlichen Verlust wieder hereinzuholen.

## 2. Permanente Unterbesetzung

Ein anderes Beispiel für die bürokratisch-autoritäre Form der Verdichtung von Arbeitszeit bzw. des zu bewältigenden Arbeitspensums ist die Disziplinierung der Arbeitnehmer/innen im Zuge der fortschreitenden, budgetär argumentierten Personalreduktion der letzten Jahre. Nicht zu vergessen ist, dass im gleichen Zeitraum die Öffnungszeiten ausgeweitet und zum Teil auch die Verkaufsfläche ausgedehnt wurde. Um mit dem reduzierten Personalschlüssel die Arbeit ohne finanziell abzugeltende Mehrstunden zu bewältigen, wurden von der Betriebsbürokratie verschiedene Taktiken entwickelt:

a. Es wurde angewiesen, dass Mehrstunden durch Zeitausgleich im Durchrechnungszeitraum von drei Monaten wieder abgebaut werden müssen, bevor der 25%-Zuschlag geltend wird.
b. Es wurde angewiesen, Arbeitnehmer/innen in weniger stark frequentierten Zeiten nach Hause zu schicken, damit sie Minusstunden aufbauen, auf die in Phasen mit großem Personalbedarf zurückgegriffen werden kann.
c. Es wurde angewiesen, dass die zu erledigende Arbeit innerhalb der vorgeschriebenen Arbeitszeit zu bewältigen ist und keine Mehrstunden mehr anfallen dürfen.

**BR:** *Es waren einmal diese Teilzeitzuschläge, die gemacht worden sind, eben diese 25 %, weil da kämpfen ja die Firmen generell. Wir müssen jetzt da alle immer Stunden abbauen und abbauen, dass wir ja nicht über die Zuschläge kommen, weil das ja auch ziemlich ins Budget geht. [...]*

**IV:** *Wirkt sich das auch auf die Arbeitssituation aus?*

**BR:** *Das wirkt sich sehr aus, weil ich bin am Freitag z.B. bis um 10 am Vormittag alleine in der Abteilung, und meine Chefin ist dann von halb 2 bis halb 8 alleine. Weil alle anderen dann Stunden abbauen. Ich habe z.B. am Montag frei bekommen, wo ich normalerweise bis am Abend arbeiten muss, weil die Stunden weg müssen. Das ist natürlich – bis Juni hätten wir zwar Zeit, im zweiten Quartal, aber sie wollen schnell schauen, dass sie die Stunden runter bekommen.*

**IV:** *Wie schlägt sich das auf die Stimmung der Leute?*

**BR:** *Also ich bin zeitweise schon ziemlich leicht angefressen, wenn ich weiß, ich komme hinein in der Früh und steh bis zehn alleine in der Abteilung, ich kann nicht einmal in den Keller gehen, eine Ware holen, oder ich kann auf keinen Kaffee gehen, wenn ich will, da muss ich warten, bis ich die Ablöse bekomme, oder dann habe ich das Handy eingesteckt, da renne ich wegen einer Kundschaft, dann renne ich zur Kassa, dann redet mich die Nächste hinten an – du musst alles alleine machen. Preisänderungen in der Früh, das Retourwagerl in der Früh machen, du hängst auf allen Ecken und En-*

*den. Freitag nach dem Feiertag ist es überhaupt noch mehr zum Rennen. Das ist teilweise ... zipft's dich ein bisschen an.*

Das hier interviewte Betriebsratsmitglied spricht in dem Zitat die Folgen aller drei Strategien an. Sowohl der rasche Abbau durch Zeitausgleich als auch der Aufbau von Minusstunden führten im Arbeitsalltag dazu, dass die Arbeit mit noch weniger Personal bewältigt werden muss. Die Zeiten, in denen man alleine oder mit zu wenigen Kolleginnen und Kollegen in der Abteilung arbeitet, nahmen zu und es erhöhte sich dadurch die Arbeitsbelastung für die Einzelnen. Denn die verbleibende/n Person/en muss/müssen noch immer die gleiche Arbeitsleistung erbringen, die ansonsten zu zweit oder zu mehrt erbracht worden wäre.

Diese von uns hier angeführten Beispiele sind nur exemplarisch zu sehen, wir haben sie gewählt, da sie sich am besten für die Darstellung der unterschiedlichen Dimensionen der Problematik eignen. Sie zeigen sehr schön, wie Betriebsleitungen über bürokratische Prozesse die Autonomie der Arbeiter/innen im Arbeitsprozess zurückdrängen und sukzessive eine Verdichtung von zeitlichen Rhythmen und eine Verringerung der autonom kontrollierten Handlungsräume in Gang gesetzt werden. Dabei verweben sich autoritäre Zwangsmomente und Selbststeuerungsmechanismen, was zu einer fortschreitenden Intensivierung von Arbeitsdruck führt.

**BR:** *Der ganze Stress und der ganze Druck. Früher hast das vor 11 Jahren nicht so gehabt wie jetzt. Da hast auch viel mehr Personal gehabt. Und durch das ist das Ganze auch ... du hast viel mehr Druck auf dir sitzen. Ob's jetzt arbeitsmäßig ist und auch von oben runter. Von der Gebietsleitung und das alles.*

**IV:** *Wie üben die Druck aus?*

**BR:** *Wie? Ja, das ist nicht so ein Druck, dass sie vielleicht drohen oder was, das würd ich vielleicht gar nicht bei mir da so sagen. Sondern sie verlangen viel mehr.*

**IV:** *In der gleichen Arbeitszeit ...*

**BR:** *... ja.*

Ein Effekt der oft kombiniert auftretenden bürokratischen Verdichtungsstrategien ist, dass viele der von uns Interviewten darüber klagen, dass sich Erschöpfungszustände häufen. Pausen können immer weniger tatsächliche, wenn auch nur kurze Momente der Regeneration darstellen, oder man gesteht sie sich selbst schlichtweg nicht mehr zu. Manchmal gehen sie auch unter in den flexibilisierten Arbeitszeiten.

#### 4.1.1.3 Conclusio I: Autonome Räume

Einige Interviewpartner/innen berichteten uns von der Unzufriedenheit, die angesichts dieser Umstände herrscht. Fahrer/innen berichten von Überlegungen, das neue Prämiensystem aufgrund der negativen Nebeneffekte zu boykottieren. Andere artikulieren ihren Unmut über den aus ihrer Sicht zu harten Einsparungskurs beim Personal. Wieder andere stellten sich die Frage, wie groß denn der Leidensdruck der Beschäftigten noch werden kann, bevor sie beginnen sich zu wehren.

Doch obwohl die Arbeiter/innen und Betriebsratsmitglieder tagtäglich die negativen Folgen der betriebsbürokratischen Strategien erleben, obwohl es einen breiten Unmut gibt, stehen sie diesen Prozessen relativ hilflos gegenüber. Es stellt sich also die Frage, warum herrschaftlich-bürokratische Prozesse eine so große Durchsetzungsfähigkeit besitzen.

Unseres Erachtens nach speist sich die Legitimität dieser Veränderungsprozesse aus einer spezifischen Neutralitäts- und Rationalitätslogik. Wie wir schon im Theorieteil ausgeführt haben, beansprucht Bürokratie eine vermeintliche Rationalität und Neutralität für sich. Dieser Rationalitäts- und Neutralitätsanspruch wird in unterschiedlichen historischen Perioden auf differenzierte Weise immer wieder neu hergestellt. Heute können wir beobachten, dass sich die bürokratische Herrschaft sehr stark auf die gesellschaftlich dominante Wettbewerbslogik bezieht, die im Zuge der Globalisierung immer stärker wird. Das immer wieder wie ein Mantra wiederholte Gebet der Konkurrenzfähigkeit wirkt wie eine beständige propagandistische Beschallung. Neue Formen der betrieblichen Bürokratie verlagern dieses Mantra in Form einer auf Produktivitätssteigerung ausgelegten Propaganda zusehends in die Subjektivität der Arbeiter/innen hinein oder verkaufen gravierende autoritäre Einschnitte als ökonomische Notwendigkeiten. Durch die oben angesprochenen Mechanismen der Selbststeuerung und die Verringerung autonomer Gestaltungsräume im Arbeitsalltag wird das Potential für eine Gegenwehr maßgeblich eingeschränkt. Dieser prozessuale Zugriff der Betriebsbürokratie erleichtert es ihr, die räumlichen und zeitlichen Logiken, die am Paradigma der Wettbewerbsfähigkeit ausgerichtet sind, verstärkt zur Geltung zu bringen.

Wir können also festhalten, dass betriebliche Bürokratien stark mit dem Argument einer ökonomischen Rationalität arbeiten, eine Rationalität, die ihre Legitimität aus den öffentlichen Diskursen rund um Wettbewerbsfähigkeit und Standortkonkurrenz bezieht und von den Argumentationsmustern her nur noch einer Adaptierung für die betriebliche Ebene bedarf. Ein Entgegentreten gegen diese propagandistische Übermacht und deren Übersetzung durch die Betriebsbürokratie wäre nur möglich, wenn auf betrieblicher Ebene gegenhegemoniale Räume existierten, die es erlauben, alternative Deutungen der sozialen Realität zu erarbeiten und zu verallgemeinern. Im Keim existieren diese dissidenten Deutungen auch, doch bleiben sie nur zarte Pflänzchen und eher vereinzelt. Gegenhegemoniale autonome Räume, in denen alternative Deutungen der Realität und abweichende Erfahrungen diskutiert, verallgemeinert und als wichtiger Teil in eine betriebsrätlich-gewerkschaftliche Gegenstrategie integriert werden, existieren de facto nicht. Um zu verstehen, warum es nicht geschafft wird, diese Räume dissidenten Denkens und Handelns zu öffnen, wenden wir uns in einem ersten Schritt einem weiteren Aspekt betrieblicher Bürokratie zu.

### 4.1.2 Betriebsbürokratie und Betriebsratskollegien

Wir haben in unserer Untersuchung festgestellt, dass betriebliche Bürokratien nicht nur auf die Organisation des Arbeitsprozesses einen großen Einfluss haben und dabei sukzessive die autonomen Gestaltungsmöglichkeiten der Beschäftigten zurückgedrängt werden, sondern auch eine beschränkende Wirkung auf die Aufstellung und Arbeitsweise der Betriebsratskollegien ausüben.

Wir teilen diesen Einfluss in drei unterschiedliche Kategorien ein. Erstens, ein informeller Einfluss, zweitens ein kultureller Einfluss, und drittens ein institutionell-prozessualer Einfluss.

#### 4.1.2.1 Informeller Einfluss der Bürokratie

Wie wir im theoretischen Teil schon erwähnt haben, ist eine der wichtigsten Praxisformen der Sozialpartnerschaft das Vertrauensverhältnis. Das bedeutet, dass Betriebsratsmitglieder permanent gezwungen sind, sich in den betrieblichen Bürokratien zu bewegen. Sie müssen innerhalb dieser Bürokratien beständig an der Aufrechterhaltung und der Neuknüpfung von Kontakten arbeiten. Dies ist wichtig, da Betriebsratsmitglieder nur so, über die informellen Kanäle, an wichtige Informationen herankommen. Zwar haben sie von Gesetzes wegen in gewissen Bereichen ein Informationsrecht, doch versicherten uns einige Gewerkschaftssekretäre und -sekretärinnen, dass es um dieses Informationsrecht nicht so gut bestellt ist. Welche Informationen angefordert werden sollten, was gerade von Seiten der Betriebsleitungen geplant wird, ist oft nur durch die informellen Kanäle in Erfahrung zu bringen. Dieser Umstand zwingt Betriebsräte/-rätinnen dazu, sehr viel Netzwerkarbeit innerhalb der betrieblichen Bürokratien zu erledigen.

Dies wird durch die Zentralisierung von Entscheidungskompetenzen innerhalb des Konzerns und der Tochterunternehmen, die in den letzten Jahren erfolgt ist, erschwert. Denn durch die Zentralisierungen wurden Kompetenzen von den Filialen weg verlagert und dadurch die Eigenständigkeit der Filialen und der betrieblichen Führungsebene stark eingeschränkt. Mit den Verschiebungen hat sich also der Handlungsrahmen der Betriebsräte verändert. Für die Praxis der Vertrauensbeziehungen heißt das, dass den Betriebsratsmitgliedern immer öfter die direkten Ansprechpersonen verloren gehen bzw. dass die direkten Vorgesetzten keine oder nur sehr eingeschränkte Entscheidungsbefugnisse haben und es daher schwieriger wird, Problemlagen vor Ort in den Filialen oder Zweigstellen zu lösen.

Damit also die Praxis der Vertrauensbeziehungen aufrechterhalten werden kann, müssen sich die Betriebsräte/-rätinnen verstärkt in die betrieblichen Bürokratien begeben, um die neuen Entscheidungsträger/innen nicht nur identifizieren zu können, sondern – und das ist meist die größere Herausforderung – mit ihnen in Kontakt und Beziehungsaufbau zu treten. Oftmals wird daher versucht, Probleme über das Zentralbetriebsratsgremium zu spielen, das leichteren Zugang zu den oberen Ebenen der Betriebshierarchie hat. Die Praxis der Vertrauensbeziehung wird innerhalb des Konzerns auf den unteren Ebenen entwertet. Das heißt für die Betriebsrätinnen und -räte, dass es mehr Aufwand, Mühe und Zeit bedeutet, eine Problemlage im Betrieb zu bearbeiten. Es wird immer schwieriger, diese schnell und vor Ort im Sinne der Vertrauensbeziehungen zu regeln.

Die Zentralisierungstendenzen innerhalb der Konzerne können also verstanden werden als eine räumliche Neuaufstellung innerhalb der Betriebsbürokratien. Die unteren Hierarchieebenen der Betriebsbürokratie erfahren damit eine Verminderung ihrer Entscheidungskompetenzen. Die Betriebsratsmitglieder tun sich zusehends schwer, ihre angelernte Praxis der Vertrauensbeziehungen auf diesen unteren Betriebsebenen wirkmächtig anzuwenden. Gleichzeitig erfahren die Mitglieder des Zentralbetriebsrats eine Aufwertung. An ihnen bleibt nun sehr viel Arbeit hängen, da sie die Praxisknotenpunkte sind, die Zugang zu den oberen Hierarchieebenen besitzen. Wir können also sehen, dass die räumlichen Veränderungen tendenziell zu einer Entwertung der eng an die Vertrauensbeziehungen gekoppelten Praxis führt.

Diese auf die räumlichen Neustrukturierungen bezogenen Probleme sind aber nicht alles. Im Zuge der Beschleunigungstendenzen, die sich innerhalb der Betriebe abzeichnen, treten noch weitere Probleme rund um Vertrauensbeziehungen und Praxisknotenpunkte auf.

Viele Betriebsratsmitglieder, insbesondere jene, die in engerem Kontakt mit den oberen Hierarchien der Betriebsbürokratie stehen, vermerken eine starke Veränderung der Managementkultur. Dies hängt zusammen mit einer Verschiebung von zeitlichen Paradigmen. Tendenziell, so halten sie fest, ist eine Beschleunigung zu beobachten, die sich in unterschiedlichen Formen ausdrückt. So bezeichnet ein Betriebsratsmitglied die neuen Manager/innen als „verkabelte Jungmanager/innen“.

**BR:** *Aber er, er verweigert nicht den Kontakt, aber der hat keine Zeit zu reden. Ich meine, zwischen Tür und Angel zwei Sätze zu reden, das ist ja kein Gespräch für mich. Der hat keine Gesprächskultur. Die haben, glaube ich, mehrere nicht. Es ist einfach wahnsinnig schwer zu erklären, aber das ist diese ganze Veränderung, ich glaube mit der ganzen Technik, da spielt sich schon etwas ab, aber ich denke mir, irgendwann ... mit 60 liegt der auf der Dack'n, weil das gibt es gar nicht.*

**IV:** *Weil er ständig unter Strom steht ...*

**BR:** *Ja, ununterbrochen. Wenn ich mit dem einen Satz spreche, das war z.B. ob, irgendetwas hätte ich schon längst haben sollen, hat er angenommen, und ich habe nicht einmal ein Schreiben. Bitte was? Und Handy raus, und anrufen,... Und ich meine, jetzt soll er einmal warten, ich war jetzt drei Tage nicht da, jetzt gehe ich einmal zum PC, vielleicht habe ich es in der Zwischenzeit bekommen. Er hat mich gefragt, ob ich es habe. Ich habe es noch nicht, aber heute in der Früh habe ich noch nicht hineingeschaut. Vielleicht liegt etwas in der Post. Aber er wartet nicht einmal diese Sekunde.*

Es wird klar, dass unter diesen Umständen Netzwerkarbeit, die Vertrauensverhältnisse aufbauen soll, immer schwieriger wird.

Ein weiterer Aspekt der Beschleunigung ist der schnellere Rhythmus in der Rotation von Managementpersonal. Lange war es die Regel, dass Geschäftsführer[26] 20, 30 Jahre im gleichen Unternehmen verbrachten. Dieser Umstand hat es ermöglicht, dass sie das Unternehmen gut kannten und auch eine Ahnung von den Arbeitsabläufen bzw. den Erfordernissen und Notwendigkeiten im Betrieb hatten. Ihre langfristigen Anstellungsverhältnisse unterstützten den Aufbau von Vertrauensbeziehungen zwischen Betriebsratsmitgliedern und Geschäftsführung, an deren positiver

[26] In den meisten Fällen handelte es sich um Männer.

Ausgestaltung beide Seiten eher ein Interesse hatten. Schließlich musste man langfristig gut zusammenarbeiten.

Neben der relativ kurzen Verweildauer dieses „importierten" Managementpersonals schildern die Betriebsrätinnen und Betriebsräte ein weiteres Problem. Dieses Managementpersonal hat zumeist Arbeitsverträge mit klaren Zielvorgaben, die sie in gewisser Zeit zu erfüllen haben. Sie sind auf die Zeitspanne ihrer Vertragsdauer fokussiert und oft nicht auf ein langfristiges Verweilen im Unternehmen. Erfüllen sie diese kurzfristig ausgerichteten budgetären Zielvorgaben innerhalb der Zeit, bekommen sie einen Bonus und verschwinden. Von diesem Managementpersonal wird von einigen unserer Interviewpartner/innen wenig erwartet. Sie werden gesehen als eine Managergeneration, die zumeist wenig Ahnung vom Unternehmen oder der Branche hat, da sie nicht im Betrieb „groß" geworden ist.

Gewerkschafter/innen und Betriebsratsmitglieder beklagen deshalb das Abhandenkommen von Handschlagqualität. Vertrauen braucht Zeit, und eben diese Zeit ist oft nicht mehr vorhanden.

Die Beschleunigungstendenzen innerhalb von betrieblichen Bürokratien bringen die eingeübte Praxis der Vertrauensbeziehungen gehörig unter Druck. Die Grundlage der Vertrauensbeziehungen, die beiderseits geteilte langfristige Perspektive ist in vielen Bereichen schlichtweg am Erodieren. Einhergehend mit den Beschleunigungstendenzen verstärken sich die Argumente der ökonomischen Rationalität. Konnte früher, bei intakten Vertrauensverhältnissen, noch mehr mit an Einsicht und Vernunft appellierendem Verhalten erreicht werden, so wird dies heute immer schwieriger. Durch die Beschleunigungstendenzen werden aber auch die Probleme im Betrieb nicht weniger. Am Rande einer Veranstaltung brachte es ein Betriebsrat sehr provokant auf den Punkt, als wir uns in einem Zweiergespräch über diese These der Beschleunigung in der Managementkultur unterhielten. Er sagte: „Früher haben die Betriebsleitungen auch Scheiße gebaut, doch heute produzieren sie die Scheiße schneller und effektiver." Das heißt auch, dass an den zuvor schon erwähnten Praxisknotenpunkten noch mehr Arbeit hängen bleibt oder sich anhäuft.

Betriebsratskollegien stehen also unter einem starken Druck, sich den neuen räumlichen und zeitlichen Strukturen anzupassen. Sie sind ständig gezwungen, mit den neuen zeitlichen und räumlichen Mustern der Betriebsbürokratien mitzuhalten. Trotzdem kommen sie hier in eine sehr defensive Rolle. Die Aufrechterhaltung der Praxis der Vertrauensbeziehungen wird immer arbeitsintensiver bei gleichzeitig abnehmender Wirkmächtigkeit. Dieser ständige Druck, dieses permanente Hinterherrennen verhindert die Möglichkeit, eine kollektivere Handlungsweise innerhalb des Betriebsratsgremiums aufzubauen. Es verhindert aber auch den Aufbau von gegenhegemonialen Räumen, in denen intensive strategische Debatten geführt werden könnten. Im Gegenteil, die raum-zeitliche Restrukturierung der Bürokratie verfestigt noch einmal die Praxisknotenpunkte.

**BR:** *Ich habe probiert ein Vertrauensverhältnis aufzubauen. Aber es zahlt sich nicht aus. Aber es zahlt sich nicht wirklich aus. Der andere, mit dem tu ich mir schwer, weil ich die Sprache noch nicht verstehe, ich verstehe seine Sprache nicht, er kommuniziert mit mir in Bruchstücken, und die Lawine, die er eigentlich dann auslöst, ist ein Wahnsinn, für das, was er mir eigentlich gesagt hat. Ich sage immer, ich kann mit ihm, er kann mit mir, aber wir sind, dazwischen ist irgendetwas. Der teilt etwas mit, aber so ein Minimum, und das, was er mir da mitteilt, ist im Endeffekt ... Da wird jemand praktisch freigesetzt. Dem bietet er einvernehmlich an, und gleich sechs Monatsgehälter freiwillige Abfertigung, nur dass er ihn anbringt. Da guckst du einmal so. Das, was er aber ankündigt, ist: „Da wird sich etwas tun, da muss man einmal reden.“ So, Wortfetzen. [...] Na ja, er macht ein tolles Angebot, nur damit er sich irgendjemandes entledigt. Er will überall – aber wahrscheinlich ist das, weil er Direktor werden will – er mischt überall mit. Überall, wo er mitmischt, entsteht nur Chaos. So eine Beschäftigung in der Zentrale, wie seit vorigem Herbst, haben wir noch nie gehabt. Was der verursacht.*

**IV:** *Der sorgt für Arbeit.*

**BR:** *Der sorgt für Arbeit.*

#### 4.1.2.2 Bürokratische Antizipationsleistungen oder die Kultur der Bürokratie

**BR:** *Dadurch, dass ich so lange in der Firma bin, kann ich bestimmte Statistiken gut lesen, und wenn ich dann eine bekomme, wo beispielsweise die Personalkosten sehr hoch sind, frage ich sofort nach, und wenn der dann zum Stottern anfängt, weiß ich sofort, ok., das ist dann meine Abfertigung, die die zum Planen angefangen haben. Ja, und dann hab ich gesagt: sicher nicht! Ich bin ja des Friedens Sohn, aber so nicht.*

Diese Aussage zeigt sehr gut, welche Adaptions-, sprich Anpassungsleistungen von Seiten der Betriebsräte/-rätinnen vollbracht werden müssen, um sich in dem fremden Umfeld der bürokratischen Sprache und Prozedere zurechtzufinden. In diesem Fall studierte der interviewte Betriebsrat immer wieder die Budgetzahlen genauer durch, da er so schon im Vorfeld, anhand eines Deutens der Budgetzahlen, feststellen konnte, welche Entscheidungen von Seiten der Betriebsleitung geplant wurden. In diesem konkreten Fall konnte er mehrmals verhindern, dass die Betriebsleitung seine eigene Kündigung vorbereitet.

Diese Anpassungsleistung ist für viele Betriebsratsmitglieder sehr schwierig. Im Bereich des Lebensmitteleinzelhandels beklagten sehr viele Betriebsratsmitglieder, die nicht selbst in der Verwaltung tätig waren, dass ihnen die Zahlen und die Sprache der Bürokratie schlichtweg fremd sind. Diese Verständnisschwierigkeiten, insbesondere von Betriebsratsmitgliedern, die im Kassenbereich, Feinkost oder anderen verkaufszentrierten Tätigkeitsfeldern beschäftigt sind, bewirken, dass es eine Selektion innerhalb des Betriebsratskollegiums gibt. Personen, die mit der Betriebsbürokratie vertrauter sind, finden sich in dieser Sprache und dieser Kultur leichter zurecht. Tendenziell führt dies aber auch zu einer Adaption an die Kultur der betrieblichen Bürokratie.

Es kann also festgehalten werden: Um sich in der betrieblichen Bürokratie behaupten zu können, sind Adaptionsleistungen notwendig. Ein großer Teil der Arbeitsbelastung von Betriebsräten/-rätinnen rührt von diesen Adaptionsleistungen her. Ständig müssen sie bürokratische Manöver vorwegnehmen, also antizipieren. Dies führt nicht zuletzt dazu, dass innerhalb von Betriebsratskollegien ein starker Anpassungsdruck an die Sprache und die Gepflogenheiten der betrieblichen Bürokratie herrscht. Die für uns zu Beginn immer sehr überraschende Forderung von Betriebsratsmitgliedern nach mehr betriebswirtschaftlicher Ausbildung durch die Gewerkschaften ist aus dieser Tendenz der Anpassung an die betriebliche Bürokratie zu erklären. Damit entwickeln die Betriebsratsmitglieder stark angepasste oder adaptive Präferenzen in Bezug auf ihre Aus- und Weiterbildung.

Diese adaptiven Präferenzen verstärken allerdings noch einmal die Schwierigkeiten in Bezug auf eine kollektive Arbeitsweise des Betriebsratsorgans. Wie schon erwähnt, bringen nicht alle Mitglieder den sozialen Hintergrund mit, um mit dieser betriebsbürokratischen Kultur umzugehen. Andere hegen gegenüber der Bürokratie und gegenüber Büroarbeit generelle Ablehnung und wollen diese „Welt des Büros" schlichtweg meiden. Dies führt dazu, dass innerhalb von Betriebsratsorganen selektive Mechanismen wirken, die Praxisknotenpunkte weiter verstärken. Die Betriebsratsmitglieder, die willens und befähigt sind und auch die nötige Zeit haben, sich auf die betriebliche Bürokratie einzulassen, konzentrieren ein spezifisches Fachwissen, das sie, ob gewollt oder nicht, in eine Sonderposition bringt. Dieser Trend zur Anpassung an die betriebsbürokratische Kultur produziert spezifische Handlungskorridore, die eine Praxis entlang der Praxisknotenpunkte nahe legt. Kollektives und autonomes Handeln gegenüber der Betriebsbürokratie wird so erschwert.

Doch dies ist nicht der letzte Aspekt der Herausbildung von Praxisknotenpunkten und der Erschwerung des Aufbaus kollektiv-autonomer Handlungsfähigkeit von Betriebsratskollegialorganen.

#### 4.1.2.3 Prozessual-institutioneller Einfluss der Bürokratie

Wie wir schon zuvor ausgeführt haben, gab es in den letzten Jahren einen starken Konzentrationsprozess im Bereich Lebensmitteleinzelhandel. De facto haben wir es heute mit einer Dominanz von zwei Konzernen zu tun. Dieser Expansions- und Konzentrationsprozess drückt sich auch in der betriebsinternen Bürokratie aus. Entscheidungskompetenzen werden immer stärker zentralisiert und führen so zu Machtkonzentrationen innerhalb der betrieblichen Hierarchien. Diese neuen räumlichen und zeitlichen Logiken der Betriebsbürokratie befördern die Herausbildung von Praxisknotenpunkten. Die Zentralbetriebsratsmitglieder werden zu entscheidenden Instanzen, um über die Praxis der Vertrauensbeziehungen noch irgendwie Einfluss auf die stark zentralisierten und hoch vermachteten Entscheidungsprozesse zu nehmen. Eine egalitäre Arbeitsteilung innerhalb des Betriebsratskollegialorgans oder vielleicht gar eine auf Organisationsmacht und Produktionsmacht aufbauende Handlungsfähigkeit wird so untergraben.

Neben der Konzentration auf die Vertrauensbeziehungen spielt auch das rechtliche Wissen eine zentrale Rolle. Von Seiten der Betriebsbürokratie wird im Konfliktfall zumeist mit rechtlicher Expertise gearbeitet. Wir haben im theoretischen Teil Recht als integralen Bestandteil einer bürokratischen Logik definiert. Das Recht ist die prozessierende Logik von Bürokratie. Diese prozessierende Logik ist insofern nicht neutral gegenüber subalternen Gruppen, da es Problemfälle, die vielleicht massenhaft auftreten, in einzelne Rechtsfälle transformiert und damit eine kollektivautonome Problembearbeitungs- oder Konfliktstrategie eher marginalisiert. Doch auch über diesen Mechanismus hinaus lässt sich noch ein weiteres Problem feststellen. Recht ist Teil einer Kultur, die durch Bürokratie entsteht. Einige Betriebsratsmitglieder sprechen deshalb auch vom Recht als einer „eigenen Welt". Es bedarf intensiver Beschäftigung, um sich innerhalb der Paragraphen zurechtzufinden und einer beständigen Auseinandersetzung mit der Materie, um auf dem Laufenden zu bleiben. Ein Betriebsratsmitglied brachte es auf den Punkt, als es sagte: „ich habe auf der Arbeitsverfassung geschlafen." Natürlich gibt das Recht eine gewisse Sicherheit im Umgang mit der betrieblichen Bürokratie, gleichzeitig nimmt es allerdings auch sehr viel Raum und Zeit im eigenen Handeln ein, zum Beispiel auf Betriebsratssitzungen. Im Zuge eines Workshops, an dem auch von uns interviewte Betriebsratsmitglieder teilnahmen, wurde dieser Aspekt offen angesprochen. Die Überfrachtungen durch die rechtlichen Aspekte der Betriebsratsarbeit seien so enorm, dass es oft keinen Raum für andere Debatten und eine längerfristige Planung gebe. Dies schlägt sich im Endeffekt wieder nieder in der Verfestigung von eingefahrenen Handlungsweisen und ist Teil der Entstehung von Praxisknotenpunkten, denn Recht ist genauso wie das Verstehen der Sprache von Bürokratien Teil der Kultur derselben.

Immer wieder konnten wir in den Interviews Passagen finden, in denen sowohl von Frauen wie auch von Männern eine latent paternalistische Grundeinstellung zu beobachten war. Viele sprachen von „ihren Schützlingen", wenn sie über die Belegschaften sprachen. Eine Betriebsrätin/ein Betriebsrat kritisierte diese paternalistische Kultur auch sehr offen.

**BR:** *Ja, ja. Freilich, das ist klar, das war die alte Struktur, vom Vorsitzenden. Ich Chef. Auf der einen Seite: Ich will alles wissen, kann aber nichts mehr erledigen, da kriegst du eine Unzufriedenheit rein. Wie es bei mir war, als Stellvertreter, du sitzt da irgendwo dazwischen, du erledigst viel, dann musst du ihm aber auch wieder etwas weitergeben, das macht er, und im Endeffekt landet es eh wieder bei mir, weil es eh wieder nicht erledigt ist. Es ist zu komplex bei so vielen Leuten.*

Unsere Forschungsergebnisse legen nahe, dass diese latent paternalistischen Grundeinstellungen zum Teil aus der gelebten Praxis heraus zu erklären sind. Die Herausbildung von Praxisknotenpunkten, die Anhäufung von Fachwissen über Recht, die Sprache und Verhaltensweisen, die in betrieblichen Bürokratien gelebt werden, befördern die Sonderpositionen der paternalistischen Akteure und Akteurinnen. Wir werden auf dieses Phänomen später immer wieder treffen.

Zum Teil haben Betriebsratsmitglieder, die wir interviewt haben, ein „Gespür" entwickelt, dass „etwas" nicht passt. Das im folgenden angeführte Zitat stammt von derselben Person, die auch die paternalistischen Arbeitsweisen offen kritisiert hat. Im Zitat werden sehr viele Punkte angesprochen. Sie versucht durch eine neue Strukturierung des Betriebsratskollegiums eine breitere, kollektivere Arbeitsteilung aufzubauen. Teilweise funktioniert es, teilweise funktioniert es nicht. Im Großen und Ganzen hält sie aber fest, dass ihr für viele Dinge, die sie sich wünscht, schlichtweg die Zeit fehlt.

**BR:** *Das ist bei mir noch im Aufbau, die Struktur. Ich habe wirklich geglaubt, das schaffe ich innerhalb von einem halben Jahr. Ein jeder hat andere Vorstellungen, wenn er etwas führt, das ist klar, aber in der Zwischenzeit bin ich soweit, ich habe kleine Schritte erreicht, und das, was ich eigentlich will, dauert sicher noch ein Jahr. Also, das habe ich nicht geglaubt, dass das so lange dauert.*

**IV:** *Wie hätten Sie es gerne?*

**BR:** *Na ja, eine Struktur hineinzukriegen, wo ich finde, das keine ist, passiert nicht in ein, zwei Jahren.*

**IV:** *Wie funktioniert das im Moment? Wie versuchen Sie es gerade aufzubauen?*

**BR:** *Also die erste Veränderung war: In meiner Körperschaft habe ich 25 Personen. Generell. Wo fange ich an? (lacht) Normal versucht man mindestens viermal im Jahr, fünfmal im Jahr eine Sitzung zu machen, und zusätzlich eine, weil es gibt ja Ersatzbetriebsräte auch, das ist dann die doppelte Anzahl. Von diesen mindestens fünf Sitzungen wollte ich das ein bisschen splittern. Ich habe bei diesen Sitzungen verschiedene Bereiche, wo die Personen tätig sind. Ich habe Lagerbereich, Fuhrparkbereich, ..., Filialen, Büro, und eigentlich Außendienstmitarbeiter auch. Wir haben geschaut, dass wir in der Körperschaft von jedem Bereich einen Betriebsrat haben, der die Mitarbeiter so quasi vertritt, weil er in deren Bereich ist. Mein erstes Angehen war dann große Sitzungstermine, einzelne Gruppenarbeiten, Arbeitsgruppen, Termine zu fixieren. Das haben wir ins Leben gerufen. Dass man einfach einmal sagt, ich habe sieben, acht Betriebsräte im Filialbereich, wo wir zwischendurch eine Sitzung in [der Zentrale] machen, da sind wir meistens im Haus. Nur mit Filialbereich, sich dort die Probleme und die Anliegen anschaut. Dann gleich filtert, was können wir gleich erledigen, weil sonst schiebt sich immer alles so. Oft sind es ja kleine Sachen. Und, was brauchen wir eigentlich, weil das nächste ist ja dann übergeordneter Zentralbetriebsrat, was österreichweit, sind ja Sachen, die ich nicht alleine in meiner Niederlassung ändern kann, son-*

*dern das ist österreichweit geändert, und da brauche ich ja von dort die Verstärkung, also muss ich es dort hintragen. Das versuche ich momentan zu leben. Wir haben zwei, drei, nein drei eigentlich Arbeitsgruppensitzungen mit den Filialen gehabt, das will ich beibehalten. Wir haben zwischendurch Arbeitsgruppensitzungen mit Lager und Fuhrpark gemacht. Lager und Fuhrpark eigentlich miteinander, weil das kann ich in der Sitzung in zwei Arbeitsgruppen trennen. Das ist einmal das Neue. Ja trotzdem dann wieder eine gemeinsame Sitzung.*

**IV:** *Wie wird das angenommen?*

**BR:** *Bis jetzt positiv. Es war immer der Wunsch, weil mit den paar Sitzungen im Jahr, das ist schwierig, weil du sollst informieren, du sollst berichten, und ich kann aber nicht sechs Stunden, ja, ich kann schon sechs Stunden lang nur berichten, und eigentlich kommt kein anderer zu Wort.*

Diese Versuche kommen laut Interviewpartner/in bei den Betriebsratskolleginnen und -kollegen gut an. Insbesondere da sich viele Betriebsratsmitglieder, die ansonsten eher die Funktion Informationsbeschaffer/in hätten, selbst ernster nehmen.

**BR:** *Ja, und es geht mir auch darum, es ist ja mehr Zufriedenheit bei einem Betriebsrat, wenn er etwas auch für sich erledigen kann. Ich meine, ich schau auch, dass ich da verteile, wem kann ich einen Auftrag geben, das gleich selber in die Hand zu nehmen. Da brauche ich einfach diese Arbeitsgruppen, dass ich sehe, wie ist der Stand bei jedem, wo braucht der Unterstützung, was nehme ich ihm ab und was kann er eigentlich vor Ort gleich machen, in dem er sich abspricht.*

Trotzdem konstatiert er/sie, dass es nicht perfekt läuft.

**IV:** *Darf ich noch kurz zu den Strukturen. Weil Sie gemeint haben, Sie haben es sich leichter vorgestellt, die Struktur zu verändern, an was liegt das, wo sind da Stolpersteine, an was liegt das, dass das länger dauert als Sie gedacht haben?*

**BR:** *Wahrscheinlich erstens einmal meine Zeit. Mir fehlt hinten und vorne die Zeit.*

**IV:** *Zum täglichen Geschäft dazu noch die ...*

**BR:** *Ja, es ist einfach wahnsinnig viel. Was fehlt mir. Ich kann es gar nicht sagen, was mir fehlt. Die Bereitschaft von den Betriebsräten ist da, also soweit habe ich schon etwas erreicht. Punkto Fortbildung ist die Bereitschaft auch da, aber das Umsetzen dauert ein bisschen länger. Der nächste Schritt für mich ist zu klären, den oder den Bezirk, bist du Ansprechpartnerin? Da weiß ich selber noch nicht, wie mache ich das?*

Trotz der Versuche, etwas anders zu machen, verweilt nicht nur diese/r Interviewte sehr stark auf einer strukturellen Ebene. Die Praxis selbst steht nicht zur Disposition. Bisherig beschrittene Wege sind der Versuch, den alten Praxisformen eine neue Struktur zu geben, oder anders gesagt die alten Praxisformen gemäß der neuen zeitlichen und räumlichen Paradigmen zu optimieren oder sie an diese anzupassen. Unsere Ergebnisse legen aber den Schluss nahe, dass dies für eine Wiedererlangung von Offensivkraft von Betriebsräten und Gewerkschaften auf der betrieblichen Ebene nicht ausreichen wird.

Im Gegenteil, die betriebliche Bürokratie ist es, die zusehends Offensivkraft entwickelt, da sie basierend auf veränderten oder intensivierten Formen der „Herrschaft des Büros" die vertrauten Praxisformen der Betriebsräte und -rätinnen unterwandert.

Die Betriebsbürokratie setzt neue räumliche und zeitliche Paradigmen durch und reorganisiert sich selbst entlang dieser. Analytisch gesprochen reorganisiert Betriebsbürokratie ihre eigene Herrschaft und desorganisiert im selben Zug die alten Praxen und damit auch die betriebliche Sozialpartnerschaft.

Analytisch kann man aber noch einen Schritt weiter gehen. Das Festhalten von Betriebsräten und auch von Gewerkschaften an stark bürokratisch-sozialpartnerschaftlich geprägten Praxisformen verhärtet die von uns aufgezeigten Praxisknotenpunkte und Handlungskorridore. Damit einher geht ein immer höherer Zeitaufwand für Betriebsratsmitglieder. Von der Betriebsbürokratie und der von ihr geprägten Kultur unabhängige autonome Praxen und dissidente Denkräume können so nicht aufgebaut werden. Doch genau diese Räume wären notwendig, um alternative Deutungen der betrieblichen Realität, abseits von ökonomischen und bürokratischen Rationalitäten, zu befördern. Sie würden die Grundlage bilden, auf der aufbauend alternative, widerständige, gegenhegemoniale Praxen entwickelt werden könnten.

Wir haben also gesehen, auf betrieblicher Ebene und Kraft ihres eigenen Tuns können Betriebsrätinnen und -räte diese Räume zur Zeit nicht aufbauen. Es liegt deshalb die Frage nahe, ob der Raum, der durch das Verhältnis zwischen Gewerkschaft und Betriebsräten existiert, also der Identifikationsraum zwischen den beiden Akteuren, diese Funktion übernehmen könnte.

Doch bevor wir diese Frage beantworten, wenden wir uns noch einmal intensiver den Betriebsratsmitgliedern zu. Die bisherige Betrachtung hat hauptsächlich die bürokratische und herrschaftsförmige Verstrickung der Betriebsratsmitglieder in den Blick genommen. Wir müssen allerdings die Analyse in Bezug auf das Handeln der Betriebsräte und Betriebsrätinnen noch schärfen.

## 4.2 Die Veränderungen im sozialen Raum

Wie wir gesehen haben, werden die Dynamiken von Globalisierung, also die Veränderung von räumlichen und zeitlichen Rhythmen, auf betrieblicher Ebene durch die Betriebsbürokratien durchgesetzt. Möchte man aber einen tiefgehenden Blick auf die Problemlagen der Betriebsratsmitglieder und Gewerkschaft gewinnen, reicht die Analyse der Herrschaftsausübung durch betriebliche Bürokratien alleine nicht aus. Wir müssen uns zusätzlich mit der Praxis und der Beziehung von Gewerkschaft und Betriebsräten auseinandersetzen, um so die wirkenden Mechanismen besser verstehen zu können. Aufbauend auf der vorhergegangenen Analyse werden wir daher die dort deutlich werdenden Erosionsmomente tiefergehend untersuchen und zeigen, dass mit der aktuellen sozialpartnerschaftlichen Praxis und dem darauf aufbauenden Verhältnis zwischen Betriebsräten/-rätinnen und Gewerkschaft der Offensive der betrieblichen Bürokratie nur wenig entgegengesetzt werden kann. Sowohl auf ideologischer Ebene als auch auf Ebene des alltäglichen Handelns sind Betriebsräte und Gewerkschaft in ein „Rückzugsgefecht“ verwickelt.

Ein Grund für die Schwächung der Durchsetzungsfähigkeit von Betriebsräten und Gewerkschaften liegt darin, dass es die Arbeitgeber/innen im Kontext der Globalisierung sukzessive geschafft haben, alte Gewissheiten, Regeln (Gesetze, Kollektivvertragsvereinbarungen) und gelebte Regelmäßigkeiten (Zuständigkeiten, Abläufe, Traditionen etc.) im sozialen Raum in Frage zu stellen und zu ihren Gunsten zu verändern. In Österreich bedeutet dies, dass mal offener und mal verdeckter die austrokorporatistische Kultur in Frage gestellt wird. Man könnte sagen, dass über weite Strecken die Regeln des Spieles von Seiten der betrieblichen Bürokratien verändert werden. Während das Management schon Schach spielt, versuchen Gewerkschaften noch immer mit Spielzügen und Regeln des Mühlespiels entgegenzuhalten. Die Initiative liegt hier ganz klar auf Seiten des Managements. Gewerkschaften und Betriebsratsmitglieder verharren in ihren bisherigen Praxen und durchbrechen nur selten ihre angelernten kulturellen Prägungen.

Der Analyserahmen des sozialen Raums ermöglicht es uns im Folgenden, das Handeln von Betriebsrätinnen, Betriebsräten und Gewerkschaften im Prozess der Veränderung der Realitäten und der Kräfteverhältnisse zu untersuchen.

### 4.2.1 Die Auseinandersetzung um Gesetze und Kollektivvertragsvereinbarungen

Richten wir unseren Blick auf die offensichtlicheren, weil gesetzlich bzw. kollektivvertraglich festgeschriebenen Regeln und deren Veränderungen. Die Arbeitgeber/innen versuchen seit einigen Jahren, diese auf betrieblicher Ebene in Frage zu stellen, zu unterwandern und zu verändern. Wie wir im Folgenden zeigen werden, kann diese Entwicklung als eine erfolgreiche Veränderung der Kräfteverhältnisse im sozialen Raum interpretiert werden.

**RS:** *Insofern gab es noch ein paar andere gravierende Dinge in [dem Tochterunternehmen B2], die einfach auf fehlenden oder auf unterschiedlichen Rechtsauffassungen beruhen. Beispielsweise haben wir zuletzt wieder vereinbart, eine Sache, die den Arbeitnehmer seit dem 24. November, also heute ist es* *ein Jahr, dass die Leute am Samstagnachmittag gearbeitet haben, und dafür ab 13:00 Uhr einen 100%-Zuschlag hätten kriegen müssen. Weil es Rechtsexperten gibt, die den Kollektivvertrag nicht kennen und sich einen Dreck was scheren und einfach brutal gegen den Kollektivvertrag angehen, [...] sind den Leuten diese Stunden nicht mit 100% abgegolten worden. Seit einem Jahr streite ich herum, mehr oder weniger in einem Spannungsverhältnis, wir klagen, wir klagen nicht. [...] Ich würde [die schlussendlich ausverhandelte Vereinbarung] grundsätzlich als absolut erfolgreich sehen, wiewohl es überhaupt kein Thema wäre, wenn sie von Vornherein im Sinne des Kollektivvertrags gezahlt hätten, dann wäre das nicht einmal ein Thema gewesen. In Wahrheit haben wir nur das, was wir vor Jahren im Kollektivvertrag vereinbart haben, jetzt halt nur nachträglich bestätigt gekriegt. So gesehen ist es kein Plus, kein Zugewinn, aber es ist die Position, dass wir uns das erhalten haben. Und hätte ich und hätten wir Wiener nicht gekämpft, dann wär's weg, wäre das weg.*

**IV:** *Ist das ein Einzelfall, oder wird immer wieder versucht, im Kollektivvertrag verankerte Bestimmungen anzugreifen?*

**RS:** *Das wird permanent versucht. Das kann man generell sagen. Aber das bezieht sich nicht auf die [Tochterunternehmen B2], das sind alle. Das kann man generalisieren. Es wird ständig versucht, Dinge anders auszulegen, anders zu deuten und dergleichen.*

In diesem Zitat wird deutlich, dass Gesetze und Vereinbarungen im Kollektivvertrag seitens der Arbeitgeber/innen nicht (mehr) automatisch akzeptiert und auf betrieblicher Ebene umgesetzt werden. Vielmehr wird versucht, diese in der betrieblichen Realität und der dort stattfindenden Praxis zu ignorieren bzw. sie offensiv zu bekämpfen. Zentrales Mittel dabei sind Auseinandersetzungen um die Auslegung und Interpretation der Gesetze und Kollektivvertragsvereinbarungen. Wir können also feststellen, dass die betriebliche Ebene zu einem zentralen Feld für die Auseinandersetzung um Recht geworden ist. Erfolgte seine Ausgestaltung und Definition bisher vor allem auf der makropolitischen und der Branchenebene, verlagert sich diese Auseinandersetzung in den letzten Jahren immer stärker auf betriebliche Ebene.

Mit den offensiven Versuchen der Arbeitgeber/innen, ausverhandelte Regeln im Betrieb zu umgehen, rücken diese Fragen verstärkt ins Augenmerk der Betriebsräte und -rätinnen und bedeuten für sie vor allem, dass die Durchsetzung von Gesetzen und Kollektivvertragsvereinbarungen auf betrieblicher Ebene erneut erkämpft werden muss. Um die rechtliche Durchsetzungsfähigkeit auf dieser Ebene wieder herzustellen, richtet sich ihr Fokus deshalb verstärkt auf Absicherung durch Gutachten und Rechtsfachwissen.

**RS:** *Jetzt müssen sie drum rennen. Jetzt müssen sie hergehen und sagen, ein Gutachten einfordern und das Gutachten kommt, ein Gegengutachten eben von der Geschäftsleitung und irgendwann streiten sie sich einmal zusammen. Und es wird jetzt viel mehr auf Gesetzesebene sag ich einmal versucht zu arbeiten. Ich mein das Gesetz ist zwar gut, aber Gummiparagraphen zeitweise drinnen, wo du dich zwar anlehnen kannst, aber es ist noch immer nicht das Gelbe vom Ei.*

Die Strategie der Arbeitgeber/innen, Gesetze und Kollektivvertragsvereinbarungen im Betrieb zu unterwandern bzw. den eigenen Interessen entsprechend zu interpretieren und auszulegen, wird gestützt durch Konzernbürokratien, in denen es eine zentralisierte Rechtsabteilung mit vom Konzern angestellten Juristinnen und Juristen/Fachleuten gibt. Die verschiedenen Tochterunternehmen bzw. Konzernteile können auf diese Abteilung zurückgreifen, wenn sie eine rechtliche Untermauerung ihres Vorgehens benötigen.

Rechtsexpertise wird innerhalb der Konzernbürokratien also zentralisiert zur Verfügung gestellt[27]. Dadurch sind rechtliche Auseinandersetzungen unabhängiger vom Rechtswissen der verschiedenen Führungspersonen und es stärkt die Arbeitgeber/innen im Konflikt um die Auslegung von Gesetzen und kollektiv-

[27] Oft ist auch zu beobachten, dass Beratung externer international operierender Rechtsanwaltskanzleien zugekauft wird. Diese verfügen über einen reichen Schatz an Erfahrungen und haben nicht selten hochspezialisierte Fachjuristinnen/-juristen in ihren Reihen.

vertraglichen Regeln. Die Betriebsratsmitglieder sind nun indirekt oder direkt mit Rechtsexpertinnen und -experten konfrontiert, die im Gegensatz zu den verschiedenen direkten Vorgesetzten über juristisches Fachwissen, aber auch zeitliche, personelle und finanzielle Ressourcen verfügen, mit denen Betriebsrätinnen und -räte nur schwer mithalten können. Die bürokratische Zentralisierung, kombiniert mit größeren finanziellen Ressourcen, hat es den Arbeitgeberinnen und Arbeitgebern ermöglicht, das Kräfteverhältnis in der Auslegung von Gesetzen tendenziell zu ihren Gunsten zu verändern.

Indem die Betriebe verstärkt zu zentralen Feldern der Auseinandersetzung für die Interpretation von Recht werden, verwickeln sich Betriebsrätinnen und -räte und Gewerkschaften in einen zähen Abwehrkampf, um Verschlechterungen für die Lohnabhängigen zu verhindern. Das in der Auseinandersetzung Erreichte stellt dabei fast nie eine Verbesserung, sondern nur eine Bestätigung der ursprünglichen makropolitischen oder branchenbezogenen Vereinbarung dar. Die Arbeitgeber/innen brauchen diese Konflikte also nicht zu fürchten, da aus ihrer Sicht im schlimmsten Fall einfach das bereits Ausverhandelte erneut bestätigt und im besten Fall zu ihren Gunsten verändert wird. Am Ende haben die Arbeitgeber/innen also nichts verloren, während die Gewerkschaften und Betriebsratsmitglieder zumindest zwei Mal darum kämpfen mussten, was auf ihrer Seite viele Ressourcen bindet, die sonst vielleicht anderwärtig eingesetzt worden wären. Sie werden durch diese Strategie in eine defensive Abwehrhaltung gedrängt, in der sie nichts gewinnen, aber vieles verlieren können.

Dabei wird in dem eingangs angeführten Zitat ebenfalls angesprochen, dass die Aufnahme dieses Kampfes auf betrieblicher Ebene keine Selbstverständlichkeit ist und somit immer auch die Chance besteht, dass den Strategien der Arbeitgeber/innen von Seiten der Betriebsratsmitglieder nichts entgegengesetzt wird.

Einen weiteren Aspekt der Frage von Recht im Betrieb müssen wir für die Analyse der Durchsetzungsfähigkeit von Betriebsratsmitgliedern berücksichtigen. Während die Arbeitgeber/innen auf der einen Seite Recht und Kollektivvertragsvereinbarungen im Betrieb sukzessive in Frage stellen, stützt sich die

Betriebsbürokratie andererseits in der Durchsetzung von Vorgaben und Weisungen auf ihre Legitimation durch das Recht. Wie wir im theoretischen Teil gesehen haben, ist das Recht keine neutrale Instanz. Vielmehr sind in unserem bürgerlichen Recht Momente des Kapitalismus tief eingeschrieben. Diese Einschreibung einer kapitalistischen Grundstruktur und Logik in das bürgerliche Recht erleichtert es betrieblichen Bürokratien, sich auf das Recht zu berufen, um ihr eigenes Handeln zu legitimieren. Es ist schlichtweg ihr „gutes Recht“ betriebsbezogene Entscheidungen zu fällen, solange sie nicht im Widerspruch zu den grundlegenden Bürgerrechten stehen.

**BR:** *Wir kriegen trotzdem Vorgaben aus Salzburg, und die sind korrekt, die sind rechtlich, und du stehst trotzdem oft nicht dahinter. Eben z.B. der Sonntag zum Sammeln, ist z.B. ein Punkt, wo ich genau weiß, mir haben meine Mitarbeiter nur leid getan, und ich habe es aber nicht ändern können, weil es einfach unser Vorstand beschlossen hat. Rechtlich gesehen haben sie es machen dürfen. Emotional sind wir nicht mehr weiter gekommen, und du stehst an. Das sind dann frustrierende Tage.*

Im Umgang mit einem solchen rechtlich abgesicherten Vorgehen zeigt sich, dass die Betriebsratsmitglieder in der Auswahl ihrer Handlungsoptionen zumeist auf das Appellieren an die Empathie der Vorgesetzten zurückgreifen. Diese emotionalen oder moralischen Argumente können, aber müssen von betrieblichen Bürokratien nicht aufgenommen werden. Angesichts der sich verändernden Managementkulturen und des ausgebauten herrschaftlichen Zugriffs der Betriebsbürokratien passiert dies auch immer seltener. Es zählen nicht mehr die vertrauensvollen Beziehungen zwischen Belegschaft und Betriebsleitung, sondern nur noch die anonyme Logik der ökonomischen Kennzahlen.

Im Zuge dieser Kämpfe um Recht und der im Großen und Ganzen offensiven Überlegenheit der betrieblichen Bürokratien in diesen Auseinandersetzungen werden sukzessive Schlupflöcher und Grauzonen, die zum Vorteil der Lohnabhängigen genutzt werden konnten, geschlossen. Oft geschieht dies über richterliche Sprüche, die in der Tendenz immer mehr zu Ungunsten der Arbeitnehmer/innen ausfallen, wie uns sehr viele Interviewpartner/innen bestätigten.[28]

**BR:** *Ein bisschen verschiebt es sich schon, ja. Das letzte Urteil, ich meine, ich habe es jetzt nicht im Kopf, aber wir haben da bei der Zentralbetriebsratssitzung darüber gesprochen, da geht es um die Einstufung: Wo ist wer eingestuft, dass er welches Gehalt bekommt, und Kassa-Arbeitskräfte, das ist ein ewiger Streitpunkt zwischen GPA und [Tochterunternehmen B1], und genauso wie mit [Tochterunternehmen A1]. Ja, jetzt gibt es einen OGH-Bescheid, die sind in der 2er einzustufen, und damit kann ich einpacken, wo ich seit zehn Jahren predige, die müssen in der 3er sein. Na super.*

#### 4.2.1.1 Conclusio II: Totale Verrechtlichung – eine Offensive der Arbeitgeber/innen

Mehrere Erkenntnisse sind also festzuhalten. Die Arbeitgeber/innenseite erweitert strategisch das Feld, wo um Recht gekämpft wird. Nicht mehr nur die makropolitische Ebene oder die Ebene der Branchen sind das Terrain der Auseinandersetzungen um Recht und kollektivvertragliche Bestimmungen, sondern zusehends wird der Betrieb zur Arena dieser gesellschaftspolitisch relevanten Kämpfe. Anders als in Deutschland, wo der Klassenkompromiss mit der fortschreitenden Unterwanderung des Flächentarifvertrags auf Branchenebene seit Längerem in Frage gestellt wird, herrscht diesbezüglich in Österreich auf makropolitischer und Branchenebene eine relative Stabilität. Die vorhergegangene Analyse wirft aber die Frage auf, ob es sich dabei nicht immer öfter nur um eine Fassade der Stabilität handelt, die verdeckt, dass, obwohl die Kollektivverträge in Österreich auf Branchenebene unverändert bestehen, diese im Betrieb sehr wohl umkämpft sind und schleichend zur Disposition stehen.

[28] Nicht unwesentlich ist in diesem Kontext auch die Auslegung von Recht auf der Ebene des Europäischen Gerichtshofes. Dieser spielt sehr oft die Rolle eines Advocatus Diaboli, da die Rechtssprechung des EuGH bekannterweise nur selten arbeitnehmer/innenfreundlich ausfällt und so arbeitnehmer/innenfeindliche Judikatur durchgesetzt wird (vgl. dazu: Henschel in Rügmer [Hrsg.] 2005).

Für die von uns interviewten Betriebsratsmitglieder und Gewerkschaftssekretärinnen/-sekretäre bedeutet dies ein „Anrennen" gegen eine, mit neuen Möglichkeiten ausgestattete, Betriebsbürokratie. Strukturell sind die Leitungsebenen der Betriebe hier im Vorteil und Betriebsräte/-rätinnen und Gewerkschafter/innen in einer sehr defensiven Position. Diese Erfahrung steht im Widerspruch zum Habitus und zu den adaptiven Präferenzen von Betriebsratsmitgliedern und Gewerkschaftssekretärinnen und -sekretären. Diese sind klar auf Verrechtlichung ausgerichtet, was, wie wir im Theorieteil gesehen haben, einen integralen Bestandteil des institutionellen Machtpotentials darstellt. In Zeiten der gut funktionierenden Sozialpartnerschaft wurde die Erfahrung gemacht, dass Recht die Beschäftigten und ihre Interessensvertretung stärken kann. Die Ausweitung des ArbVG im Zuge der Sozialpartnerschaft basierte allerdings auf Grundlage der stattgefundenen Kämpfe und Erfolge von Gewerkschaften und Betriebsrätinnen und -räten. Ihre Errungenschaften wurden ins Gesetz eingeschrieben und trugen so zu einer weiteren Verbesserung der Situation der Lohnabhängigen in Österreich bei. Die heute stattfindende Verrechtlichung der betrieblichen Praxis hingegen stellt vielmehr eine Offensive der Arbeitgeber/innen dar, mit der sie die Gewerkschaft und Betriebsratskollegien in einen Abwehrkampf drängen.

Es wird deutlich, dass Recht an sich keine neutrale Instanz ist, sondern immer gekoppelt ist an gesellschaftliche Auseinandersetzungen und verwoben mit den Kräfteverhältnissen, die in einer Gesellschaft vorherrschen. Hier sei nochmals an das Zitat von Michael Kittner aus dem Theorieteil erinnert: „Ja, man kann geradezu sagen, die Geschichte des Arbeitskampfes ist in jeder Phase zugleich die Geschichte seiner rechtlichen Regelung und damit des politischen Kampfes um die besten Ausgangspositionen bei künftigen Konflikten." (Kittner 2005: 2)

Die starke Prägung und damit einhergehende adaptive Ausrichtung auf institutionelle Macht erschweren allerdings die Entwicklung alternativer, mehr an der kollektiven Handlungsfähigkeit und Durchsetzungskraft von Betriebsratsmitgliedern in Koalition mit den Belegschaften und den Gewerkschaften orientierter Praxen. Um aus dieser Defensivposition herauszukommen, müssten diese daher einige wichtige Aspekte des institutionellen Machtpotentials und insbesondere die Verrechtlichung der Konflikte in Frage stellen.

Diese Reorientierung würde bedeuten, wieder verstärkt auf den bereits angeführten Identifikationsraum zwischen Beschäftigten, Betriebsratsmitgliedern und Gewerkschaft zu setzen. Nur dieser kollektive Identifikationsraum und eine an den Stärken dieser Bindung orientierte Praxis könnte die betriebsbürokratische Offensive im Kontext des Rechtes ernsthaft herausfordern.

Die Frage des Identifikationsraums ist eng gekoppelt an die Analyse der Beziehung zwischen Betriebsratsmitgliedern und Gewerkschaft. Wir werden daher bei diesem Punkt noch einmal näher auf den Identifikationsraum eingehen. Im Moment befinden wir uns aber noch mitten in der Analyse der Veränderungen im sozialen Raum und wenden uns im Rahmen dieser nun der implementierten und der eingebetteten Praxis von Betriebsrätinnen/-räten zu.

### 4.2.2 Die eingebettete Praxis oder „Der sozialpartnerschaftliche Habitus lebt"

Wir haben gesehen, dass die Betriebsratsmitglieder und Gewerkschaften mit zahlreichen Veränderungen konfrontiert sind, mit denen sie umgehen und auf die sie reagieren müssen. Wir widmen uns daher in einem nächsten Analyseschritt dem Habitus als Praxissinn und den kulturell geprägten, adaptiven Präferenzen der Betriebsratsmitglieder, um so die wirkenden Mechanismen unter veränderten Bedingungen besser verstehen zu können.

Richten wir unseren Blick zunächst auf die eingebettete Praxis, also jene Interviewpassagen, in denen sichtbar wird, wie die Regeln und Verhältnisse der Akteurinnen/Akteure im sozialen Raum des Austrokorporatismus nach Ansicht der Betriebsratsmitglieder und Gewerkschaftssekretäre/-sekretärinnen auf betrieblicher Ebene eigentlich sein sollten. Hierunter fallen Aussagen, in denen die Widersprüche zwischen Anspruch und Wirklichkeit bzw. die Diskrepanz zwischen der aktuellen Situation und dem, wie es ihrer Meinung nach sein sollte, deutlich werden.

Dabei wird deutlich, dass Betriebsräte/-rätinnen und Gewerkschaftssekretäre/-sekretärinnen nach wie vor zentral auf eine gleichberechtigte, konsensorientierte Partnerschaft mit dem Kapital im Sinne der Sozialpartnerschaft ausgerichtet sind. Hier lassen sich zwei Aspekte differenzieren:

1. Es zieht sich durch alle Interviews die Tendenz bzw. Bereitschaft der Arbeitnehmer/innenvertreter/innen, sich im Betrieb der vermeintlichen Objektivität des Wirtschaftlichen unterzuordnen. Besonders deutlich wird dies im Zuge der Budgetvorgaben und deren unbedingter Umsetzung im Betrieb. Diese wird nicht in Frage gestellt oder gar bekämpft.

2. In der Frage der Ausgestaltung des sozialen Raums sind die Betriebsratsmitglieder und Gewerkschaftssekretäre/-sekretärinnen nach wie vor auf Konsens und Kompromisse mit der Kapitalseite eingestellt. Um diese Ziele zu erreichen, bedarf es Praxisformen, die auf den Aufbau und Erhalt langfristiger Vertrauensbeziehungen ausgerichtet sind. Hier sei nochmals an die im vorigen Kapitel analysierten Erosionsmomente der Praxis der Vertrauensbeziehung erinnert. Von diesen realen Entwicklungen unabhängig drückt sich in den Interviews immer wieder der Wunsch und das Streben von Gewerkschaftssekretärinnen/-sekretären und Betriebsrätinnen/-räten nach einer gleichberechtigten Partnerschaft mit der Kapitalseite aus, in der man sich auf gleicher Augenhöhe, mit Respekt und Achtung begegnet. Gestützt wird dieses Streben und dieser Anspruch durch die positiven Erfahrungen aus der Vergangenheit, die beweisen, dass eine solche Partnerschaft unter anderen Bedingungen möglich war und auf dieser Basis einiges für die Arbeitnehmer/innen umgesetzt werden konnte.

**RS:** *Ich stelle fest, manche Dinge löst man nicht durchs Gesetz, sondern löst man auch durch Beziehungen. Ich möchte meines dazu beitragen, und das ist auch eine Erfahrung der österreichischen Gewerkschaftsbewegung, dass Beziehungen immer eine wichtige Rolle gespielt haben für manche Entwicklungen im Arbeits- und Sozialrecht in Österreich. Ein Benya und Sallinger haben total gute Beziehungen gehabt und haben auch viel weitergebracht. Und so könnte man eini-*

*ge andere Beispiele auch aufzählen. Ich möchte mich nicht messen mit einem Benya oder Sallinger, sondern ich möchte nur meinen Beitrag bringen, dass das Ergebnis für die Beschäftigten optimal ist.*

Es wird daher, dem kulturell geprägten Habitus folgend, im Kontakt und in der Auseinandersetzung mit den Arbeitgeberinnen/Arbeitgebern darauf geachtet, dass niemand das Gesicht verliert und beide Seiten gut aussteigen. Dabei muss beachtet werden, dass durch die immer engeren Vorgaben und die Einschränkungen der Entscheidungsbefugnis der direkten Vorgesetzten vor Ort der Handlungsspielraum für Konsens und Kompromisse viel kleiner geworden ist. Die Ausgangsbasis, von der aus Kompromisse gesucht werden, ist auf niedrigerem Niveau angesetzt. Sicherzustellen, dass das Gegenüber auch einen Erfolg vorweisen kann, kann dann aus Sicht der Betriebsratsmitglieder nur noch heißen, das Schlimmste abzuschwächen bzw. zu mildern, aber nicht gänzlich zu verhindern.

Dem partnerschaftlich ausgerichteten Habitus entspricht dabei, dass das Einreichen einer Klage, gerade mit Fokus auf langfristige Vertrauensbeziehungen, als Handlungsoption nur die äußerste Eskalationsstufe darstellt. Andere Eskalationsstufen werden offensichtlich nicht wahrgenommen bzw. stellen keine Option dar.

**BR:** *Ganz klar. Der muss das dann einsehen. Wenn ich heute da ein Gegenüber habe, und der sagt, nein, aus, das interessiert mich nicht, das ist Punkt für Beistrich zum Einhalten, und ich mache das so, und wenn dir das nicht recht ist, ja dann hast du ein Problem, lass dir was einfallen, klage mich, oder was weiß ich. Das ist sicher nicht der Stil [des Konzerns B], dass man da eine Klage führt gegen irgendeinen Vorgesetzten ... in unserem Haus, da kenne ich das überhaupt nicht, was man vom Osten wieder ganz anders hört, aber für mich einfach fremd, und würde ich auch im äußersten Notfall erst tun, dass ich heute gegen einen Arbeitgeber, sprich gegen die Hand, die mich füttert, eine Klage führe. Da würde ich schon zuerst einmal den Diskussionspart ausschöpfen bis zum Letzten.*

Wir können also festhalten, dass eine partnerschaftliche, konsensorientierte Ausverhandlung des Konflikts zwischen Arbeit und Kapital die zentrale adaptive Präferenz der Betriebsratsmitglieder und Gewerkschafter/innen ist, auch wenn immer wieder jüngere Erfahrungen artikuliert werden, die deutlich zeigen, dass diese Praxis die Durchsetzungsfähigkeit im Betrieb nicht mehr gewährleistet.

### 4.2.3 Die implementierte Praxis oder „Die Verschärfung der Puffer-Funktion"

Wenden wir uns daher nun der implementierten Praxis zu. Es wurde in den bisherigen Kapiteln des Buchs umfassend dargelegt, dass sich nicht nur die Regeln und Regelmäßigkeiten und das Verhalten der Arbeitgeber/innen, die seit einiger Zeit viel offensiver und mit anderer Ausrichtung vorgehen, verändert hat. Auch der gesellschaftliche Kontext des sozialen Raums hat sich verändert. Die sinnstiftende Gewerkschaftskultur gerät unter den beschriebenen Veränderungen an die Grenzen ihrer Handlungsfähigkeit und der angeeignete Habitus reproduziert eine Praxis, die ihre Wirkungsmächtigkeit nach und nach einbüßt. Analytisch richten wir unseren Blick nun auf die Frage, wie Betriebsratsmitglieder mit dieser Situation umgehen und welche Handlungsoptionen sie wählen.

Dabei wird deutlich, dass die Betriebsrätinnen und -räte in diesen massiven Veränderungsprozessen defensiv reagieren, Schutzfunktionen im Zentrum ihres Handelns stehen und sie, ihren sozialpartnerschaftlich geprägten adaptiven Präferenzen entsprechend, versuchen, den Druck auf die Beschäftigten in der Arbeitswelt zu mildern. Im Sinne einer korporatistischen kulturellen Praxis streben sie danach, ausgleichend zu wirken, was zu einer Intensivierung und Veränderung ihrer Puffer-Funktion im Betrieb führt.

Einem Puffer ist eigen, dass er dem Druck verschiedener Seiten ausgesetzt ist und diesen abfedert bzw. Zusammenstöße verhindert. Dieser Metapher entsprechen die aktuellen Handlungen der Betriebsratsmitglieder sehr stark. Ihr Hauptfokus ist es, Druck zu mildern, um- bzw. abzulenken und gröbere Zusammenstöße und dadurch mögliche Störungen im betrieblichen Getriebe zu verhindern.

#### 4.2.3.1 Anpassung an die neuen Arbeitsrealitäten

Deutlich wird dies in der beschriebenen Aufgabe, die Arbeitnehmer/innen im Durchhalten und Bestehen, auch unter immer schwierigeren Arbeitsrealitäten, zu unterstützen.

**BR:** *Der eine ist von der Obst- und Gemüse-Abteilung in die Lebensmittel versetzt worden. Er hat sich aufgeregt: Er will nicht, er mag nicht. Sage ich: Dann probiere es zuerst einmal aus, bevor irgendwas ist, ich meine, du musst flexibel heute schon sein. Aber dann hat es ihm auf einmal eh gefallen. Jetzt ist er schon wieder retour, weil wir schon wieder Personalprobleme haben. Jetzt steht er wieder in der Obst- und Gemüseabteilung.*

**IV:** *Ist aber auch ein Wahnsinn, wenn man sich ständig umstellen muss.*

**BR:** *Ist aber so. Die Zeiten werden immer schlimmer von wegen flexibel sein und umstellen. Das geht gar nicht anders.*

**IV:** *Also das hat sich geändert in den letzten Jahren.*

**BR:** *Ja, ja extrem. […] Da kannst du einmal schon gar nichts machen. Da kannst du nur froh sein, dankbar sein dass du sagst, ja, der wird irgendwo anders hin versetzt, dass er seinen Arbeitsplatz behält. Jetzt hat sich das [in einem anderen Fall] halt ergeben, dass [ein Mitarbeiter] im gleichen Haus bleiben darf, hat er natürlich die Chance angenommen. […] ist jetzt in die Feinschmeckerabteilung gekommen, weil dort ein Personalproblem herrscht. Er ist zwar bei uns in der Hartware gewesen, er hat Grillen und Camping gemacht und Fahrrad. Jetzt steht er beim Käse und beim Fisch. Du musst sehr flexibel bei uns sein.*

**IV:** *Was ihn, nehme ich an, nicht besonders gefreut hat.*

**BR:** *Nicht wirklich. Ich muss ehrlich sagen, ich würde auch nicht gerne zum Fisch gehen, wenn ich in der Hartware tätig bin und andere Arbeitszeiten habe. Der hat eine super Teilzeit gehabt, also von 8 bis 16. Jetzt steht er von 1 bis 7 am Abend, viertel 8, halb 8. Hat zwei kleine Kinder; was bleibt dir ande-*

*res übrig? […] Ich habe von diesem Fall erst am Montag in der Früh erfahren. Ja, und er selber hat es auch am Montag in der Früh erfahren, der Kollege.*

**IV:** *Wann hat er wechseln müssen?*

**BR:** *Gleich am nächsten Tag. […] Zu mir ist er gekommen und hat gesagt: Wissen Sie Bescheid, dass ich da in die andere Abteilung muss? Sage ich, ja, ich hab's heute in der Früh erfahren, aber alles Nähere beredest du bitte mit unserer Chefin. […] Die hat es auch am Vortag erst erfahren, oder am Samstag davor und hat es aber ihm noch nicht weitersagen können, weil er dienstfrei hatte am Tag davor, er hat es aber schon von anderen gehört: Was habe ich gehört, du bist jetzt in der Feinschmecker? Und er hat noch gar nichts gewusst davon.*

In diesem Zitat zeigt sich, wie bewusst dem Betriebsratsmitglied ist, dass sich die Realitäten und die Regeln im sozialen Raum verändert haben. Es hat außerdem Vorstellungen von den Folgen, die eine Nichtkooperation des Arbeitnehmers nach sich ziehen könnte. Zentral ist, dass es sich in seinem Selbstverständnis die Funktion eines Puffers zuschreibt. Aus dieser Positionierung heraus haben dann die weiteren Handlungen der Betriebsratsmitglieder durchaus ihre Begründung. Denn eine Konfrontation bzw. eine Auseinandersetzung im Betrieb stellt, der Puffer-Logik folgend, offensichtlich keine Option dar. Insofern kann das Vorgehen als Versuch verstanden werden, die Arbeitnehmer/innen vor dem Bedrohlichsten in der Situation, nämlich der Kündigung, zu schützen und sie dabei in der dafür notwendigen Anpassungsleistung an die neuen Arbeitsrealitäten nicht im Stich zu lassen.

Die Wahl der Puffer-Funktion als Selbstverständnis macht deutlich, dass es nicht nur innerhalb von manchen Betriebsratsgremien eine fortdauernde paternalistische Kultur gibt. Auch gegenüber den Beschäftigten nehmen die Betriebsratsmitglieder zumeist eine paternalistische Rolle ein. Die Betriebsratsmitglieder entscheiden sich, unabhängig von den Beschäftigten, für Puffer-Strategien und richten danach ihr Handeln aus. Das erfolgreiche Abwehren von Kündigungen wird dann zum Beispiel den Arbeitnehmerinnen und Arbeitnehmern zumeist nicht kommuniziert, um sie nicht zu beunruhigen. Auch die Strategie, größere Kündigungswellen durch das Aufzeigen budgetärer Alternativen zu verhindern, wird den Beschäftigten oft nicht kommuniziert oder mit ihnen diskutiert. Faktisch bedeutet die Entscheidung für ein solches Vorgehen die Passivierung der Belegschaft. Die Beschäftigten werden durch das Unwissen um die eigene Situation um jede Möglichkeit gebracht, selbst tätig zu werden. Die Betriebsrätinnen und -räte entziehen sich so selbst der Möglichkeit der Kollektivierung von Problemlagen und gemeinsam mit den Beschäftigten alternative Handlungsstrategien zu entwickeln. Mit dem Ausrichten ihrer Handlungen auf eine Schutzfunktion befördern die Betriebsratsmitglieder vielmehr die Vereinzelung der Problemlagen, da von Fall zu Fall, von Kündigung zu Kündigung gehandelt wird. Diese werden nicht als kollektive Problemlagen angegangen, sondern anlass- bzw. personenbezogen.

Um Kündigungen bereits im Vorfeld zu verhindern, wird paternalistisch versucht, die Verschlechterungen in den Arbeitsrealitäten zu entschärfen und die Beschäftigten in den Anpassungsleistungen an diese zu unterstützen, um das Schlimmste zu verhindern. Im oben stehenden Zitat wird deutlich, dass diese Anpassungsleistungen das widerstandslose Akzeptieren von kurzfristigen und häufigen Versetzungen ebenso beinhalten wie die Hinnahme schlechterer Arbeitszeiten oder des Wechsels in weit entfernte Filialen.

Wir können also festhalten, dass durch die Handlungsausrichtung auf Puffer-Funktionen die Betriebsrätinnen und -räte die Umsetzung der Personalpolitik in den verschiedenen Filialen erleichtern. Denn durch ein solches Verhalten sorgen sie an Stelle der Arbeitgeber/innen dafür, dass die Beschäftigten deren offensiveres Vorgehen akzeptieren und sich an die gesteigerten Anforderungen anpassen, ohne dass die Geschäftsführungen Zwang ausüben müssten.

Die Unterstützung in den Anpassungsleistungen geht einher mit einem weiteren Aspekt der implementierten Praxis: der privaten Hilfestellung der Betriebsratsmitglieder für die Beschäftigten.

Viele der interviewten Betriebsratsmitglieder berichteten von dem nicht unerheblichen Arbeitsaufwand, den sie aufbringen, um die Arbeitnehmer/innen bei privaten, familiären oder sozialen Problemen zu unterstützen. Diese Unterstützungsleistungen decken eine große Spannbreite ab, hier seien nur ein paar Beispiele angeführt:

a. Den Kolleginnen und Kollegen dabei behilflich zu sein, den gestiegenen Arbeitsdruck mit anderen Anforderungen ihres Lebens (Kinderbetreuung, Pflege älterer Familienmitglieder, …) unter einen Hut zu bringen.
b. Ihnen in privaten Problemsituationen wie Scheidungen, Schulden, Kinderbetreuung, finanziellen Problemen usw. mit Rat und Tat zur Seite zu stehen.
c. Anlaufstelle für die großen und kleinen Probleme der Kolleginnen und Kollegen zu sein und wenn möglich sie in der Bewältigung dieser Probleme zu unterstützen.
d. Für Einsicht der direkten Vorgesetzten in die spezifische Situation des Arbeitnehmers/der Arbeitnehmerin zu plädieren und dadurch Ausnahmeregelungen zu erwirken.

**BR:** *Es ist schwer zu trennen. Ich werde das Berufliche von einem Mitarbeiter und das Private nie ganz trennen können. Meistens kommt man drauf, nach langen Gesprächen, dass das Problem, das der mit der Kollegin hat, hat die Ursache in privaten Problemen. Weil er es einfach mitträgt. Man will es trennen, aber es ist egal, wo sie durchgehen, und wenn ich Personen kenne, und ich schaue die an und sage: Hallo, was ist mit dir los? Es ist nicht das Problem am Arbeitsplatz, sondern sie hat ein anderes Problem. Natürlich sieht man das, und das wirkt sich aus. Man reagiert wahrscheinlich manchmal, der eine aggressiver, der andere angespannter, oder man hört nicht zu und Aufgaben werden nicht so erledigt, wie es sein soll. Wobei ich eben sage, wenn so wirklich Probleme sind, es sind ja viele Mitarbeiter, die haben daheim jemanden zu pflegen, wie jetzt schon oft der Fall war. Die haben Belastungen und sehen sich oft wirklich nicht heraus. Wo man dann schon oft etwas erreicht, wenn man ein Gespräch führt und der nächste Vorgesetzte von dem Mitarbeiter das auch weiß, der sagt dann: Na wenn ich das gewusst hätte, dann hätte ich dich da anders eingeteilt, so habe ich geglaubt, du willst mich nur* *sekkieren und sagst, da will ich nicht arbeiten. Nicht alles erzählen, aber schon ein bisschen drüber reden.*

Es handelt sich dabei um eine Tätigkeit, die fast alle der interviewten Betriebsratsmitglieder regelmäßig ausüben, weil sie sie aus ihrer Ausrichtung auf Schutzfunktionen heraus als notwendig erachten. Die Betriebsratsmitglieder fungieren in ihrer Puffer-Funktion also auch als Art soziales Überdruckventil, da die Beschäftigten in ihnen Menschen finden, an die sie sich wenden können, die ihnen zuhören und im besten Fall auch noch Hilfestellungen geben können. Viele Betriebsratsmitglieder bemerkten in den Interviews, wie zentral es ist, den Beschäftigten zuzuhören, ihnen das Gefühl zu vermitteln, dass jemand für sie da ist und damit eine Möglichkeit zu geben, den Druck abladen zu können. Dies ermöglicht es ihrer Ansicht nach, die Anforderungen des Arbeitsalltags etwas leichter zu bewältigen. Die Betriebsräte/-rätinnen unterstützen die Beschäftigten also dabei, die Emotionen und die sozialen Problemlagen, die im Zuge der schwieriger werdenden Arbeitsrealitäten entstehen, zu bearbeiten, zu kontrollieren und zu kanalisieren. Sie übernehmen damit die gesellschaftliche Funktion des emotionalen Co-Managements. Denn als Puffer desorganisieren sie Wut, Verzweiflung, Zorn und vermeiden dadurch Zusammenstöße, offenen Widerstand und mögliche Störungen im betrieblichen und gesellschaftlichen Getriebe. Die Wut, die Verzweiflung und der Zorn der Beschäftigten hingegen wären die Grundlage für deren Aktivierung und ein offensives Vorgehen gegen die Rationalität der Betriebsbürokratie.

#### 4.2.3.2 Betriebsratsmitglieder – unfreiwillige Übersetzer/innen der Firmenstrategie

Aber nicht nur dieses emotionale Co-Management trägt dazu bei, die Ordnung im Betrieb aufrecht zu erhalten und die Personalpolitik in den verschiedenen Filialen umzusetzen.

Diese Übersetzungsleistung erfüllen die Betriebsratsmitglieder auch, wenn sie die Aufgabe übernehmen, Vorgaben aus der Konzernbürokratie mit der Arbeitsrealität in Einklang zu bringen. Einerseits geschieht das, indem sie Problemlagen, die durch angedachte Vorgaben entstehen könnten, antizipieren und versuchen, die Vorgaben noch im Entstehungsprozess zu verändern, damit die möglichen Probleme erst gar nicht entstehen. Andererseits suchen sie nach informellen Lösungen, wie zum einen die Vorgaben formell erfüllt werden können und sie zum anderen realistisch im Betrieb umsetzbar sind. Damit mildern sie zwar wieder den Druck auf die Arbeitnehmer/innen, stützen aber gleichzeitig auch die Geschäftsleitungen, indem sie den reibungslosen Ablauf im Betrieb gewährleisten und am Papier die Vorgaben der Geschäftsleitung umgesetzt werden. Wir sehen hier sehr gut den Widerspruch, der Castoriadis zufolge wichtiger Bestandteil der kapitalistisch-bürokratischen Organisation ist (vgl. Kapitel 1.2.3.2.): Die Betriebsbürokratie schafft es, die Kreativität und Selbstorganisationsfähigkeit der Betriebsratsmitglieder, die darauf ausgerichtet ist, die Arbeit erträglicher zu machen, zu nutzen und deren kreative Potentiale über ihre Einbindung in die bürokratischen Strukturen einzufangen und verwertbar zu machen.

Zu beachten ist, dass bei einer Einflussnahme auf bzw. Vorschlägen zu Veränderungen der Vorgaben diese in den meisten Fällen nicht prinzipiell in Frage gestellt werden, sondern von den Betriebsratsmitgliedern nur Vorschläge mit Blick auf die Umsetzbarkeit und Durchführbarkeit von Vorgaben im Betrieb kommen.

Für das Aufrechterhalten des sozialen Friedens im sozialen Raum werden die Betriebsratsmitglieder, als Puffer im Betrieb, unter den veränderten Bedingungen also zu funktional bedeutsamen Akteuren bzw. unfreiwilligen Helfern für die Arbeitgeber/innen.

#### 4.2.3.3 Conclusio III: Totale Verrechtlichung als letzter Ausweg?

Wir sehen, dass die vorgenommenen Verhaltensadaptionen der Betriebsratsmitglieder im Umgang mit den Veränderungen im sozialen Raum defensiv und ganz auf Schutzfunktionen ausgerichtet sind. Wir können festhalten, dass ausschließlich defensives Lernen stattfindet. In den defensiv stattfindenden Lernprozessen richten die Betriebsräte und Betriebsrätinnen vor dem

Hintergrund ihrer adaptiven Präferenzen und ihres Habitus das eigene Handeln defensiv aus, passen sich an die veränderten Verhältnisse an, um so eine unmittelbare Bedrohung (wie es vor allem Personalabbau ist) abzuwehren.

Damit kommt die tatsächlich implementierte Praxis aber immer öfter in Widerspruch zur nach wie vor bestehenden eingebetteten Praxis. Diese Widerspruchserfahrungen werden allerdings selten (allein oder kollektiv mit den Beschäftigten – was aus Sicht des expansiven Lernens viel zentraler wäre) reflektiert und in einen größeren Zusammenhang gestellt. Der vereinzelte Umgang mit den veränderten Verhältnissen verbleibt dadurch ganz auf der Reaktionsebene, auf der die Betriebsratsmitglieder tagtäglich mit den Auswirkungen der Veränderungen konfrontiert sind.

Da es nur wenig Reflexion der Ursachen und Dynamiken dieser Veränderungen gibt, scheinen sie häufig als etwas nicht zu Beeinflussendes (vgl. zum Beispiel die Wahrnehmung von Globalisierung, Kapitel 2.2). Die für die Reaktionen darauf sinnstiftende Gewerkschaftskultur bleibt ebenfalls oft unreflektiert, wodurch Widersprüche zwischen implementierter und eingebetteter Praxis nicht bearbeitet werden können. Damit einher gehen Frustration und Ohnmachtsgefühle, weil einerseits vieles nicht mehr so ist, wie es sein sollte, und andererseits die Betriebsratsmitglieder, aber auch Gewerkschaftssekretäre/-sekretärinnen, immer weniger wirkmächtige Handlungsoptionen wahrnehmen. Denn durch die unreflektierte Entkoppelung der eigenen Praxis von gesellschaftlichen Veränderungsdynamiken werden die wahrgenommenen Handlungsoptionen nicht nur immer weniger; schlussendlich scheint es nur die Wahl zu geben, sich anzupassen oder unterzugehen!

In dieser Situation wird das Recht als vermeintlich neutraler Haltegriff für die Lösung von Problemen im Betrieb nochmals attraktiver. Erinnern wir uns an die Diskussion institutioneller Machtpotentiale im Theorieteil des Buchs. Dort wurde deutlich, dass es ein Charakteristikum institutioneller Macht ist, dass die teilweise stattgefundene gesetzliche Fixierung von sozialen Basiskompromissen diese auch über kurzfristige Veränderungen der Kräfteverhältnisse hinweg stabilisiert. Diese institutionelle

Stabilität gesetzlicher Regelungen scheint nun als einzig konstante, wirkmächtige Handlungsoption übrig zu bleiben.

**RS:** *Und dann sind wir nicht nur ein bissl zurück, sondern ganz zurückgefallen auf die Gesetze. Also ohne ein gesetzliches Gutachten tut heute ein Betriebsrat nix mehr.*

Damit Betriebsratsmitglieder aber auf dieser Ebene gegenüber den Arbeitgebern und Arbeitgeberinnen bestehen können, brauchen sie nicht nur immer mehr Rechtswissen, sondern es führt auch zur Forderung, dass auf Branchen- und makropolitischer Ebene von den Gewerkschaften alles möglichst wasserdicht über Gesetze und Kollektivvertragsvereinbarungen geregelt wird, um zu verhindern, dass die Arbeitgeber/innen diese im Betrieb unterwandern können.

**GS:** *Und das ist ja die völlige Aufgabe des Gestaltungsanspruches, wenn es einmal so weit ist, und das merke ich – das ist ein irres Problem – es wird von uns in allem und jedem rechtliche Klarheit bis zum letzten Beistrich eingefordert. Wir sollen das so wasserdicht machen, dass wir kein Gericht der Welt brauchen, um irgendwas zu entscheiden.*

## 4.3 Das Verhältnis von Betriebsräten und Gewerkschaft

Wie wir im ersten Teil dieses Kapitels gesehen haben, entwickeln Betriebsbürokratien heute eine neue Offensivkraft. Gestützt auf die Erneuerung ihrer eigenen Herrschaft im Betrieb und durch die öffentlichen Diskurse rund um Wettbewerbsfähigkeit, die im Kontext der neoliberalen Globalisierung immer stärker werden, entwickeln Betriebsbürokratien eine neue Durchsetzungskraft.

Eine wichtige Erkenntnis ist auch, dass durch die betriebsbürokratische Durchsetzung von neuen zeitlichen und räumlichen Mustern nicht nur eine Reorganisation betrieblicher „Herrschaft des Büros“ vollzogen wird, sondern auch eine Desorganisierung der eingeübten betriebsrätlich-sozialpartnerschaftlichen Praxen. Die alten Praxen stoßen angesichts der veränderten Kräfteverhältnisse an die Grenzen ihrer Wirkmächtigkeit. Bisherige Versuche einer Erneuerung stellen sich als sehr schwierig heraus und sie verbleiben oft dabei, die alten Praxen den neuen Bedingungen anzupassen.

Es ist festzuhalten, dass trotz der Versuche einiger Betriebsratskollegien, den alten Praxen eine neue Struktur zu geben, die Offensivkraft der Betriebsbürokratien beinahe ungebrochen ist. Trotz der immer wieder aufkeimenden grundsätzlichen Kritik an der Rationalität der Betriebsbürokratie verweilen diese dissidenten und alternativen Deutungen der betrieblichen Realität in einem desorganisierten Zustand. Man kann sogar feststellen, dass einige Handlungsweisen von Betriebsräten und Gewerkschaftssekretären, die stark an der sozialpartnerschaftlich-bürokratischen und auch paternalistischen Kultur orientiert sind, die Momente der Dissidenz, die aus der Wut und dem Zorn der Belegschaften entstehen, oft unbewusst kanalisieren und beruhigen. Der Reproduktion der betrieblichen Herrschaftsverhältnisse kann von den Betriebsratsmitgliedern aus eigener Kraft unter den derzeitigen Bedingungen offensichtlich nur wenig entgegengesetzt werden. Eines unserer Forschungsergebnisse ist, dass die gesamte Kultur, in die Betriebsrätinnen und Betriebsräte eingebunden sind und die so prägend für ihre Praxis ist, nicht das Vermögen besitzt, gegenhegemoniale, von der Logik der Betriebsbürokratie autonome Räume zu öffnen. Diese wären aber wichtig, um strategisch neue Praxisformen entwickeln zu können.

Eine unserer Thesen, die wir im bisherigen Verlauf des Kapitels entwickelt haben, ist, dass der Identifikationsraum, der zwischen Gewerkschaften und Betriebsratsmitgliedern besteht, diese Funktion eines gegenhegemonialen Raumes übernehmen könnte, in dem strategische Debatten rund um neue Formen der Durchsetzungsfähigkeit geführt werden.

Mit Fokus auf diesen Identifikationsraum betrachten wir in einem ersten Schritt, wie Gewerkschaft von Betriebsratsmitgliedern wahrgenommen wird. Um dann in einem nächsten Schritt die innere Praxis der beiden und deren Auswirkungen für die Durchsetzungsfähigkeit im Betrieb zu analysieren.

### 4.3.1 Gewerkschaft, Bürokratie und Betriebsratsmitglieder

**GS:** *Was mir auffällt ist dieser Automatismus: jetzt bin ich Betriebsrat, daher bin ich automatisch Gewerkschafter, daher ist es logisch, in der Gewerkschaft tätig zu sein, daher ist es auch logisch, gut zu organisieren den Betrieb: dieser Automatismus ist im Schwinden.*

Der/die Gewerkschaftssekretär/in spricht in diesem Zitat an, was uns von anderen Gewerkschaftern und Gewerkschafterinnen immer wieder bestätigt wurde. Es gibt offensichtlich eine Veränderung in Bezug auf die Bindekraft, die zwischen Gewerkschaft und Betriebsräten über einige Jahrzehnte bestand. Man kann zwar nicht die Behauptung aufstellen, dass sich diese Bindung und dieser Identifikationsraum aufgelöst hätten, doch werden sie brüchiger und es zeigen sich deutliche Erosionsmomente.

Die Analyse der Interviews und der Gruppendiskussionen in den Workshops legen nahe, dass eine Ursache dieses Erosionsprozesses in den schon im theoretischen Teil angesprochenen Bürokratisierungstendenzen zu suchen ist. Wie wir schon im Theorieteil angesprochen haben, ist das Entstehen und die starke Bezugnahme auf das institutionelle Machtpotential begleitet von einer Bürokratisierung der Gewerkschaften. Die Konzentration auf das institutionelle Machtpotential bestärkte die Herausbildung von sozialpartnerschaftlichen Praxen, welche eng an die Aufrechterhaltung des institutionellen Machtpotentials gekoppelt waren.

Auf betrieblicher Ebene stießen diese Praxisformen, nämlich Verrechtlichung und Vertrauensverhältnisse, auf einen Resonanzraum, in dem sie ihre Wirkmächtigkeit unter Beweis stellen konnten. Mit der Veränderung der gesellschaftlichen Voraussetzungen und der von uns beschriebenen tendenziellen Verlagerung von gesellschaftlichen Konflikten weg von der makropolitischen und Branchenebene hin in die Betriebe erodieren aber die Voraussetzungen für das Funktionieren dieser auf institutionelle Machtpotentiale ausgerichteten Praxen. Trotz einiger Versuche von Seiten der Gewerkschaft, ein Stück weit von der sozialpartnerschaftlich-bürokratischen Prägung abzuweichen, ist die alltägliche Arbeit mit den Betriebsrätinnen und Betriebsräten noch sehr stark geprägt von der bürokratischen Kultur der Gewerkschaften. Diese innere Praxis werden wir im nächsten Kapitel eingehend analysieren.

Die bürokratische und damit einhergehend auch relativ statische Struktur der Gewerkschaft wird zusehends dysfunktional gegenüber den Bedürfnissen der Betriebsräte/-rätinnen und führt zu Entfremdungstendenzen. Diese Entfremdung und damit einhergehend die Erosion des, wie wir gesehen haben, so wichtigen Identifikationsraumes stellt sich schleichend ein.

Wie schon am Beginn dieses Kapitels angesprochen, möchten wir deshalb nun beginnen, diese Bürokratisierung und die damit verbundenen Prozesse anhand der von uns beobachteten Effekte darzulegen.

Im Zuge unserer Interviews kamen wir entweder auf Rückfrage oder auch ohne eine spezifische Frage zu stellen immer wieder auf die Gewerkschaften zu sprechen. Manchmal sehr offensiv und manchmal etwas verhaltener artikulierten Betriebsrätinnen und Betriebsräte ihren Unmut über den Zustand der Gewerkschaften (vgl. Kapitel 3.2.5). Das Interessante dabei ist, dass die meisten Betriebsratsmitglieder sich in der einen oder anderen Weise von der Gewerkschaft distanzierten. Wie wir bereits aufgezeigt haben, muss festgehalten werden, dass die Betriebsratsmitglieder die Gewerkschaften als etwas Äußerliches, Drittes sehen. Zumeist definierten sie Gewerkschaft über die gewerkschaftlichen Spitzenfunktionäre/-funktionärinnen.

**BR:** *Der Arbeiter braucht dringend, wie eh und je, eine – gerade jetzt. Zu dem stehe ich, da fährt der Zug drüber. Nur wie ich es verkaufe, ist etwas anderes. Und wer da vorne sitzt. Aber, wie will ich in der Regierung, bei der Politik als Arbeiter meine Interessen unterbringen; ich brauche ein Sprachrohr nach oben, ob jetzt das Sprachrohr das richtige ist, was da oben sitzt, ist wieder etwas anderes.*

Mit dieser Sichtweise verbindet sich auch eine spezifische Vorstellung von Gewerkschaft und auch ein Idealbild von Betriebsratstätigkeit.

**BR:** *Ich bin nicht ein Betriebsrat, wie man sich ihn vorstellt, mit Gewerkschaft, mit Parteibuch, mit weiß ich was alles dazugehört.*

Diese Definitionen, die immer wieder zu beobachten sind, verweisen auf eine Sichtweise auf Gewerkschaften, die geprägt ist von einem Top-Down-Verständnis. Zusätzlich vermerken Betriebsratsmitglieder, dass Gewerkschaften ein sehr starkes Eigeninteresse haben.

**BR:** *Da denke ich, das liegt leider in der Sache selbst, dass es nun immer mehr eine Vereinsmeierei ist, auch wenn es nun vielleicht alles schon viel größer ist.*

Oder eine andere Betriebsrätin/ein anderer Betriebsrat vermerkt:

**BR:** *Ganz beinhart, die haben nur Probleme mit ihren eigenen Hierarchien, jeder schaut nur auf sein Ding, dass er seinen Job behält, das ist, das sage ich ganz so, wie es ist,...*

Besonders deutlich wird diese Kritik am Eigeninteresse geäußert, wenn Betriebsratsmitglieder über die BAWAG-Krise sprechen. Für sehr viele steht fest, dass es im Anschluss an diese Krise nicht um eine Neuaufstellung der Gewerkschaftsbewegung gegangen sei, sondern um eine finanzielle Sanierung der Gewerkschaft. Genauso wird der Reformprozess innerhalb der GPA-djp gesehen. Nicht die Interessen der Betriebsratsmitglieder hätten im Vordergrund gestanden, sondern das Interesse der Gewerkschaft.

Abgesehen von den beiden einschneidenden Zäsuren durch die BAWAG-Krise und den Restrukturierungsprozess der GPA-djp kann allgemeiner festgehalten werden, dass Gewerkschaft als ein hierarchischer Komplex wahrgenommen wird, der sich stark an den eigenen Interessen orientiert. Auf die Frage, wer oder was denn Gewerkschaft nun eigentlich sei, gab es dementsprechend auch mehr Fragen als Antworten.

**BR:** *Na ja, die Gewerkschaft, die Gewerkschaft sagt immer, wer ist die Gewerkschaft, die Gewerkschaft sind wir. Wer ist die Gewerkschaft? Das Haus? Die paar Leute? Das ist ja das,* *was die Leute nicht verstehen, die Mitarbeiter sagen, die Gewerkschaft soll was tun. Wer ist die Gewerkschaft? Die Gewerkschaft sagt, ihr seid die Gewerkschaft.*

**IV:** *Gibt es dann auch wirklich Möglichkeiten, sich an der Gewerkschaft zu beteiligen? Ist das nur so ein Spruch, ihr seid die Gewerkschaft, oder gibt es dann auch wirklich die Mitarbeitsmöglichkeiten?*

**BR:** *Für?*

**IV:** *Für das einfache Mitglied.*

**BR:** *Nein. Nein, also die habe ich noch nicht festgestellt.*

An diesem Punkt könnte man argumentieren, dass die vorgebrachte Kritik einem allgemeinen Unmut über Bürokratie und Hierarchie zugeschrieben werden könnte.

Wenn man allerdings tiefer blickt, können wir sehen, dass dem nicht so ist. Dieser Unmut hat unseres Erachtens tiefer sitzende Wurzeln. Um zu diesen vorzudringen, muss man sich ansehen, auf welchen unmittelbaren Entfremdungsprozessen dieser Unmut aufsetzt. Dieser wird klar, wenn man mit Betriebsrätinnen und -räten über die unmittelbare Relevanz von Gewerkschaften in ihrer tagtäglichen Arbeit spricht. Betriebsratsmitglieder erwähnten immer wieder, dass in der alltäglichen Arbeit die Gewerkschaft als nicht besonders dynamisch und durchsetzungsfähig erscheint.

**BR:** *Ja, es fehlt so ein bisschen der Zack. ... Bei der Gewerkschaft, bis das da von einem zum anderen und dann von hier nach dort bis da oben besprochen ist – na bitte danke!*

Dies führt unter anderem dazu, dass Betriebsratsmitglieder eher auf die eingelernte Praxis der Vertrauensbeziehungen im Betrieb setzen, als auf die Unterstützung von Seiten der Gewerkschaft zu bauen. Denn auch wenn ersteres bedeutet, dass sie mehr Kompromisse eingehen müssen, funktioniert die Problemlösung so aus ihrer Sicht einfach schneller.

**BR:** *Das ist ja auch das, was mich persönlich stört, wenn ich nicht gleich eine Antwort geben kann, wenn da wer kommt, da* *geh ich lieber gleich ins Büro und sag zum Chef: Haben Sie da mal ein paar Minuten Zeit?*

Diese Trägheit bringt ein Betriebsratsmitglied sehr gut auf den Punkt.

**BR:** *Ja, also, mir fehlt es oft. Problem: Videoüberwachung. War für mich wirklich ein irres Problem. Ich hätte da versucht, warum kriege ich nicht die Unterstützung, schreibt einmal die Firmenleitung an, ihr wisst in der Filiale ist Überwachung, so quasi macht von der anderen Seite Druck, ich mache von innen Druck, und ich will jetzt von der Gewerkschaft diesen Druck. Das hat nicht wirklich funktioniert, ich habe gespürt, das wird wieder auf mich abgewälzt. Du bist ja der Betriebsrat.*

Hier wird auch angemerkt, dass eine auf betrieblichen Druck setzende Strategie oft nicht unterstützt wird. Das heißt aber auch, dass Betriebsräte und -rätinnen nicht gerade dazu ermuntert werden, die Auseinandersetzungen und Probleme im Betrieb so zu bearbeiten, dass daraus mittel- und längerfristig eine Veränderung der Kräfteverhältnisse erreicht werden könnte.

Was von den Betriebsratsmitgliedern immer wieder hervorgehoben wird ist, dass, wenn es eine Beziehung zu den Gewerkschaften gibt, diese hauptsächlich über rechtliche Beratung läuft.

**BR:** *Weil, ich sage, wo gehe ich hin, als Betriebsrat, wenn ich Rückhalt brauche. Ob ich ihn kriege oder nicht ist wieder etwas anderes, das steht wieder auf einem anderen Blatt, aber wenn ich heute eine Information brauche, dann rufe ich meinen Sekretär an und sage: Du, das und das Problem habe ich, wie schaut's aus – und ich habe eine Lösung. Oder ich habe zumindest einmal Rechtssicherheit. Mehr kann ich eh nicht haben, dann ist mir schon geholfen.*

In diesem Zitat klingt ein in gewissem Maße nüchternes und funktionalistisches Verhältnis zwischen Gewerkschaft und Betriebsräten an. Dieses baut nicht mehr auf einer kollektiven Identität, sondern auf einem funktionellen Servicecharakter auf. Viele der von uns interviewten Betriebsratsmitglieder wurden demnach erst mit ihrer Betriebsratswahl Gewerkschaftsmitglied, um eben an die Serviceleistungen, die Gewerkschaft bietet, heranzukommen. In der betrieblichen Alltagsarbeit sind Gewerkschaften demnach hauptsächlich über die servicierende Funktion präsent.

Erinnern wir uns noch einmal zurück an den theoretischen Teil, so wurde dort das Recht als die prozessierende Logik von Bürokratie beschrieben. Wir haben auch festgestellt, dass Bürokratie in gewissem Sinne Probleme hat, auf die tatsächlichen Realitäten einzugehen. Dieses Phänomen haben wir anhand der Absurdität der betrieblichen Bürokratie auch schon feststellen können.

Doch nicht nur anhand der betrieblichen Bürokratie ist dieses Phänomen zu zeigen. Betriebsratsmitglieder konstatieren auch, dass es im Verhältnis Betriebsrat und Gewerkschaft ähnliche Momente gibt, die aus ihrer Sichtweise ganz ähnliche Absurditäten produzieren.

**BR:** *Wenn die Leute in den Gewerkschaften dann auch noch 60, 65, 75 sind, was wissen die dann noch von dem in der Wirtschaft, wo sich dann dort doch jedes Jahr noch tausend Dinge ändern.*

Dementsprechend stellen Betriebsräte/-rätinnen fest, dass die Gewerkschaft oft an den betrieblichen Realitäten vorbei agiert. Nicht selten schildern die Betriebsratsmitglieder, dass Kollektivverträge in der Realität nicht lebbar seien.

Wir müssen also festhalten, aus Sicht der Betriebsratsmitglieder sind Gewerkschaften ebenfalls gesellschaftliche Institutionen, die, in anderer Weise als Betriebsbürokratien, der Logik einer „Herrschaft des Büros“ folgen. Dies führt zu einem sehr funktionalistischen Verhältnis zwischen Betriebsräten und Gewerkschaften und zu einer Entfremdung zwischen den beiden. Nicht zuletzt sind es wieder die einer sozialpartnerschaftlich geformten Bürokratie entstammenden Praxen, die zu dieser Entfremdung führen. Der Aufbau einer kollektiven Identität, eines Identifikationsraumes, der gemeinsam durch Betriebsratsmitglieder und Gewerkschaft konstituiert wird, scheint hier sehr schwierig. Betriebsräte und Betriebsrätinnen sehen sich nicht als Teil der Gewerkschaft, sondern an der Schnittstelle betrieblicher und gewerkschaftlicher Bürokratie, die von außen Begehrlichkeiten an sie richten. Einige Betriebsratsmitglieder sehen sich deshalb auch zwischen allen Stühlen sitzend, wie sie es ausgedrückt haben.

Ein weiterer Aspekt betrifft die oben schon angeführten Praxisknotenpunkte. Die serviceorientierte, stark auf Rechtsberatung ausgerichtete Praxis der Gewerkschaften verstärkt und befördert die Herausbildung der Praxisknotenpunkte an neuralgischen Stellen. Das führt zu einer weiteren Heteronomisierung des Status der Betriebsratsmitglieder.

#### 4.3.1.1 Conclusio IV: Was nun, was tun?

Wir können also sehen, dass die Frage nach der Durchsetzungsfähigkeit von Betriebsrätinnen und Betriebsräten sehr komplex zu beantworten ist. Die herrschaftlichen Strukturen, in denen Betriebsratsmitglieder verstrickt sind, haben unterschiedliche Dimensionen. Oft kann Herrschaft hier nicht als Moment des Zwanges begriffen werden, vielmehr sind es die „stummen" oder verborgenen Wirkungen von Praxen, die den Betriebsratsmitgliedern eine subalterne Stellung zuweisen.

Sowohl in den Betrieben als auch in Bezug auf Gewerkschaften können diese Praxen und Strukturen als bürokratische Formen der Herrschaft begriffen werden. Insbesonders am Beispiel der Verrechtlichung von Konflikten, also der prozessualen Logik von Bürokratien, können diese Gemeinsamkeiten aufgezeigt werden. Doch während die betriebliche Bürokratie integraler Bestandteil kapitalistischer Entwicklung ist, ist die stark ausgeprägte Bürokratisierung der Gewerkschaft einer spezifischen historischen Periode des Kapitalismus in Österreich geschuldet.

Besonders deutlich wird dieser Unterschied, wenn wir betrachten, wie betriebliche Bürokratien mit Hilfe der „Herrschaft des Büros" die räumlichen und zeitlichen Verschiebungen der neoliberal kapitalistischen Globalisierung auf betrieblicher Ebene durchsetzen.

Die spezifischen Verhältnisse zwischen Betriebsräten und Gewerkschaften, die während der sozialpartnerschaftlichen Periode aufgebaut wurden, können dieser Entwicklung nur schwer entgegentreten. Die sehr nüchterne und funktionalistische Beziehung zwischen Betriebsratsmitgliedern und Gewerkschaft ermöglicht es heute nur beschränkt, gegenhegemoniale Identifikationsräume zu eröffnen, in denen dissidente und alternative Formen gemeinsamer Praxis entwickelt und auf Dauer gestellt werden können. Im Gegenteil, dieser Entfremdungsprozess wird sich, so ist zu befürchten, tendenziell noch weiter fortsetzen, wenn das Verhältnis zwischen Betriebsräten/-rätinnen und Gewerkschaften nicht entlang neuer Praxen auf eine solidere Basis gestellt wird.

Im Schlusswort werden wir einige mögliche und notwendige Wege vorschlagen. Zum Abschluss dieses Abschnitts aber noch ein Zitat, das schon in die Richtung dieser Vorschläge weist:

**BR:** *Das ist schon wieder die Wiederholung der Frage – die Aufgabe der Gewerkschaft ist es, dort für die Menschen zu sein, wo die Leute die Gewerkschaftsbeiträge bezahlen – in den Betrieben. Meiner Meinung nach gehört die Gewerkschaft stärker vor Ort.*

### 4.3.2 Betriebsrätinnen/-räte und Gewerkschaft – Veränderung der inneren Praxis

Nachdem wir aufgezeigt haben, dass die einer sozialpartnerschaftlich geformten Bürokratie entstammenden Praxen zu einer Entfremdung führen und der Aufbau einer kollektiven Identität, eines Identifikationsraumes schwierig wird, wollen wir uns nun der inneren Praxis zwischen Betriebsrätinnen/-räten und Gewerkschaftssekretärinnen/-sekretären zuwenden. Diese war lange Zeit geprägt von einer relativ klaren Arbeitsteilung, die sich entlang der deutlichen Trennung von makropolitischer, Branchen- und betrieblicher Ebene in der Sozialpartnerschaft herausgebildet hat. Diese eindeutig strukturierten Zuständigkeiten und Aufgaben geraten mit der Zunahme und Intensivierung von Konflikten auf betrieblicher Ebene ins Wanken. Zum einen, weil diese Ebene durch die Verlagerung mehr Bedeutung für den Konflikt Arbeit-Kapital bekommt. Und zum anderen verschwimmt in der Bearbeitung von Problemen und in Auseinandersetzungen die Trennung der Ebenen und der Arbeitsteilung im Alltag immer öfter. Denn je mehr die betriebliche Ebene an Bedeutung gewinnt, desto essenzieller wird aus Gewerkschaftssicht der Einfluss, der auf dieser Ebene genommen werden kann, und damit die Beziehung zu den Betriebsratsmitgliedern.

Durch die klare Ebenentrennung entziehen sich die Betriebe der direkten gewerkschaftlichen Zugriffsmöglichkeit. Dieser Zugriff wurde immer schon über die Betriebsräte und -rätinnen gesucht, war aber lange Zeit von geringerer Bedeutung für die korporatistisch geprägte Praxis der Gewerkschaft. Insofern stand das Funktionieren dieses Zugriffs über die Betriebsratsmitglieder weniger im Zentrum der gewerkschaftlichen Aufmerksamkeit. Dies verändert sich nun mit der Intensivierung und Häufung der betrieblichen Konflikte und der Erosion der gesellschaftlichen Voraussetzung für die Wirkmächtigkeit des institutionellen Machtpotentials. Ein/e Gewerkschaftssekretär/in beschreibt diese Situation im unten stehenden Zitat als ein „Zurückgeworfensein der Gewerkschaft auf sich selbst" und impliziert, dass die Betriebsratsmitglieder und die betriebliche Ebene allgemein wichtiger für die gewerkschaftliche Aktivierung von Machtpotentialen werden. Die Betriebsratsmitglieder und ihre zuvor analysierte Nicht-Identifikation mit Gewerkschaft sowie die Mitglieder im Betrieb rücken wieder mehr ins Zentrum der Aufmerksamkeit der Gewerkschaft und bekommen eine größere Bedeutung.

**GS:** *Ich denke schon, wenn Sie sich anschauen, was im Jahr 2000 passiert ist, die Hilflosigkeit, die zum Teil da war, wir haben Handlungsebenen, die nicht mehr vorhanden waren [bis dahin], durch Handlungsebenen substituiert, wo wir uns immer helfen konnten. Wir konnten noch in die Ministerien gehen, dort unsere Wünsche deponieren, bzw. wurden dort als Verhandlungspartner wahrgenommen, ernst genommen, und haben bis hinein zur Gesetzgebung tätig werden können und haben auch den Betriebsräten Ergebnisse liefern können, die ihnen in ihrer Arbeit helfen können, da hat das funktioniert. Da war das Funktionieren der Interessensdurchsetzung auf betrieblicher Ebene vielleicht nicht so wichtig, wie es jetzt mittlerweile geworden ist. 2000 war das mit einem Mal – ich sage* *jetzt wirklich gekappt, wir waren draußen, und auf einmal waren wir auf uns selber zurückgeworfen. Und jetzt mit der BAWAG-Krise das zweite Mal. Wir haben nichts mehr anderes als uns, unsere Gremien und die Betriebsräte, und ganz marginal beginnt es wieder diese Handlungsebenen, die wir hatten, auf der eigentlichen parlamentarisch-bürokratisch-ministeriellen Ebene zu haben; die beginnen jetzt wieder langsam. Aber wir haben sie eigentlich nicht mehr, und da sag ich, völlig richtig, durch die Substituierung dieser Handlungsebenen, also dieser betrieblichen Handlungsebenen, haben wir das Feld völlig vernachlässigt und haben auch den Betriebsräten signalisiert, diese Rolle erwarten wir eigentlich gar nicht von euch, wir brauchen sie eigentlich in dieser Form nicht mehr. Und ich glaube ja, da ist einiges passiert.*

In diesem Zitat wird deutlich angesprochen, dass in der sozialpartnerschaftlichen Gewerkschaftskultur von den Betriebsräten und -rätinnen keine autonome Aktivierung von Machtpotentialen im Betrieb erwartet wurde und wird. Vielmehr galt es, dazu beizutragen, dass institutionelle Machtpotentiale auf makropolitischer und Branchenebene bestmöglich aktiviert werden können. Für uns ist daher im Weiteren von besonderem Interesse, wie Gewerkschaften nun mit der Veränderung der Bedeutung sowie der Zunahme und Intensivierung von Konflikten auf betrieblicher Ebene umgehen und welche Handlungsstrategien gewählt werden, um Einfluss auf die Aktivierung von Machtpotentialen auf dieser Ebene zu nehmen.

#### 4.3.2.1 Betriebsratsmitglieder als Türöffner/innen

In den Interviews wurde deutlich, dass die adaptiven Präferenzen der Gewerkschaftssekretäre/-sekretärinnen und der gewerkschaftlichen Entscheidungsgremien Reaktionen unterstützen, die nah an der kulturellen Praxis liegen. Eine Aktivierung von Machtpotentialen im Betrieb wird, wie wir im vorigen Zitat gesehen haben, von den Betriebsratsmitgliedern nach wie vor nicht erwartet. Vielmehr wird versucht, dass Gewerkschaftssekretäre und -sekretärinnen selbst im Betrieb tätig werden und die Verantwortung für die Konfliktbearbeitung im Betrieb übernehmen.

**RS:** *Schön wäre es, wenn wir gut organisiert wären und so viele Mitglieder hätten, dass sie uns auch einfach so respektieren würden und wir so was nicht so machen müssten, und die einfach ganz klar mit einem gewählten Vertreter verhandeln und wir dem nur beiseite stehen. Aber das ist leider in den meisten Fällen eher so, dass die Betriebsräte nicht die besten Verhandlungsführer sind und nicht die beste Erfahrung haben und im Arbeitsrecht auch nicht großartig versiert sind und deswegen gibt es uns Sekretäre.*

Den Betriebsratsmitgliedern kommt dabei die Rolle der Türöffner/innen in den Betrieb zu. Damit dies möglich wird, brauchen Gewerkschaftssekretärinnen und -sekretäre in einem ersten Schritt eine (gute) Beziehung zu den Betriebsratsmitgliedern, die ihnen erst den Zugang zum Betrieb und den Konflikten ermöglichen.

**RS:** *Dann kommt es darauf an: ist die Achse sehr gut, gibt es auch die Achse zwischen mir und den Angestellten, weil dann werde ich zu Betriebsversammlungen eingeladen, ich kann dort Referate halten, ich kann dort Statements abgeben, die Leute informieren, beraten und betreuen. Und es gibt auch die Achse natürlich, wo es einen sehr guten Kontakt gibt, fordere ich fast ein, dass ich auch die Geschäftsleitung des Human Ressources Managements kennenlernen möchte. Oder wir verhandeln eh gemeinsam mit dem Management, mit den Human Ressources Direktoren. Das ist sicher die Hauptachse. Wo das recht gut funktioniert, gibt es auch das und das.*

In dem Zitat wird deutlich, dass sich die Gewerkschaftssekretäre und -sekretärinnen durch eine gute Beziehung zu den Betriebsratsmitgliedern nicht nur Zugang zu den Beschäftigten und zum Management versprechen, sondern die Betriebsrätinnen/-räte, als Informationsbeschaffer/innen, ihnen zentralen Einblick in den Betrieb ermöglichen. Sie bieten ihnen also die Grundlage, um im Betrieb tätig werden zu können.

Die Nicht-Identifikation der Betriebsratsmitglieder mit der Gewerkschaft erschwert diesen Beziehungsaufbau bzw. den Einsatz der Betriebsratsmitglieder als Türöffner/innen. Wie wir bereits im vorigen Kapitel gesehen haben, wird daher versucht, die fehlende Identifikation durch einen funktionellen Servicecharakter zu ersetzen. Die Beratungsleistung wird zur zentralen Dienstleistung von Gewerkschaften an Betriebsratsmitgliedern. In dieses Service werden daher auch viele personelle und finanzielle Ressourcen investiert.

**RS:** *Dann kommen die natürlich zu dir und sagen, das und das, das will ich und ja, wenn er Betriebsrat ist, wird er genauso behandelt wie jedes andere Mitglied bei uns. Also Nichtmitglied bei uns. Das heißt Erstauskunft gibts gratis und dann wird er aufgeklärt, was er hat, wenn er Gewerkschaftsmitglied wird.*

Das Service der Gewerkschaft wird den Mitgliedern je nach Organisationsgrad abgestuft angeboten, um so Anreize für eine Zusammenarbeit und die Werbung neuer Mitglieder im Betrieb zu schaffen. Dieser strategisch angelegte Tausch von Leistung befördert noch einmal den geschäftsmäßigen Charakter und führt zu einer Intensivierung der funktionalen Beziehung zwischen Betriebsratsmitgliedern und Gewerkschaft. Die intensivierten Bestrebungen von Seiten der Gewerkschaft zielen also weniger auf den Aufbau eines politisch-emotionalen Verhältnisses zu den Betriebsräten und den Beschäftigten ab. Vielmehr steht der Aufbau einer funktionalistischen Beziehung im Mittelpunkt, mittels derer der direkte Zugang zum Betrieb hergestellt werden kann, um so selbst Einfluss auf die Konfliktbearbeitung zu erhalten.

In der Konfliktbearbeitung durch Gewerkschaftssekretärinnen und -sekretäre wird dann wieder, den adaptiven Präferenzen entsprechend, auf Vertrauensbeziehungen und Recht gesetzt. Es kommt also zu keiner Veränderung der Konfliktbearbeitungsformen oder eine Ausrichtung auf andere Machtpotentiale, sondern es wird versucht, die altbewährten traditionellen Formen ebenfalls auf dieser Ebene anzuwenden. Daher ist der persönliche Kontakt zwischen Geschäftsführung und Gewerkschaftssekretären/-sekretärinnen für letztere so zentral. Denn ohne diesen Kontakt wäre der Aufbau eines Vertrauensverhältnisses als Voraussetzung für die Aktivierung institutioneller Machtpotentiale nicht möglich.

Die Gewerkschaft folgt dabei einer Bypass-Strategie bzw. einer Strategie der kurzen Wege: Den Betriebsratsmitgliedern fällt die Aufgabe zu, den Kontakt zur Geschäftsführung herzustellen, in weiterer Folge ist es aber sehr unterschiedlich, inwieweit der Aufbau einer Vertrauensbeziehung zwischen Gewerkschaftssekretär/in und Arbeitgeber/in den Betriebsrat mit einbezieht, oder an ihm vorbei geschieht.

**IV:** *Und wie entstehen die Kontakte zur Betriebsleitung?*

**RS:** *Naja, meistens oder fast ausschließlich über die Betriebsräte und Betriebsrätinnen. Wo ich aus der Erfahrung sage, ich halte es für eine gute Idee, dass wir uns zusammensetzen, dass wir uns kennenlernen. Manchmal auch seitens der Firmenleitung, also bei [Konzern XY] war es umgekehrt, da hat die Chefin gesagt naja, ok. – der Betriebsrat ist da die Schnittstelle – kannst du den Herrn [Name des Regionalsekretärs] nicht einmal einladen zu uns, ich würde den gerne kennenlernen. Dann sind wir da zusammen gesessen, haben einmal geplaudert, dann hat man ein Gesicht dazu, und dann geht wirklich vieles einfacher. Ich halte das für fast unerlässlich, dass auch der betreuende Sekretär zumindest den Geschäftsführer und die Human Ressources Chefin oder den Chef kennt. Warum? Es spielt sich ja sehr viel auf der persönlichen Ebene ab, und das sind alles Menschen, und wenn man da eine gute Basis hat, dann will man die ja nicht unbedingt zunichte machen. Vieles geht im Gespräch, und wenn es dann wirklich einmal Sachen gibt – ich hab jetzt in einer Firma wirklich ein Bossing gehabt, wo ich dann die Personalchefin angerufen habe und gesagt, ok. aber bitte sind Sie mir nicht böse, aber da müssen wir was machen, da erwarten wir, dass ihr was unternehmt, ansonsten reichen wir da eine Mobbing-Klage ein und ich weiß nicht, ob das so gut ist.*

Dabei berichten die interviewten Regionalsekretärinnen/-sekretäre, dass ihre Involviertheit im Betrieb von Fall zu Fall sehr variiert, manchmal aber so weit geht, dass sie die direkten Verhandler/innen der Arbeitgeber/innen werden.

**RS:** *Das ist aber eine andere Situation, wenn ich da nur als Gewerkschafter/in aktiv da sitze. Also da verhandle ich nicht mit dem Betriebsrat, sondern der Betriebsrat segnet ab, was man mit der Geschäftsleitung ausmacht hat. Also das ist dann sozusagen eine atypische Situation. Sollte nicht die Regel werden.*

Die gewerkschaftliche Strategie der kurzen Wege über Betriebsratsmitglieder als Türöffner/innen in den Betrieb und zur Geschäftsführung kann als ein Beharren auf Handlungsoptionen interpretiert werden, die weiter stark auf die institutionellen Machtpotentiale ausgerichtet sind. Diese Beharrungsmomente haben mehrere Folgen:

1. Die Belegschaft spielt in der Konfliktbearbeitung im Betrieb bzw. für die Aktivierung von Machtpotentialen höchstens in Form von Mitgliederzahlen, die dem Auftreten Nachdruck verleihen können, eine Rolle. Gibt es Zugang zum Betrieb, steht der Beziehungsaufbau zur Geschäftsführung für die Aktivierung institutioneller Machtpotentiale im Vordergrund. Eine Organisierung der Beschäftigten ist dafür nicht notwendig. Vielmehr wird mit der Strategie der kurzen Wege eine Organisierung der Beschäftigten umgangen. Diese wäre aber notwendig, wenn die Gewerkschaftspolitik im Betrieb auf die Aktivierung alternativer Machtpotentiale ausgerichtet wird.

2. Eine Grenze der Strategie liegt in der Person des Betriebsrats/der Betriebsrätin. Gibt es kein Betriebsratskollegium oder besteht der Kontakt nicht bzw. übernehmen die Betriebsratsmitglieder die Funktion des Türöffners nicht, funktioniert die Strategie nur schwer. Das macht noch einmal deutlich, wie zentral die Identifikation oder Nicht-Identifikation von Betriebsratsmitgliedern mit der Gewerkschaft geworden ist.

3. Es ist prinzipiell fraglich, wie erfolgreich die Strategie an sich sein kann. Denn es handelt sich dabei um eine Defensivstrategie, in der von der Gewerkschaft mit nicht geringem Personaleinsatz versucht wird, mittels korporatistisch geprägter adaptiver Handlungspräferenzen so viele Verschlechterungen wie möglich zu verhindern. Nachhaltige Verbesserungen können dadurch nur schwer erreicht werden.

4. Es besteht die absurde Situation, dass von Gewerkschaftsseite ein beträchtlicher Aufwand betrieben wird, um im Betrieb wirkmächtig zu werden. Dieser Aufwand ist aber vor allem auf die Substitution der institutionellen Macht der anderen gewerkschaftlichen Handlungsebenen ausgerichtet. Die Betriebsratsmitglieder empfinden die zum Aufbau und Erhalt der funktionalistischen Beziehung angebotenen Serviceleistungen der Gewerkschaft oftmals als nicht ausreichend für die Problemlagen und zunehmenden betrieblichen Konflikte, vor denen sie stehen. Sie fühlen sich von der Gewerkschaft im Stich gelassen. Der potentielle Mehrwert der Mitgliederwerbung beschränkt sich für die Betriebsratsmitglieder, da die Werbung strategisch nicht als eine politische Organisierung im Betrieb angelegt ist, auf den Tausch von Mitgliedsanmeldungen gegen Serviceleistungen. Wie wir im Kapitel 3 bereits festgehalten haben, erleben daher viele Betriebsräte/-rätinnen die Mitgliederwerbung als Zusatzbelastung, um die Gewerkschaft zufriedenzustellen, und nicht als Unterstützung für die eigene Handlungsfähigkeit im Betrieb.

#### 4.3.2.2 Conclusio V: Die Beschäftigten als zentrale Akteure/Akteurinnen für betriebliche Handlungsfähigkeit

Wie wir gezeigt haben, versuchen sich sowohl Betriebsratsmitglieder, als auch Gewerkschaftssekretärinnen/-sekretäre in betrieblichen Konflikten vor allem auf die Aktivierung institutioneller Machtpotentiale zu stützen und verfolgen weiterhin die zwei zentralen Praxisformen der Sozialpartnerschaft. Um mittels dieser unter den veränderten Bedingungen noch etwas erreichen zu können, wird zumeist aber nur defensiv agiert, auch um sich das letzte noch vorhandene Wohlwollen der Arbeitgeber/innen zu sichern und so defensive Schutzmaßnahmen umsetzen zu können. Außerdem können wir festhalten, dass sie in ihrem Handeln zurzeit versuchen, ohne die Beteiligung der Belegschaft auszukommen.

Wenn wir also nach den Trägern betrieblicher Auseinandersetzungen fragen, müssen wir feststellen, dass die Beschäftigten weder von Betriebsratskollegien noch von der Gewerkschaft als relevante Akteure wahrgenommen werden. Vielmehr werden diese in einer schwachen Position beschrieben, und die Interviewten erleben immer wieder, dass sich die Beschäftigten eine Lösung ihrer Probleme von Betriebsräten und Gewerkschaft erwarten.

Die Organisierung und Politisierung der Belegschaft zum Aufbau von Organisationsmacht im Betrieb und die gemeinsame Suche nach alternativen Handlungsoptionen spielt zurzeit also eine untergeordnete Rolle für das Handeln von Betriebsratsmitgliedern und Gewerkschaft. Dies drückt sich auch darin aus, dass in den Interviews keine Idee einer gewerkschaftlichen Partizipationsstrategie artikuliert wurde und die Organisierung der Beschäftigten wenn, dann nur auf ideeller Ebene zur Sprache kam. Vielmehr wird gegenüber den Beschäftigten ein paternalistischer Zugang verfolgt. Den einfachen Mitgliedern wird entsprechend dem sozialpartnerschaftlichen Habitus signalisiert, dass Gewerkschaften und Betriebsratsmitglieder sich um ihre Probleme kümmern, und somit entstand eine entsprechende Erwartungshaltung. Ganz in diesem Sinne kann die Servicestrategie der rechtlichen Beratung von Mitgliedern verstanden werden.

In der Analyse wurde deutlich, dass die Grundlagen für die Aktivierung institutioneller Machtpotentiale zumindest auf betrieblicher Ebene zunehmend erodieren. Um also dem offensiven Vorgehen der Arbeitgeber/innen etwas entgegensetzen zu können und die betriebsrätliche und gewerkschaftliche Durchsetzungsfähigkeit im Betrieb zu steigern – also von den defensiven Abwehrkämpfen zu offensiven Auseinandersetzungen um Verbesserungen der Arbeitsbedingungen zu gelangen –, wird die Aktivierung alternativer Machtpotentiale zunehmend dringlicher. Alternativen zum institutionellen Machtpotential bauen aber zentral auf die Organisierung der Beschäftigten als Akteure/Akteurinnen betrieblicher Auseinandersetzungen auf. Die Aktivierung alternativer Machtpotentiale bräuchte also ein radikales Umdenken bei betrieblichen Konfliktstrategien. Damit einher müsste auch das (schmerzliche) Eingestehen und die gemeinsame Analyse der betriebsrätlichen und gewerkschaftlichen Schwäche mit den Beschäftigten gehen. Dies wäre die Grundlage für die Aktivierung der Belegschaften. Denn solange versucht wird, das paternalistische Versprechen aufrecht zu erhalten, dass die Gewerkschaft oder der Betriebsrat sich stellvertretend um die Probleme der Beschäftigten kümmere, gibt es für diese keine Aktivierungsbegründung, sondern vielmehr Grund für Unzufriedenheit mit der gewerkschaftlichen Problemlösung. Es braucht die Wut, die Verzweiflung und den Zorn der Beschäftigten als Grundlage für ein offensives Vorgehen gegen die Rationalität der Betriebsbürokratie und als Motor der Organisierung. Voraussetzung dafür wäre aber, dass der Identifikationsraum zwischen Gewerkschaften und Betriebsrätinnen/-räten nicht nur um die Erfahrungen und Emotionen der Beschäftigten erweitert wird, sondern wieder als strategischer politischer Raum verstanden und ausgestaltet wird.

# 5. Schlussfolgerungen

Schlussfolgerungen zu verfassen ist immer der schwierigste Teil eines Forschungsprojekts, aber gerade im Selbstverständnis einer eingreifenden Forschung, die im Sinne von Karl Marx die Realität nicht nur beschreiben will, sondern danach trachtet, sie zu verändern, ist dies ebenso wichtig wie schwierig. Eine kritische Forschung sollte niemals den Anspruch erheben, die gesamte Realität abzubilden. Sich selbst als kritisch verstehende Forschung kann daher für sich immer nur beanspruchen, eine Annäherung an die Realität zu versuchen, natürlich nach bestem Wissen und Gewissen. Gerade gesellschaftliche Realitäten sind eben keine fixen Kristalle, sondern ständig im Fluss der Veränderung begriffen. Eine Veränderungsdynamik, die von einem analytischen Prozess niemals in seiner vollen Entfaltung begriffen werden kann, sondern immer als kontinuierlicher Prozess vieler Analysen begriffen werden muss.

Besonders schwierig ist dies, wenn man in einem Forschungsfeld tätig ist, in dem es von Fall zu Fall sehr viele Spezifika gibt. Doch gerade deshalb kann eine kritische, theoriegeleitete Forschung hier klärend eingreifen. Kraft der einer kritischen Theorie innewohnenden Fähigkeit zur Abstraktion kann, im Sinne Antonio Gramscis, das Wesentliche vom Unwesentlichen, das Organische vom Konjunkturellen auf einer analytischen Ebene getrennt werden. Allerdings nur, um es später wieder in der Analyse von konkreten Momenten der gesellschaftlichen Realität anzuwenden und zusammenzuführen. So können größere gesellschaftliche Veränderungen in den unmittelbaren Lebens- und Wirkungszusammenhängen sichtbar gemacht werden. Genau in diesem Sinne sollten das Buch und die hier angeführten Schlussfolgerungen verstanden werden: Als Versuch, die Realität zu verstehen, sich ihren Bewegungsdynamiken anzunähern und nicht, sie eins zu eins abzubilden. Wie gesagt, wir wollen uns im Sinne einer eingreifenden Forschung aber nicht vor klaren Schlussfolgerungen drücken. Gezwungenermaßen sind sie geprägt von einem analytischen Blick und wir sind uns bewusst, dass eine Umsetzung in die Praxis viele Fragen aufwirft, die nur in einem langfristig angelegten Lernprozess zu bewältigen sind. Einem Lernprozess, der sowohl Analyse und Reflexion umfassen muss, als auch die Veränderung der Praxis als Feld des Lernens. Doch dazu später.

Einer unserer wichtigsten Befunde ist, dass Gewerkschaften sukzessive an Gestaltungsmöglichkeiten in unserer Gesellschaft verlieren. Während in anderen Ländern die Zurückdrängung von gewerkschaftlichem Einfluss relativ offen als Programm von politischen oder wirtschaftlichen Eliten formuliert wurde, geschieht dies in Österreich viel stärker vermittelt über die Dynamiken des neoliberalen Globalisierungsprozesses. Neben den durchaus auch vorhandenen, mal offener, mal verdeckter, ideologisch neoliberal gefärbten Politikinhalten sind es in Österreich die strukturellen räumlichen und zeitlichen Veränderungen in unserer Gesellschaft, die der Durchsetzungskraft der Gewerkschaften zu schaffen machen. Die Fähigkeit räumliche und zeitliche Paradigmen zu kontrollieren und zu verändern, ist, wie wir gesehen haben, wichtiges Moment von Herrschaft.

Wie das Beispiel der Reorganisierung entlang und die Durchsetzung von neuen räumlichen und zeitlichen Mustern in Betrieben gut gezeigt hat, geht es dabei nicht nur um die Reorganisierung der „Herrschaft des Büros" im Betrieb, sondern auch um die Entwertung bisheriger Praxen und damit um eine Desorganisierung von Widerstandsmöglichkeiten. Diese Entwertung untergräbt die Durchsetzungsfähigkeit von Betriebsratsmitgliedern und Gewerkschaften. Wieder ist es allerdings kein offener Angriff, sondern es sind die vielleicht intendierten Nebeneffekte dieser Prozesse, die das institutionelle Machtpotential unterwandern. Unter den derzeit herrschenden Umständen sind die Möglichkeiten, die Betriebsrätinnen und -räte wahrnehmen, um aus dieser Defensivposition herauszukommen, eher beschränkt. Aus eigener Kraft heraus, so unsere These, ist es sehr schwierig. Zu stark sind sie ins Gravitationsfeld der betrieblichen Bürokratie integriert. Sie schaffen es nicht, die ideologische Dominanz der betriebsbürokratischen Rationalität zu durchbrechen und mit Hilfe von im Keim schon vorhandenen dissidenten Deutungen der betrieblichen Realität die Energie, Kreativität und Kraft für neue Praxisformen zu entwickeln.

Unsere These, dass der Identifikationsraum, der zwischen Gewerkschaft und Betriebsräten/-rätinnen besteht, der Raum sein könnte, wo die notwendige strategische Analyse, die Energie und Kraft für die Erneuerung gewerkschaftlicher und betriebsrätlicher Praxis entstehen könnte, ist zwar unseres Erachtens nach richtig, doch müssen wir festhalten, dass dieser Identifikationsraum selbst Erosionstendenzen aufweist.

Mit der jahrzehntelangen einseitigen Konzentration auf das institutionelle Machtpotential erlebte die österreichische Gewerkschaftsbewegung einen Bürokratisierungsprozess. Dieser hat zur Folge, dass eine Entfremdung zwischen Betriebsratsmitgliedern und Gewerkschaft entstanden ist. Der Entfremdungsprozess, der wahrscheinlich schon länger latent vorhanden ist, konnte so lange ignoriert oder hingenommen werden, so lange die beiden zentralen bürokratisch-sozialpartnerschaftlich geformten Praxen, Vertrauensbeziehungen und Verrechtlichung, das Kräftegleichgewicht auch auf betrieblicher Ebene stabilisieren konnten.

Mit der nun zu beobachtenden neu gewonnenen Offensivkraft der Betriebsbürokratien verändern sich allerdings diese Kräfteverhältnisse.

Diese Veränderungen führen dazu, dass die Kritik an der bürokratischen Verfasstheit der Gewerkschaften und ihre Distanz zu den betrieblichen Realitäten nun verstärkt an die Oberfläche dringen. Um was es also gehen muss, ist, den Identifikationsraum zwischen Gewerkschaften und Betriebsrätinnen/-räten wieder zu erneuern. Das bedeutet auch, das funktionalistisch geprägte Verhältnis zwischen Gewerkschaft und Betriebsratsmitgliedern auf eine andere Basis zu stellen.

Ein erster Schritt auf dem Weg, den Identifikationsraum zwischen Betriebsratsmitgliedern und Gewerkschaft zu erneuern, wäre ein Überdenken des Verhältnisses zwischen den drei Praxisfeldern der Gewerkschaft, der makropolitischen, der Branchen- und der betrieblichen Ebene. Wie wir gezeigt haben, verlagern sich Konflikte zusehends auf die betriebliche Ebene und wichtige gesellschaftliche Kämpfe werden dort ausgetragen. Diesem Befund sollte man Rechnung tragen. Das bedeutet nicht, die anderen Ebenen zu ignorieren, doch man sollte eingestehen, dass die Substitution der betrieblichen Ebene durch Regulationsbestrebungen auf den beiden anderen Ebenen heute nicht mehr zufriedenstellend funktioniert. Wir denken, dass es auch durchaus Sinn macht, die verstärkte Hinwendung zur europäischen oder transnationalen Ebene weiterzutreiben, aber trotzdem bleibt, so glauben wir, die Erkenntnis zentral, dass Gewerkschaften auf allen Ebenen nur so stark sind wie ihre Mobilisierungs- und Organisationsfähigkeit an der Basis, also in den Betrieben ist.

Eine verstärkte Hinwendung zu den Betrieben und den Kämpfen, die auf betrieblicher Ebene auszufechten sind, bedeutet aber auch, die Praxis neu zu gestalten. Eine Praxis, die stark auf die Praxisknotenpunkte setzt, die wir im Verlauf des Buches beschrieben haben, kann nicht die alleinige Basis einer betriebszentrierten Gewerkschaftstätigkeit sein. Um die Praxisknotenpunkte zu entlasten, bedarf es aktivierter Belegschaften. Alleine über die Existenz einer aktivierten und am gewerkschaftlichen Leben teilnehmenden Belegschaft könnte schon gehöriger Druck auf Betriebsbürokratien aufgebaut werden. Die Aktivierung und die Gewinnung von Mitgliedern muss demnach gekoppelt sein an eine Demokratisierung der Gewerkschaft mit ausgebauten Beteiligungs- und Artikulationsmöglichkeiten für Mitglieder. Doch Demokratisierung kann sich nicht erschöpfen in der Bereitstellung von neuen Strukturen. In unserem Buch sprechen wir sehr viel über Praxisformen, weil es ebenso Ausdruck einer demokratischen Grundstruktur ist, welche Praxisformen gelebt werden. Das heißt, eine Entbürokratisierung der Gewerkschaft und eine stärkere, demokratisch orientierte betriebsnahe Gewerkschaftstätigkeit muss sich auch in demokratisierten Praxisformen niederschlagen. Dies ist insofern wichtig, da eine demokratischere Gestaltung der Gewerkschaftsstrukturen nur mit Leben befüllt werden kann, wenn passend zu demokratischen Strukturen auch demokratische Handlungsweisen entwickelt werden. Ansonsten würden Strukturen entstehen, die in Widerspruch zu den tagtäglich erfahrenen und gelebten Handlungen stehen.

Doch was ist unter einer demokratisierten Praxis zu verstehen? In erster Linie bedeutet es eine Kollektivierung von Konfliktfähigkeit auf betrieblicher Ebene. Die bisherige Konfliktfähigkeit von Betriebsratsmitgliedern und Gewerkschaften stellt sich zum überwiegenden Teil entlang der Praxisknotenpunkte und des mit ihnen eng verknüpften Expertenwissens her. Wie wir allerdings gesehen haben, führt Verrechtlichung zu Vereinzelung von Problemfällen und entzieht den Betroffenen die Möglichkeit, selbst Problemlösungskompetenz in Anschlag zu bringen. Ein ähnlicher Effekt entsteht durch die Praxis der Vertrauensverhältnisse und die Positionierung der Betriebsratsmitglieder als Puffer im Betrieb. Probleme verschwinden aus der Unmittelbarkeit der Betroffenen und werden in den für viele uneinsichtigen Netzwerken der Betriebsbürokratie bearbeitet. Es ist bei beiden Konfliktstrategien häufig zu beobachten, dass die Betroffenen in einen Opferstatus gebracht werden, der ihnen eine passive Rolle zuschreibt. Eine demokratisierte Praxis würde demnach bedeuten, die betroffenen Belegschaften aus dem Opferstatus herauszuholen. Sie müssten nicht nur als Betroffene oder als relativ passive Opfer betrachtet, sondern zu strategischen und wichtigen Partnern in der Entwicklung alternativer Konfliktstrategien werden. Das bedeutet wiederum nicht, dass das Recht oder die Vertrauensbeziehungen als Praxis aufgegeben werden müssen, sondern es geht vielmehr darum, eine Rekonfiguration im Verhältnis zwischen den unterschiedlichen Praxisformen herzustellen. Diese hier nur grob umrissene Strategie fassen wir in Anlehnung an die internationalen Debatten rund um die Erneuerung der Gewerkschaftsbewegungen als betriebsnahe, beteiligungsorientierte Gewerkschaftspolitik. Und wie der Begriff Gewerkschaftspolitik auch nahelegt, muss demnach auch die betriebliche Arbeit von Gewerkschaften verstärkt als politische Arbeit und weniger als servicierende Arbeit verstanden werden.

Die bisherige Skizze einer erneuerten Gewerkschaftspolitik auf betrieblicher Ebene ist zu verstehen als eine entlang der Realitäten entwickelte konkrete Utopie. Sie könnte als Zielvorgabe dienen, die es ermöglichen würde, den notwendigen Identifikationsraum zu erneuern, der die Bedingung der Möglichkeit schafft, auf betrieblicher Ebene wieder durchsetzungsfähiger zu werden.

Aber wie es mit Utopien, auch wenn sie konkret formuliert sind, so ist, können sie nicht auf dem Reißbrett oder am Schreibtisch entworfen werden. Die Umsetzung von konkreten Utopien muss verstanden werden als ein Lernprozess, der sowohl Praxis als auch Reflexion umfasst. Deshalb abschließend zu der Frage, wie ein solcher Lernprozess gestaltet werden könnte.

Wie wir nun bereits umfassend dargelegt haben, findet zurzeit aufgrund der bestehenden Gewerkschaftskultur und den darin geformten, auf Kontinuität ausgerichteten Lernkorridoren ausschließlich defensives, abwehrendes (und zumeist individuelles) Lernen statt. Dieses ist auf die Anpassung an die neuen Realitäten und eine Verhinderung von Verschlechterungen ausgerichtet, aber nicht auf eine Steigerung der eigenen Handlungsfähigkeit. Der von uns angeregte Lernprozess müsste demgegenüber kollektiv und expansiv angelegt sein. In einem solchen Prozess gilt es, die tagtäglich wahrgenommenen Handlungsprobleme als Lernprobleme zu verstehen und sich bewusst Zeit und Raum zu nehmen, um gemeinsam mit anderen das eigene Handeln zu reflektieren, zu kontextualisieren und in Verbindung mit gesellschaftlichen Veränderungen zu setzen. In dieser reflexiven Distanz könnten die Widersprüche zwischen Problemlagen implementierter und eingebetteter Praxis benannt und analysiert werden, was es ermöglichen würde, den eigenen Blick zu erweitern und Hemmnisse auch in der eigenen Gewerkschaftskultur zu identifizieren. Hierbei müsste auch die nach wie vor bestehende paternalistische Haltung gegenüber den Beschäftigten aufgegeben und diese in den expansiven Lernprozess mit eingebunden werden.

Damit wäre eine Grundlage gegeben, um den Blick auf alternative Machtpotentiale von Beschäftigten, Betriebsrätinnen und -räten und Gewerkschaften zu richten und aus diesem weiten Blick heraus neue Handlungsoptionen zu entwickeln.

Dabei muss berücksichtigt werden, was in der Analyse ebenfalls deutlich wurde – dass es nämlich abseits der Vertrauensbeziehungen und des Rechts als spezifische Praxisformen institutioneller Macht wenige Erfahrungen mit einer Praxis, die sich auf alternative Machtpotentiale stützt, gibt. Das heißt, dass es wenige praktische Erfahrungen gibt, auf die in diesem Veränderungsprozess zurückgegriffen bzw. an die angeknüpft werden könnte. Insofern kann es sich bei dem hier angeregten expansiven Lernen nur um einen langfristig angelegten Lernprozess handeln, der in mehreren Schleifen stattfindet. Das bedeutet ganz praktisch, dass sich Phasen der Reflexion und Erarbeitung alternativer Handlungsoptionen mit Phasen der Umsetzung im Betrieb abwechseln müssten, in denen Schritt für Schritt versucht wird, strategisch eine andere Praxis zu implementieren. Diese Versuche müssten dann in einer weiteren Lernschleife erneut reflektiert, analysiert und gegebenenfalls adaptiert werden, wodurch der Prozess von neuem beginnt. Diese Langfristigkeit würde also ermöglichen, dass der Lernprozess Theorie und Praxis beinhaltet. Das heißt, die Bewusstseinsbildung und kritische Reflexion könnte sich mit den konkreten Auseinandersetzungen und Kämpfen verbinden. Diese Verbindung von Theorie und Praxis ist gerade mit Blick auf die kulturelle Praxis und den darin entstandenen Habitus bedeutsam. Denn für die angeregte Veränderung einer kollektiven Praxis gilt es auch den gewerkschaftlichen Habitus zu bearbeiten. Der Habitus als unbewusstes „Produktionsprinzip von Praktiken" wird durch Praxis strukturiert und wirkt gleichzeitig strukturierend. Seine Bearbeitung kann daher nicht losgelöst von Praxis geschehen und braucht nicht nur Prozesse der Selbstreflexion und Bewusstwerdung, sondern auch praktische Erfahrungen, ein Handlungslernen, in dem eine neue Praxis entwickelt werden kann und der eigene Habitus bearbeitet wird. Denn „in seiner Subjektivität, seinem Bewusstsein, seiner Leiblichkeit ist der Mensch der kulturellen Hegemonie verhaftet, er kann ihr nur entrissen werden, indem er deren Wirksamkeit in sich selbst radikal bekämpft. Insofern ist jeder kritische Begriff von Bildung heute notwendig mit der Perspektive des Widerstands verknüpft. Bildung selbst ist als Widerstandshaltung gegen den eigenen, im Hinblick auf die bestehenden Macht- und Herrschaftsverhältnisse funktionalen Habitus aufzufassen und indem sie diesen Habitus angreift, schafft sie die Bedingung der Möglichkeit der Entbindung widerständigen Handelns gegen die zerstörerischen Projekte der dominanten Gesellschaftsgruppen." (Bernhard 2010: 94)

Für einen solchen langfristigen Lernprozess braucht es allerdings autonome Lernräume, die nicht jederzeit entzogen werden können, und es braucht die Beteiligung von sowohl Beschäftigten, Betriebsrätinnen, Betriebsräten, als auch Gewerkschaftssekretärinnen und -sekretären und -funktionärinnen/-funktionären, da sie alle Teil der bestehenden kulturellen Praxis und Träger/innen ihrer Veränderung sind.

Dass die Frage der Aktivierung von Machtpotentialen komplexer zu fassen ist als eine bloße Frage des politischen Willens, haben wir mittlerweile umfassend dargelegt. Die Voraussetzung dafür, dass wieder stärker mit allen zur Verfügung stehenden Machtpotentialen gearbeitet werden kann, sehen wir in der Veränderung der gewerkschaftlichen Kultur, einer Hinwendung zu den Betrieben als zentralen Knotenpunkten gesellschaftlicher Auseinandersetzungen. Hier ist auch der Punkt, an dem ein Identifikationsraum wiedererrichtet werden muss, in dem Lernprozesse angeregt werden, welche über die bestehende Gewerkschaftskultur hinausweisen. Innerhalb dieses Identifikationsraumes ist auch der konkrete gewerkschaftliche Ort zu finden, in dem der politische Mut und die neuen Praxen gefunden werden, um sich der neoliberalen Globalisierung kraftvoll entgegenzustellen. Die Schaffung von autonomen Lernräumen und die Beteiligung von Beschäftigten, Betriebsrätinnen, Betriebsräten, Gewerkschafterinnen und Gewerkschaftern in einer demokratisierten Gewerkschaftskultur sehen wir hierfür als Voraussetzung.

# Literaturverzeichnis


Achten, Udo/Seggewies, Bernt Kamin (2008): Kraftproben. VSA Verlag, Hamburg.

Aglietta, Michael (2000): Ein neues Akkumulationsregime. Die Regulationstheorie auf dem Prüfstand. VSA Verlag, Hamburg.

Allespach, Martin/Meyer, Hilbert/ Wentzel, Lothar (2009): Politische Erwachsenenbildung. Ein subjektwissenschaftlicher Zugang am Beispiel der Gewerkschaften. Schüren Verlag, Marburg.

Attac Österreich (2004): Positionspapier Die Welthandelsorganisation WTO *http://www.attac.at/fileadmin/user_upload/Attac_Positionspapiere/Die_Welthandelsorganisation_WTO.pdf* am 11.04.2010.

Ballestrini, Nanni/Moroni, Primo (2002): Die goldene Horde. Arbeiterautonomie, Jugendrevolte und bewaffneter Kampf in Italien. 2. Auflage. Assoziation A, Berlin.

Beaud, Stéphane/Pialoux, Michele (2004): Die verlorene Zukunft der Arbeiter. UVK Verlagsgesellschaft, Konstanz.

Beck, Ulrich/Beck-Gernsheim, Elisabeth (Hrsg.) (1994): Riskante Freiheiten. Edition Suhrkamp, Frankfurt am Main.

Becksteiner, Mario/Boos, Tobias/Pire, Ako (2009): Doppelkrise der Gewerkschaft. *http://www.perspektiven-online.at/?p=483* am 22.10.2009.

Becksteiner, Mario/Steinklammer, Elisabeth (2011): From Repression to Depression. In: Amir, Fahim/Hackauf, Rainer (2011): Remember Repression (im Erscheinen).

Bernhard, Armin (2005): Antonio Gramscis Politische Pädagogik. Grundriss eines praxisphilosophischen Erziehungs- und Bildungsmodells. Argument Verlag, Hamburg.

Bernhard, Armin (2010): Elemente eines kritischen Begriffs der Bildung. In: Lösch, Bettina/Thimmel, Andreas (Hrsg.) (2010): Kritische politische Bildung. Ein Handbuch. Wochenschau Verlag, Schwalbach, S. 89–100.

Bescherer, Peter/Schierhorn, Karen (Hrsg.) (2009): Hello Marx. Zwischen »Arbeiterfrage« und sozialer Bewegung heute. VSA Verlag, Hamburg.

Birke, Peter (2007): Wilde Streiks im Wirtschaftswunder. Arbeitskämpfe, Gewerkschaften und soziale Bewegungen in der Bundesrepublik und Dänemark. Campus Forschung, Frankfurt/New York.

Bischoff, Joachim/Herkommer, Sebastian/Hüning, Hasko (2002): Unsere Klassengesellschaft. Verdeckte und offene Strukturen sozialer Ungleichheit. VSA Verlag, Hamburg.

Bonanno, Alessandro/Constance, Douglas H. (2008): Stories of Globalization. Transnational Corporations, Resistance and the State. The Pennsylvania State University Press, Pennsylvania.

Bourdieu, Pierre (1998): Praktische Vernunft. Zur Theorie des Handelns. Suhrkamp, Frankfurt am Main.

Bourdieu, Pierre (1989): Antworten auf einige Einwände. In: Eder, Klaus (Hrsg.) (1989): Klassenlage, Lebensstil und kulturelle Praxis. Suhrkamp, Frankfurt am Main.

Bourdieu, Pierre et al. (2005): Das Elend der Welt. Studienausgabe. UVK Verlagsgesellschaft, Konstanz .

Brand, Ulrich/Raza, Werner (Hrsg.) (2003): Fit für den Postfordismus. Theoretische Perspektiven des Regulationsansatzes. Westfälisches Dampfboot, Münster.

Brinkmann, Ulrich/Choi, Hae-Lin/Detje, Richard/Dörre, Klaus/Holst, Hajo/Karakayali, Serhat/Schmalstieg, Catharina (2008): Strategic Unionism: Aus der Krise zur Erneuerung. Umrisse eines Forschungsprogramms. VS Verlag für Sozialwissenschaften, Wiesbaden.

Brodesser, Ralf (2004): Zwischen Befreiung und Begrenzung. Zur gewerkschaftlichen Bildungsdiskussion aus gramscianischer/subjektwissenschaftlicher Perspektive. In: Osterkampf, Ute (Hrsg.) (2004): Forum kritische Psychologie 47. Argument Verlag, Hamburg, S. 145–161.

Bundesministerium für Wirtschaft, Familie und Jugend (Hrsg.) (2008): Das österreichische Außenwirtschaftsleitbild. Globalisierung gestalten – Erfolg durch Offenheit und Innovation. *http://www.bmwfj.gv.at/Aussenwirtschaft/Internationalisie-*

*rungsoffensive/Documents/Aussenwirtschaftsleitbild.pdf* am 11.04.2010.

Bundesministerium für Wirtschaft, Familie und Jugend (2010): Standortpolitik *http://www.bmwfj.gv.at/Wirtschaftspolitik/Standortpolitik/Seiten/default.aspx* am 11.04.2010.

Butterwegge, Christoph/Lösch, Bettina/Ptak, Ralf (2008): Kritik des Neoliberalismus. Verbesserte Auflage. VS Verlag für Sozialwissenschaften, Wiesbaden.

Castoriadis, Cornelius (2007): Vom Sozialismus zur autonomen Gesellschaft. Über den Inhalt des Sozialismus. Ausgewählte Schriften Band 2.1. Verlag Edition AV, Lich/ Hessen.

Clean Clothes Kampagne *http://www.cleanclothes.at/*

Crossley, Nick (2006): From Reproduction to Transformation: Social Movement Fields and the Radical Habitus. Theory Culture Society 2003 (20), S. 43–68, SAGE Publications.

Czada, Roland (2002): Demokratietypen, institutionelle Dynamik und Interessenvermittlung: Das Konzept der Verhandlungsdemokratie. In: Lauth, Hans-Joachim (Hrsg.) (2002): Vergleichende Regierungslehre. Eine Einführung. VS Verlag für Sozialwissenschaften, Wiesbaden, S. 292–318.

Der Standard 11.11.2009, S. 20.

Dörre, Klaus/Röttger, Bernd (2006): Im Schatten der Globalisierung. Strukturpolitik, Netzwerke und Gewerkschaften in altindustriellen Regionen. VS Verlag für Sozialwissenschaften, Wiesbaden.

Flick, Uwe (2005): Qualitative Sozialforschung. Eine Einführung. Rowohlt Taschenbuch Verlag, Reinbek bei Hamburg.

Foley, Griff (2004): Learning in social action. A contribution to understanding informal education. Zed Books, London.

Forschungsgruppe Lebensführung (2004): Zum Verhältnis von Selbsterkenntnis, Weltwissen und Handlungsfähigkeit in der Subjektwissenschaft. In: Osterkamp, Ute (Hrsg.) (2004): Forum Kritische Psychologie 47. Argument Verlag, Hamburg, S. 4–38.

Gabler, Andrea (2009): Antizipierte Autonomie. Zur Theorie und Praxis der Gruppe »Socialisme ou Barbarie« (1949–1967). Offizin-Verlag, Hannover.

Gagawczuk, Walter (2009): Betriebsverfassung 1. Grundlagen der betrieblichen Interessenvertretung. Arbeitsrecht. VÖGB Schulungsunterlagen. *http://www.voegb.at/servlet/BlobServer?blobcol=urldokument&blobheadername1=content-type&blobheadername2=content-disposition&blobheadervalue1=application%2Fpdf&blobheadervalue2=inline%3B+filename%3D%22AR-02A_Betriebliche_Interessenvertretung.pdf%22&blobkey=id&root=S08&blobnocache=false&blobtable=Dokument&blobwhere=1254409567941* am 16.02.2010.

Geiselberger, Heinrich (Hrsg.) (2007): Und Jetzt? Politik, Protest und Propaganda. Suhrkamp Verlag, Frankfurt am Main.

Gramsci, Antonio (1992 ff.): Gefängnisheft 14. Argument Verlag, Hamburg.

Gramsci Symposium (2008): Vom Alltagsverstand zum Widerstand, www.gramsci.at

Gruppe Soziale Kämpfe Berlin (Hrsg.) (2008): Vom Ausverkauf sozialer Rechte. Supermarkt-Ketten weiterhin auf Expansionskurs. *http://www.gruppe-soziale-kaempfe.org/?p=96* am 11.04.2010.

Gstöttner-Hofer, Gerhard/Greif, Wolfgang/Kaiser, Erwin/Deutschbauer, Petra (Hrsg.) (1998): Mobilisierung und Kampagnenfähigkeit. Impulse für die gewerkschaftliche Interessensdurchsetzung. Verlag des ÖGB, Wien.

Hardt, Michael/Negri, Antonio (2002): Empire. Die neue Weltordnung. Campus Verlag, Frankfurt/New York.

Harvey, David (2005): Der neue Imperialismus. VSA Verlag, Hamburg.

Haug, Frigga (2004): Zum Verhältnis von Erfahrung und Theorie in subjektwissenschaftlicher Forschung. In: Osterkamp, Ute (Hrsg.) (2004): Forum Kritische Psychologie 47. Argument Verlag, Hamburg, S. 56–72.

Haug, Wolfgang Fritz (Hrsg.) (1999): Historisch Kritisches Wörterbuch des Marxismus (HKWM), Argument Verlag, Hamburg.

Hirsch, Joachim (2002): Herrschaft, Hegemonie und politische Alternativen. VSA Verlag, Hamburg.

Hoffmann, Rainer-W. (1981): Arbeitskampf im Arbeitsalltag. Formen, Perspektiven und gewerkschaftspolitische Probleme des verdeckten industriellen Konflikts. Campus Forschung, Frankfurt am Main.

Holloway, John (2010): Crack Capitalism. Pluto Press, London.

Holzkamp, Klaus (1985): Grundkonzepte der kritischen Psychologie. *http://www.kritische-psychologie.de/texte/kh1985a.html* am 14.10.2006.

Holzkamp, Klaus (1995): Lernen. Subjektwissenschaftliche Grundlegung. Campus Verlag, Frankfurt/New York.

Huber, Peter/ Michenthaler, Georg (2009): Beschäftigung im Handel. Studie von WIFO und IFES im Auftrag der Kammer für Arbeiter und Angestellte für Wien, Abteilung Wirtschaftspolitik.

Jessop, Bob (2003): Globalization it`s about Time too. *http://www.ihs.ac.at/publications/pol/pw_85.pdf* am 11.04.2010.

Karlhofer, Ferdinand (1983): Materialien zur Historischen Sozialwissenschaft. „Wilde“ Streiks in Österreich. Böhlau Verlag, Wien/Köln.

Khol, Andreas (2001): Die Wende ist geglückt. Der schwarzblaue Marsch durch die Wüste Gobi. Molden, Wien.

Kittner, Michael (2005): Arbeitskampf. Geschichte – Recht – Gegenwart. Verlag C. H. Beck, München.

Lamnek, Siegfried (1995): Qualitative Sozialforschung. Band 1: Methodologie, Psychologie. Verlags Union, Weinheim.

Lane, Jeremy F. (2000): Pierre Bourdieu: A Critical Instruction. Pluto Press, London.

Lau, Raymond (2004): Habitus and the practical Logic of Practice: An Interpretation. In: Sociology 2004 (38), S. 369–387, SAGE Publications.

Lave, Jean/ Wenger, Etienne (2008): Situated learning. Legitimate peripheral participation. Cambridge University Press, New York.

Lehmbruch, Gerhard/Schmitter, Philippe (Hrsg.) (1979): Trends toward Corporatist Intermediation. SAGE Publications, London/Beverley Hills.

Markard, Morus (2000): Zur Theorie der Kritischen Psychologie oder Die Entwicklung der Kritischen Psychologie zur Subjektwissenschaft. Theoretische und methodische Fragen. *www.kritische-psychologie.de/wasist.html* am 14.10.2006.

Marx Engels Werke (Bd. 23) (2001): Das Kapital. Kritik der politischen Ökonomie. Erster Band Buch I: Der Produktionsprozeß des Kapitals (20. Auflage). Karl Dietz Verlag, Berlin.

Mayer, Leo/Schmid, Fred (2003): Globalisierung und die Krise des Sozialstaates. In: ISW – Forschungshefte 1, München.

Mayring, Philipp (2002): Einführung in die Qualitative Sozialforschung. Beltz Verlag, Weinheim und Basel.

McDonough, Peggy (2006): Habitus and the practice of public service. In: Britisch Sociological Association (Hrsg.) (2006, 20): Work Employment Society, S. 629–647, SAGE Publications *http://wes.sagepub.com/cgi/content/abstract/20/4/629* am 09.02.2009.

Negt, Oskar (1975): Soziologische Phantasie und exemplarisches Lernen. Zu Theorie und Praxis der Arbeiterbildung. Europäische Verlagsanstalt, Frankfurt/Köln.

Müller, Torsten/Platzer, Hans Wolfgang/Rüb, Stefan (2004): Globale Arbeitsbeziehungen in globalen Konzernen? Zur Transnationalisierung betrieblicher und gewerkschaftlicher Politik. VS Verlag für Sozialwissenschaften, Wiesbaden.

Neubert, Harald (2001): Antonio Gramsci: Hegemonie – Zivilgesellschaft - Partei. Eine Einführung. VSA Verlag, Hamburg.

Neumann, Alexander (2010): Kritische Arbeitssoziologie. Ein Abriss. Schmetterling Verlag, Stuttgart.

Novy, Andreas (2005): Internationale Politische Ökonomie. *http://www.lateinamerika-studien.at/content/wirtschaft/ipo/ipo-272.html* am 10.05.2010.

Nowotny, Helga (1993): Eigenzeit. Entstehung und Strukturierung eines Zeitgefühls. Suhrkamp Verlag, Frankfurt am Main.

Obinger, Herbert/Tálos, Emmerich (2006): Sozialstaat Österreich zwischen Kontinuität und Umbau. Eine Bilanz der ÖVP/FPÖ/BZÖ-Koalition. VS Verlag für Sozialwissenschaften, Wiesbaden.

Hauser, Robert/Höbart, Gerhard/Hons, Helga u.a. (2009): Unternehmenskrise. Krisen erkennen, Krisen analysieren, Krisen bewältigen. ÖGB Verlag, Wien.

Organisation for economic co-operation and development (2010): Stat. Extracts: Trade Union Density *http://stats.oecd.org/Index.aspx?DataSetCode=UN_DEN* am 13.04.2010.

Pelinka, Anton (1981): Modellfall Österreich? Möglichkeiten und Grenzen der Sozialpartnerschaft. Braumüller, Wien.

Poulantzas, Nicos (2002): Staatstheorie. Politischer Überbau, Ideologie, Autoritärer Etatismus. VSA Verlag, Hamburg.

REWE Gruppe *http://www.rewe-group.com/unternehmen/ueber-uns/* am 11.04.2010.

Rosa, Hartmund (2005): Beschleunigung. Die Veränderung der Zeitstrukturen in der Moderne. Suhrkamp Verlag, Frankfurt am Main.

Roth, Karl Heinz (2009): Die globale Krise. Band 1 des Projekts »Globale Krise – Globale Proletarisierung – Gegenperspektiven«. VSA Verlag, Hamburg.

Rügmer, Werner (Hrsg.) (2009): Arbeitsunrecht. Anklagen und Alternativen. Westfälisches Dampfboot, Münster.

Schmitter, Philippe C. (1979): Still the Century of Corporatism? In: Lehmbruch, Gerhard/Schmitter, Philippe (Hrsg.) (1979): Trends toward Corporatist Intermediation. SAGE Publications, London/Beverley Hills, S. 7–52.

Schneider, Dieter (Hrsg.) (1971): Zur Theorie und Praxis des Streiks. Suhrkamp Verlag, Frankfurt am Main.

Schroer, Markus (2006): Räume, Orte, Grenzen. Auf dem Weg zu einer Soziologie des Raums. Suhrkamp Verlag, Frankfurt am Main.

Shukaitis, Stevphen/Graeber, David/Biddle, Erika (Hrsg.) (2007): Constituent Imagination. Militant Investigations Collective Theorization. AK Press, Oakland/Edinburgh/West Virginia.

Silver, Beverly J. (2005): Forces of Labor. Arbeiterbewegung und Globalisierung seit 1870. Assoziation A, Berlin/Hamburg.

Spar Österreich *http://portal.gmx.net/de/themen/oesterreich/finanzen/7628646-Spar* am 23.02.2009.

*http://unternehmen.spar.at/spar/unternehmen/geschichte/dieidee.htm* am 11.04.2010.

*http://unternehmen.spar.at/spar/unternehmen/geschichte/sparweltweit.htm* am 11.04.2010.

Tálos, Emmerich (1982): Sozialpartnerschaft und Neokorporatismustheorie. In: Österreichische Zeitschrift für Politikwissenschaft 11 (3), S. 263–285.

Tálos, Emmerich (1985): Sozialpartnerschaft: Zur Entwicklungsdynamik kooperativ – konzertierter Politik in Österreich. In: Gerlich, Peter/Grande, Edgar/Müller, Wolfgang C. (Hrsg.) (1985): Sozialpartnerschaft in der Krise. Leistungen und Grenzen des Neokorporatismus in Österreich. Böhlau, Wien/Köln/Graz.

Tálos, Emmerich (1996): Akzeptanzkrise und Akklamation. Zur demokratischen Qualität von Kammersystem und Sozialpartnerschaft. In: Campbell, David F.J./Liebhart, Karin/Martinsen, Renate/Schaller, Christian/Schedler, Andreas (Hrsg.) (1996). Die Qualität der Österreichischen Demokratie. Versuch einer Annäherung, Wien, S. 103–118.

Tálos, Emmerich/Stromberger, Christian (2005): Zäsuren der österreichischen Verhandlungsdemokratie. In: Karlhofer, Ferdinand/Tálos, Emmerich (Hrsg.) (2005): Sozialpartnerschaft. Österreichische und Europäische Perspektiven. Lit-Verlag, Wien/Münster, S. 79–108.

Tálos, Emmerich (2005): Vom Vorzeige- zum Auslaufmodell? Österreichs Sozialpartnerschaft von 1945–2005. In: Karlhofer, Ferdinand/Tálos, Emmerich (Hrsg.) (2005): Sozialpartnerschaft. Österreichische und Europäische Perspektiven. Lit-Verlag, Wien/Münster, S. 185–216.

Tietel, Erhard (2008): Konfrontation – Kooperation – Solidarität. Betriebsräte in der sozialen und emotionalen Zwickmühle. edition sigma, Berlin.

Traxler, Franz (1982a): Evolution gewerkschaftlicher Interessenvertretung. Entwicklungslogik und Organisationsdynamik gewerkschaftlichen Handelns am Beispiel Österreich. Braumüller, Wien/Frankfurt.

Traxler, Franz (1982b): Zur Entwicklung kooperativer Arbeitsbeziehungen: Versuch einer Prozessanalyse. In: Zeitschrift für Soziologie 11 (4), S. 335 – 352.

Virilio, Paul (1993): Revolutionen der Geschwindigkeit. Merve Verlag, Berlin.

Weber, Max (2005): Wirtschaft und Gesellschaft. Zweitausendeins, Frankfurt am Main.

Witzel, Andreas (1982): Verfahren der qualitativen Sozialforschung – Überblick und Alternativen. Campus Verlag, Frankfurt.

Wright, Erik O. ( 2000): Working-Class Power, Capitalist Class Interests and Class Compromise. In: American Journal of Sociology, 105 (4), January.

WTO (2010): What is the World Trade Organization? *http://www.wto.org/english/thewto_e/whatis_e/tif_e/fact1_e.htm* am 25.03.2010

# Abkürzungen und geschlechtssensible Schreibweise

BR Betriebsrätin bzw. Betriebsrat

GS Gewerkschaftssekretärin bzw. Gewerkschaftssekretär

IV Interviewende bzw. Interviewender

RS Regionalsekretärin bzw. Regionalsekretär

Betriebsrat bezeichnet im vorliegenden Buch 1. ein männliches Betriebsratmitglied, 2. die Betriebsratskörperschaft, das Betriebsratskollegium. Wenn im Text von „Gewerkschaft und Betriebsrat" oder der Stellung des Betriebsrats zwischen Gewerkschaft und Beschäftigten die Rede ist, so ist in diesen Fällen also nicht ein männliches Betriebsratsmitglied gemeint, sondern die Betriebsratskörperschaft. Einzige Ausnahme sind die Interviewpassagen, da hier die Formulierungen der Interviewpartner/innen eins zu eins übernommen wurden.

# Abbildungsverzeichnis